한국의 향토신앙

장주근 지음

을유문화사

개정판을 내면서

이 책의 내용은 언뜻 제목들에서부터 눈에 뜨이듯이 모두가 무당, 광대, 장승, 서낭당, 조상단지, 도깨비 등등 한국사람이면 누구나 언필칭(言必稱) 미신이다, 구질구질하다고 여기는 것들뿐이다. 그 모두가 이른바 낡아빠진 민속으로서 그것도 주로 문명의 소외지대인 두메산골이나 낙도들에서 얻을 수 있었던 조사 자료들을 토대로 삼은 것들이다.

그러나 지난날의 시골의 조상들이라고 해서 모두 오늘날 도회지의 한국인들이 생각하듯이 그렇게 무의미하고 구질구질한 미신에만 사로잡혀서 살아온 것은 아니다. 아득한 석기 시대부터 이 땅에 발붙이고 살아온 유구한 문화 민족의 정신적인 뿌리는 결코 모두가 무의미한 미신들만일 수는 없다. 다만 옛날 농어촌 사회 나름의 문화 구조가 있었을 따름이다.

그런데 한국인들은 누구나 조금도 이 기층문화(基層文化)를 알아보려고는 하지도 않고 무조건 스스로 미신이라고만 생각해 왔던 것이다. 뿐만 아니라 적잖이 사대적(事大的)인 면까지 있었으니, 해방 후에도 우리 국민들의 문화 생활이나 국가의 문화 정책에는 오랫동안 주체성이 결여되어 있었던 면도 있다. 이제 우리는 유구한 우리 전통 문화의 토대 위에 새로운 문화를 계속 꽃피워 나가야 할 것이다. 이 책 속에는 그러한 토대가 될 것들이 적지 않을 것으로 생각한다.

우리 민속은 우리들의 마음의 고향이며 더욱이 신앙은 민속의 뿌리이다. 동시에 신앙면은 민속의 여러 측면 중에서도 물질면들보다는 가장 보수성이 강하고, 불가변성(不可變性)을 끈질기게 지니는 정신적인 측면이다. 그래서 더욱 우리들의 마음의 고향의 바탕이 된다. 여기서는 하나하나 그것들의 긍정적인 밝은 측면을 캐어보고, 우리 기층문화의 본질을 이해하고 새로이 우리 문화 창조의 터전으로 삼을 것은 삼아 보자는 모색을 해 보았다.

여기 모은 글들은 주간지 《서울평론》에 연재했던 글들이 토대가 되었다. 그것은 장기 연재 기획물인 〈한국의 민속〉 중의 '제1부 향토신'이라는 제하(題下)에 1973년 11월 창간호에서부터 연재되었고, 그것을 단행본화하기 위해서 일부 가필하기도 했다. 이러한 글이 더 많은 독자를 얻을 수 있게 주선해 주신 《서울평론》의 이중한 부장과 그것을 전통 있는 《을유문고》본에 쾌히 받아들여 주신 을유문화사에 깊이 감사를 드린다.

그 《을유문고》본의 활판 인쇄본들이 절판되고, 이 책을 다시 개정판을 내는 데 있어, 글의 분량이 적으니 보충해 주어야겠다는 요청을 받고 다음 두 편을 보완하였다.

첫째는 "15. 향토문화제"를 전면적으로 다시 고쳐 썼다. 이것은 〈향토문화제의 현대적 의의〉(《한국민속학》 10집, 1977년)라는 현장 조사를 토대로 했던 같은 1970년대의 논문을 다시 풀어쓴 것이다. 이 책이 일본에서도 〈한국의 향토신앙〉(松本誠一譯, 東京, 第一書房, 1982년)이라는 같은 이름으로 번역 출판될 때에도 그렇게 했던 것이다.

둘째는 "14. 신화의 전승의 현장"이라는 글이다. 이 〈한국의 향토신앙〉은 한국 사회가 격변하던 1970년대 직전의 현장 조사를 토대로 한 글들로 되어 있어서, 이 글은 이 책의 내용에 알맞은 글이었다. 이 글은 최근에 저자의 〈풀어쓴 한국의 신화〉(1988년, 집문당)에도 실린 글이어서 일단 주저가 되었다. 그러나 이 책에 잘 어울리는 글이고, 저자의 마음에 드는 글이며, 많은 독자를 얻고 싶은 글이기도 해서, 이 한편을 다시 옮겨서 풀어쓰기로 하였다. 그리고 낡은 사진을 전부 다시 갈아넣고 사진 분량도 조금 늘렸다.

  이 책이 다시 독자를 얻을 수 있게 개정판을 내주신 을유문화사에 저자로서 깊은 감사를 드린다.

                                        1998년 8월 13일
                                              저자 씀

차 례

- □ 개정판을 내면서 3
1. 동해안의 해랑당(海娘堂) 9
2. 서울의 동제당(洞祭堂) 20
3. 영남(嶺南)의 골맥이 동제당 31
4. 장승과 솟대 47
5. 제주도의 본향당(本鄕堂) 61
6. 조상단지와 조왕중발(竈王中鉢) 75
7. 배서낭과 도깨비 87
8. 동해안의 별신굿 100
9. 제주도 심방[巫]의 본풀이 114
10. 제주도 심방의 3명두 128
11. 화전촌(火田村)의 산멕이기 146
12. 단골과 광대(廣大) 159
13. 동제(洞祭)와 묘제(墓祭) 179
14. 신화의 전승의 현장 195
15. 향토 문화제 223
- □ 찾아보기 249

1. 동해안의 해랑당(海娘堂)

동해안 일대 특히 강원도 해변 어촌들에 많았지만, 지금도 남자의 생식기(生殖器) 모양을 나무로 깎아서 바치고, 주렁주렁 매다는 당(堂)들이 더러 있다. 왜 하필이면 남자의 생식기를 깎아서 바치는 관습이 생기게 되었을까? 현지의 당사자인 주민들로서도 일단 이러한 관습에 대한 지적 욕구(知的欲求) 또는 해석·설명의 필요성이 작용하지 않을 수가 없었던지, 다음과 같은 이야기가 그 관습이 생기게 된 설명 설화(說明說話)로서 형성되어 있었고, 이 관습과 같이 전승하고 있다.

(1) 상사병 처녀의 설화

아득한 옛날에 이 마을의 한 처녀가 바닷가에 나가서 미역을 따고 있었는데 때마침 한 청년이 배를 저어서 그 앞바다를 지나가고 있었다. 그 청년이 하도 미목(眉目)이 수려한 미남자였던지라 그만 처녀는 한눈에 반해 버렸고, 집에 돌아온 그날부터 상사병에 걸려서 앓아 누웠다가 끝내 죽어 버리고 말았다. 그런데 그 후부터는 마을 어부들에게 도무지 고기가 잡히지 않아서 큰 걱정이 생기게 되었다.

그러던 어느 날 한 어부의 꿈에 죽은 처녀가 나타나서, "너희들이 고기가 안 잡혀 걱정일 터인데, 많이 잡고 싶거든 이러이렇게 하라" 이르고 사라졌다. 그 어부는 꿈에 처녀가 나타나서 일러준 대로, 신(腎: 콩팥 신 또는 자지 신)을 깎아서 바치고 고기잡이를 하러 나갔더니, 과연 많이 잡혀서 그 뒤로는 늘 그렇게 했다. 그 사실을 알게 된 마을 사람들도 다 따라서 그렇게 했기 때문에 신을 깎아 바치는 해랑당이 생기게 되었다.

동해안 해랑당의 신(腎)

이상은 필자가 강릉의 안인진리(安仁津里) 해랑당을 찾아갔다가 이장(里長)에게서 들었던 이야기이다. 이 이야기는 한국적인 민중의 기성 관념(既成觀念)에 맞게, 그 테두리 안에서 그럴싸하게 자연 발생하고 형성된 이야기이며, 자연스럽게 해랑당의 발생 유래를 설명해 치우고 있어서 재미가 느껴지는 이야기이다. 그러나 우리는 그 설화가 정말 과학적으로 해랑당의 유래를 다 설명한 설화로는 믿지 않는다.

우리가 볼 때, 이 해랑당은 분명한 일종의 성기 숭배(性器崇拜 : Phallism)의 당(堂)이다. 성기 숭배는 아직도 세계의 곳곳에 남아 있는 원초적(原初的)인 종교 형태의 하나이다. 미개 사회(未開社會)에만 남아 있는 것이 아니라, 문명 국가들에도 많이 잔존하고 있다. 우리 한국이라는 나라는 구석구석에까지 유교적(儒敎的)인 윤리관(倫理觀)이 스며 있다는 점에서 세계에서도 으뜸갈 만한 나라여서, 이러한 성기 숭배는 오히려 희귀할 만큼 드문 나라이다.

(2) 섹스와 풍요 기원(豊饒祈願)

원초 사회에 있어서 성(性)은 곧 생식(生殖)·생산(生産) 들을 의미하고, 그것은 풍요 다산(豊饒多産)을 상징하기도 한다. 해랑당의 목각 생식기 봉납(木刻生殖器奉納)은 분명히 풍요 다산의 기원물(祈願物)이지, 죽은 처녀를 위안하기 위해서만 바치는 것은 아니다. 마을 사람들은 처녀가 상사병에 걸려 성(性)을 그리다가 죽었기 때문에 그 상징물을 바쳐 주면 된다고 생각한다.

심하면, 고기가 도무지 잡히지 않았을 때에는 어부가 화가 나서 해랑당에 오줌을 깔겼더니, 처녀가 다시 꿈에 나타나서 "형식적으로 제사를 지내 주고 내가 마시지도 못하는 술을 주고 하는 것보다 신이나, 차라리 신을 못 주면 신에서 나오는 오줌이라도 그것이 술보다는 낫다"고 하며 고기를 더 많이 잡게 해 주었다고 하는 이야기도 한다. 그러나 이것은 다 형식에만 치우치는 유교적인 제례를 비웃으려는 털털한 어촌 민중의 집단 무의식(集團無意識)의 반영일 따름이다.

여기서 문제가 되는 핵심(核心)은, 성(性)이 즉 신이 고기를 더 많이 잡게 해준다는 풍요 기원의 의식(意識)이다. 그것은 이장이 한 이야기에서도, 마을 사람들이 무심코 한 이야기들에도 분명하게 내포되어 있는 한 가닥 종교 심의(宗敎心意)의 반영이었다. 이러한 원초적(原初的) 성의식(性意識)은 농경(農耕)의 풍요 의례(豊饒儀禮)로서 지내는 줄다리기에도 뚜렷이 나타나 있어서, 이것을 아울러서 생각하면 더욱 이해가 편리해진다.

일례로, 경남 영산(靈山)의 줄다리기에서는, 암줄 고리 속에 수줄 고리를 넣어서 비녀목을 꽂고 다리기 내기를 하기 위하여 수줄 고리가 암줄 고리 속을 들어갔다 나왔다 하는 것을 남녀간의 성교(性交)로 의식하고, 정작 다리기 내기는 낮에는 안하고 어두어져야만 한다고 한다. 그리고 그 줄의 짚을 베어 뜯어다가 논밭에 비료로 쓰면 농사가 잘된다든가, 배의 돛대에 감으면 고기가 잘 잡힌다든가 해서, 멀리 마산(馬山) 등지의 어부들도 그 짚을 얻으러 온다고 한다. 이 줄다리기도 유구한 역사를 가진 풍요 기원의 잔존 민속(殘存民俗)이다.

다만 안인진 마을의 경우는, 민중이 성기 숭배의 원초 종교적 의의는 망각(忘却)하고 말았으니, 다시금 그네들 기성 관념 테두리 안에서 새로이 설명 설화를 형성시킬 수밖에 없었던 것이고, 그래서 전해 오는 것이 앞에 적었던 이야기이다.

(3) 결혼시켜 봉납(奉納) 없애

필자가 현지 조사를 가기 전에 서울에서 듣기로는, 안인진의 해랑당에는 신(腎)이 주렁주렁 매달려 있고 그것을 떼어가거나, 훔쳐가는 사람은 급살을 맞아 죽는다는 말이 전해진다는 것이었다. 그래서 급살을 맞아 죽어도 좋으니, 한 번 기회를 만들어서 그 신 하나를 수집해 두려고 잔뜩 벼르고 찾아갔었다. 그런데 신이라고는 하나도 보이지 않았고 해랑당 안에는 다만 두 개의 위패(位牌)만이 나란히 놓여 있었다. 하나는 '해랑지신위(海娘之神位)'라 씌어 있었고, 또 한 개의 위패에는 '김대부지신위(金大夫之神位)'라고 씌어 있었다. 혼자서 먼저 곧바로 당으로 찾아갔다가 이러한 현장을 보고서 도무지 어찌된 영문인지 이해가 되지 않았고, 어쩔 도리가 없기도 해서 이장을 찾아갔던 것이다.

필자가 그 이유를 묻자 이장이 해준 답변은 다음과 같았다.

해랑당의 부부신의 위패

"지난 해에도 강원도내의 어떤 교장 선생님이 그 신 때문에 여기 찾아오셨고, 그 전해에도 서울에서 교수 한 분이 찾아온 일이 있었다. 아마도 우리 마을이 이 해랑당 때문에 유명하게 되어 있는 모양인데 대단

1. 동해안의 해랑당(海娘堂)

히 부끄러운 일이었다. 그러나 지금은 신을 깎아 바치는 일은 없다"고 하는 것이었다. 그래서 '김대부지신위'는 무엇이고 '해랑지신위'는 무어냐고 다시 물었더니 이장 답변이 과연 합리적이었다. 해랑이 결혼을 한 것이고, 그 남편이 김대부라는 것이다. 그래서 그 내외분의 신위(神位)를 모신 것이며, 해랑은 신을 깎아 바치는 사람이 있으면 그가 급살을 맞아 죽게 한다는 것이다. 여신에게 간통죄를 강요하는 결과가 되기 때문이라는 것이다.

생식기의 봉납이 남부끄러운 일이니 아예 당을 없애면 좋겠으나 그것은 곤란한 일이다. 더구나 영세 어업으로써 항상 조그만 일엽 편주(一葉片舟)로 망망 대해에서 생명의 위험을 무릅써야 하는 어민들로서는 그것은 도리가 없었을 것으로 짐작이 간다. 그리고 해랑에게 결혼을 시킨 안인진 마을내의 자세한 내막은 알 수 없지만, 그것은 참으로 묘안이었다고 할 수 있겠다. '김대부'의 김씨는 남산에서 돌을 던지면 먼저 얻어맞는다는 제일 흔한 성씨(姓氏)이고, 대부(大夫)란 큰 지아비이다. 고려 시대의 이곡(李穀)의 의인화 소설 〈죽부인전(竹夫人傳)〉에 죽부인의 남편이 송대부(松大夫)로 명명되었던 것을 연상하게 되지만, 대부(大夫)란 이렇게 가공 남성(架空男性)의 이름으로서는 전통성이 있어 왔던 이름이라고도 할 것이다.

(4) 전통적 체면에 밀려

안인진 마을의 한 사례를 통해서 우리는 한국 국민이 대단히 윤리적인 체면을 존중하는 국민이라는 것을 이해할 수가 있다. 그러나 자기만을 이해한다는 것은 끝내 자기도 이해하지 못하는 우물 안의 개구리라는 것을 우리는 안다. 이제 잠깐 우리를 더 잘 이해하기 위해서 번거로운 여러 가지 사례를 생략하고, 가까운 일본의 유사한 한 사례가 변모하는 과정을 비교해 보기로 하겠다.

일본에는 석기 시대(石器時代)부터의 유습으로 생각되는 성기 숭배가 많고, 특히 그것이 농경의 풍요 기원과 결부되어 남녀 생식기 형상을 제사지내거나, 또는 특정한 제일(祭日)에 성적 행위를 나타내는 신사(神事)와 춤을 추는 것이 연중 행사가 돼 있었던 곳이 많았고 현재도 존속하는 곳이 많다고 한다. 특히 성(性)의 숭배면을 집중적으로 연구한 한 학자는, 일본 전국의 현존 성적 유적(性的 遺跡) 813개소, 성적 행사를 하는 곳이 87개소, 합계 900개소라는 현별(縣別) 통계를 제시하고, 다음과 같은 대표적인 한 사례를 소개하고 있다.

(5) 일본에선 상혼(商魂)을 발휘

아이치 현〔愛知縣〕 히가시카스가이 군〔東春日井郡〕의 덴켄 신사〔田縣神社〕는 옛날부터 농경 풍요 기원의 소박한 성기 숭배의 민속을 가진 조그만 신사였다. 2차 대전 후 이 근처 비행장에 미국 공군이 주둔했고, 또 이 신사 앞을 나고야〔名古屋〕에서 이누야마〔犬山〕로 통하는 도로가 정비되어 관광 버스의 왕래가 빈번해지고 또 근처에 몇몇 도자기 산지가 있었다. 이러한 조건들을 이곳 주민들은 충분히 종합 활용해서 도자기로 조그만 생식기 형상의 물건들을 다양하게 만들어서 이 신사에서 발부하는 수호부(守護符)로서나 또는 일반 토산(土産) 선물품으로서도 대량으로 제작 판매하여 그 신사 이름을 내외에 널리 떨치게 했다.

그랬더니 다음에는 이 지역에서 제일 크고 유명한 신사라고 일컬어지는 다이켄 신사〔大縣神社〕까지도 덴켄 신사와 같은 제례 날짜에, 덴켄 신사가 남자 생식기의 신체(神體)인 미코시〔御輿=神輿〕를 청년들로 하여금 화려하고 기운차게 메고 나서게 하면 다이켄 신사는 여성 생식기를 본뜬 대형 조개의 신체를 같이 메고 나섰다. 그래서 전혀 소박한 민간 신앙은 아랑곳없이 제쳐놓은 형편으로, 완전히 속객(俗客)들을 상대로 한 왕성한 상혼(商魂)만을 나타내었다. 그런데 이러한 "근대적인 속악화(俗惡化)가 어떤 한 지역에 나타난다는 것은, 그 지역 특유의 입지 조건들이 구비되어 있었던 때문이며, 어디서나 성립되는 것은 아니다"라고 그 학자는 주장하였다.[1]

(6) 한국에선 쇠퇴, 일본에선 흥성

이상 두 나라의 두 가지 민간 신앙의 사례는, 민간 신앙에 대한 두 나라 국민의 인식이 근본적으로 차원이 다르다는 것을 잘 설명해 주었다. 한국에 있어서는, 민간 신앙은 미신으로 간주되고 있고, 일본에 있어서는 승화된 국가 종교·민족 종교와 직결되고 있는 것이다. 두 나라의 이 촌락 사당(祠堂)들은 같은 성기 숭배의 사당들이었는데, 결과적으로 하나는 부끄럽다고 그 형태를 완전히 바꾸어버렸고, 하나는 더욱 확대하고 선전해서 돈을 벌어들이는 자료로서 활용되었다.

형태를 바꾸어버린 안인진 마을에도 특유한 입지적 조건들은 있었다. 이 마을에도 당산(堂山) 옆은 퍽 이름이 나 있는 해수욕장인데다가, 관광지인 강릉에서 버스나 택시로 30분이면 오고갈 수가 있는 곳이다. 해방 후는 얼마 동안 강릉에도 비행단이 주둔해 있었다. 조건은 다 같은데 안인진 마을에서는 감추어버렸고, 일본에서는 확대 선전해서 상혼(商魂)을 발휘하고 돈벌이의 자료로서 활용했다. 이것이 한국이고, 저것이 일본의 한 측면이라는 것을 우리는 이 사례에서 뚜렷하게 느껴 볼 수가 있다.

---

1) 西岡秀雄, 〈文化地理學〉(1961), 65면.

한국에는 유교적인 윤리 관념이 농어촌 구석구석에까지 철저히 스며 왔으며, 일본에서의 유교는 과거의 일부 상층 무사 계급(武士階級)에만 그것도 약간 미쳐갔을 정도였다. 일본에서는 예부터의 민간 신앙이 비교적 잘 전승되어 왔으며, 그것이 한편으로는 그들의 국가 신토〔國家神道〕로 승화되어 왔다. 그러나 한국에서는 유교적인 합리주의(合理主義) 일변도의 사고 방식으로, 민간 신앙적인 것이면 덮어놓고 미신으로만 처리하려는 경향 때문에도 없어지게 되었을 것이다. 이 두 사례의 비교에서도 우리는 양국의 그러한 차이와 경향을 소상하게 파악할 수가 있었다.

따라서 한국의 농어촌 사람들은 일본인들처럼 그렇게 가볍게 근대적인 속악화(俗惡化)는 하지 않는다. 또는 못하게 되어 있는지도 모른다. 어떻게 보면 동방예의지국이라는 말은 이런 경우에도 해당이 될 것 같다.

그런데 이상의 사례는 비단 한낱 농촌만의 문제가 아니라, 한국인 전반의 기질(氣質)·사고 방식·행동 양식과도 직결되며, 일상 생활의 매듭매듭에서도 긴밀하게 작용해 왔던 것이다. 이 점에서도 우리는 우리의 본질, 장단점들을 이해할 수 있겠고, 또 일본을 이해할 수도 있겠기에, 이것은 금후를 위해서도 다각적으로 검토하고 음미해 볼 필요가 있는 일일 것이다.

(7) 옛날엔 서울서도 성행

그런데 좀더 시대를 거슬러 올라가면 이러한 성기 숭배는 동해안의 어촌들에만 있던 것이 아니고 서울에도 있었던 기록이 보인다.

헌종(憲宗) 시대의 사람 이규경(李圭景)의 《오주연문장전산고(五洲衍文長箋散稿)》에는 "지금 경사(京師)의 각사(各司)에는 부근당(付根堂) 또는 부군당(府君堂)이라고 하는 신사(神祠)가 있다. …… 중략 …… 혹은 부근이란 송씨저(宋氏姐)가 접한 바로서 네 벽에 목형 음경(木形陰莖)을 만들어서 걸었고, 심히 음설(淫褻)하다. 외읍(外邑)에서도 또한 이것을 제사지낸다"고 하고 있다.

이 기록을 〈조선무속고(朝鮮巫俗考)〉에 인용하고 난 저자 이능화(李能和) 씨는 말하기를, "이 목경물(木莖物)은 송씨저(宋氏姐)를 위한 것으로서, 부근이라는 말은 이 목경으로 말미암아서 생긴 것이다. 송씨저라고 하는 것은 아마도 소위 손각씨(孫閣氏)일 것이며, 민간에서 처녀가 시집을 가지 못하고 죽은 것을 손각씨라고 하는데 손과 송은 음이 가깝고 상통한다"고 쓰고 있다.[2] 150여 년 전만 해도 서울을 비롯한 각처에 성기 숭배의 유풍이 더 많았던 것을 알 수가 있으나, 지금은 특히 그 신앙이 필요한 어민들의 생활에만 가느다랗게 잔존했다가 그나마다 사라져 가고 있는 것이다.

(8) 성(性)은 인류 문화의 한 원동력

원초 사회로 거슬러 올라갈수록 성의 숭배는 인류 공유의 한 문화 유산이었다. 구석기 시대(舊石器時代)의 알타미라(Altamira) 동굴 속의 수렵 생활의 대상이 되는 동굴 그림들에서부터 여신상(女神像)의 과장된 가슴과 둔부(臀部)들은 세계 도처에 보이던 성의 숭배였다. 우리 고대의 추수 감사제 격이던, 고구려에서 10월에 행하여진 동맹 제의(東盟祭儀)에서도 그러한 여신상의 기록은 나타난다.

여기서도 "동굴 속 신좌에 나무로 조각한 신상을 모셔놓고〔置木隧於神座〕" 있있다고, 〈위지(魏志)〉 '동이전(東夷傳)'에 기록이 되어 있는

---

[2] 李能和, 〈朝鮮巫俗考〉(1927), 52면.

것이다. 여기 '수(隧)'란 '굴' 또는 '대혈신(大穴神)'이라는 뜻을 가진 글자이다. 따라서 '목수(木隧)'란 '굴 속의 목제 대혈신상(木製大穴神像)'이라는 뜻이 되는데, 〈주서(周書)〉는 다시 이것을 "각목작부인지상(刻木作婦人之像)"이라고 정확하게 기록을 해주고 있다. 다만 그것은 풍요 다산(多産)의 기원인 지모신(地母神) 숭배였던 것으로 보인다.

성기 숭배의 원래 의의는 생식·생명·풍요의 염원에 있었겠으나, 지금까지 살펴온 안인진 마을과 이능화 씨 기록의 두 사례에는 생식이나 풍요와는 또 다르게 양자에 서로 공통되는 별개의 관념 하나가 보인다. 그것은 공히 시집을 못 가고 죽은 처녀를 위해서 신(腎)이나 목경(木莖)을 바쳐 준다는 소박한 관념이다. 이러한 관념도 이것이 원초 이래의 잔존인지 어떤지에 대해서는 지금 당장 단언하기가 어렵다. 그리고 이러한 관념과 관련된 사례로 미혼의 처녀·총각들이 죽었을 때에는 그 혼령(魂靈)들을 결혼시키는 일이 국내 몇 곳에 있었는데 이것을 사혼(死婚)이라 일컬어 왔고, 부모들은 서로 사돈을 칭하고 족보에 올리는 일들도 있었다.

실제로 인류의 문화나 생활을 발전시켜 온 최대 요소의 하나는 사랑이요, 성적 본능이라 할 것이다. 도덕도 문학·예술도 여기서부터 싹 터나오고 발달해 온 바가 많고, 종교도 사상도 여기에 연유(緣由)했던 바가 크다 할 것이다. 이들은 모두 유구한 과거로부터 부단한 변화를 거듭해서 오늘날에 이르고 있다는 것은 엄연한 진리임에 틀림이 없다.

우리는 성과 종교의 결합이 한국이나 일본뿐만 아니라 특히 인도나 그 밖의 여러 나라에도 많다는 것을 알고 있다. 한국에서 우리가 파악할 수 있었던 이상의 두드러졌던 동해안 어촌의 한 사례는, 끝내 민간에서만 조용히 침잠(沈潛) 억압되었던 것으로, 그나마 최후의 한 예로 생각되던 것이 참으로 한국답게 사라져가고 있는 것이다.

2. 서울의 동제당(洞祭堂)

1967년 전국 동제당의 실황을 고루 파악해 보기 위해서 행정 기관을 통해 전국의 동제당에 대하여 서면 조사(書面調査)를 한 일이 있었다. 그때만 해도 서울에야 국사당이니 할미당이니 하는 이른바 굿당은 있어도, 마을에서 공동으로 제의(祭儀)를 지내는 동제당이야 있겠느냐 하는 그야말로 등잔 밑이 어두운 생각을 하고 있었다. 그래서 서울시에는 혹시나 하고 몇십 매만을 보내 봤더니, 뜻밖에도 약 30개의 동제당이 파악되어서 적이 놀랐었다. 그 후로 기회 있는 대로 수소문을 해봤더니 처처에 상당한 수가 있는 것을 알게 되었고, 그러던 중에 그 동제의 몇 개 실례를 볼 기회가 있었다.

(1) 서빙고동(西氷庫洞)의 동제

1972년도의 음력 정월 초하루에 서빙고동 동제당에서 도당굿이 있고, 이 굿에는 아무개 무녀(巫女)가 나와서 사제(司祭)를 한다는 말을 듣고 그날을 기다리고 있다가 현장을 찾아갔었다. 그 무녀는 52, 3세의 원숙한 점잖은 인품에, 눈치도 무던하고 무엇보다도 익살이 있어서 굿판을 부드럽게 잘 이끌어가고 노래와 춤도 아울러서 출중한 유명한 무녀였다.

굿이란 어떻게 보면 사제 무녀가 주연하는 종합 예술이기도 하다. 기주(祈主) 부인들의 섬세하게 돌아가는 심리나, 그 가정 사정, 그리고 관중들의 분위기들을 아울러서 종합적으로 파악해 가면서, 그들의 마음에 흡족하게 덕담(德談)이나 공수〔神託〕를 내려주어야 한다. 그리고 노래와 춤을 섞어 가면서 흐뭇하게 굿을 끌어가야 하는 것이기 때문에, 이것은 연극·음악·무용 들의 종합 예술이다. 인품이나 용모도 좋으려니와, 연령도 지금 한창 원숙기에 들어 있는 이 무녀가 사제한다는 이야기에 더욱 기대를 가지고 수소문을 해가면서 구정날 아침에 서빙고 동제당을 겨우 찾아 들어간 것은 오전 11시경이었다.

그런데 도당굿을 하는 데 필요한 일정한 액수의 돈이 걷히지 못해서 굿은 못하고, 제관들은 도포를 입고 갓을 쓴 채로 있었고, 동네 노인들은 제사 음식을 각 가정에 분배하고 있었다. 이른바 '반기'를 돌리는 것이다.

이야기를 듣자니까 이 동제는 경로당(敬老堂)의 노인들이 주동이 되어서 동네의 토박이 가정들을 추럼하고 돌아서 1백 원 내외씩을 거두어 비용에 충당한다는 것이었다. 더러 많이 내는 집에서는 2,3백 원, 적은 집에서는 50원도 내는데 이때 예수교 신자들 집에는 들르지 않는다고 한다. 그들은 동제를 찬성하지도 않고 추렴도 안 내기 때문이다. 더러는 새로 이사 온 생소한 가정도 뺀다.

이렇게 해서 모인 돈이 10만 원이 넘는 해에는 무녀를 데려다가 유교식 제의를 끝낸 뒤에 도당굿을 하고, 10만 원에 달하지 못하면 도당굿은 빼고, 유교식 제의와 반기 돌리는 것으로 끝을 내는데, 금년에는 10만 원이 되지 못했기 때문에 도당굿을 못한다는 것이었다. 도당굿을 못 보게 되어 적잖이 실망하는 빛을 보였더니, 이웃의 동빙고동·보광동 등에서는 지금 한창 도당굿이 벌어져 있을 것이라고 일러주어서 바로 가까운 동빙고동부터 가보기로 하고 곧 그쪽으로 발길을 옮겼다.

(2) 보광동(普光洞)의 도당굿

　동빙고동 제당에서는 한창 도당굿〔都堂祭〕이 벌어지고 있었다. 여기는 단군(檀君)을 완전히 동제당의 주신(主神)으로서 정전 중앙에 모시고 있었다. 그리고 그 좌우에 신격(神格)의 판단이 가지 않는 무신도(巫神圖)들도 합해서 10여 분이 모셔지고 있었는데, 수채화 물감 같은 이상한 채색이었지만 정성스럽게 일일이 액자에 유리까지 끼워넣은, 아주 색다른 무신도였다.
　그러나 이날은 40여 평 대지 위에 口자로 건물이 꽉 들어선데다가 대문간에서부터 사람이 빽빽이 들어차서 발을 들여놓을 여지가 조금도 없었다. 사람들 어깨 너머로 겨우 들여다보니 좌우 제물 준비실 한쪽에서는 할아버지들, 한쪽에는 할머니들 그리고 대문간 입구에는 동네 아이들 구경꾼들이 꽉 차 있었다. 그리고 좁은 마당 안에서 구군복 차림의 무녀가 한창 가무 사제(歌舞司祭)를 하고 있었다. 그 뒤에는 갓을 쓰고 도포를 입은 제관 노인들이 2,3명 보였다. 도저히 비비고 들어갈 수가 없어서 차라리 이날은 모조리 개황(槪況)들만 살피기로 하고, 다시 보광동 쪽으로 부산하게 걸음을 옮겼다. 이러한 당들이 여기서는 이렇게 1킬로 안팎 거리에 연달아 있고, 오늘은 일제히 다 도당굿을 한다는 것이었다.
　보광동 제당을 등성이 위로 찾아 들어서니 널따란 앞마당에서 굿이 한창 막판의 신나는 장면으로 전개되어 있었다. 그 앞을 못 보았으니 알 수가 없으나, 한 시간 남짓하게 지켜서서 본 바로는, 무녀는 굿거리를 차례로 넘기는 일도 없이 주흥(酒興)에 겨운 동네 노인들과 어울려서 신나는 춤판을 벌이고 있었다. 여기 무녀는 해사하게 예쁘기는 하지만 익살도 주변도 없는 맹꽁스러운 성품의 여자였다.
　노인들은 가다가 백 원짜리 지폐를 한 장씩 무녀의 전립(戰笠) 끈에 끼워 주었고, 어떤 노인은 5백 원짜리 한 장을 높이 치켜들고 주지는

동빙고동의 도당굿

않으면서 무녀를 자꾸 자기 앞으로만 유도하려고 하고 있었다. 등성이 위라 한강 바람이 불어대서 구정의 날씨는 아직도 추웠지만 한참 동안 그런 춤판을 지켜서서 보고 있노라니까, 잽이(樂士)들이 주악하는 가락에 마음속으로 어깨가 들썩이며 흥이 느껴져 오기도 했다.

(3) 전통의 잔맥(殘脈)과 변화

동제란 〈위지(魏志)〉 '동이전(東夷傳)'들에서부터 보이는 부락 국가 시대의 제천 의식 이래의 유구한 한국의 전통의 하나다. 이때까지만 해도 동제는 한국 농어촌의 반수가 지내고 있는 가장 폭이 넓은 하나의 종교 형태이기도 했다. 그것은 그만큼 농어촌 생활에 필요하고 밀착돼 있던 때문이다. 그것은 마을의 수호신을 중심 삼아 지연 집단원(地緣集

團員)들이 화목과 유대를 굳혀 오던 종교 행사이다.

　조선조 이래의 유교 제례가 혈연적(血緣的)인 동족의 결합을 굳히는 반면에, 동족 상호간에는 종파성·대립성을 일으킬 수 있는 데 비해서, 동제는 본질적으로 단합성을 띤다는 사회적 기능면 하나만으로도 바람직한 존재인 것이다. 그리고 이제는 여기 동제도 신앙적인 의례(ritual)라기보다는 명절을 맞은 지연적인 축제(festival)라는 느낌이 여실했다. 점점 신앙성은 사그라지고, 대신 유흥성이 비중을 더해 가고 있는 느낌이었다. 사실 이렇게 해서 민속적인 신앙은 민속놀이나 민속 예술들을 산출한다. 결국 민간 신앙은 민속 예술이나 민속놀이의 뿌리인데, 그 뿌리를 미신시하고 무차별 절단시키면 그 나무에 꽃이 피어날 수는 없는 문제이다.

　보광동에서 한 시간 남짓 목격한 대목만으로는, 완전히 그것은 신을 즐겁게 해드린다기보다는 인간들 자신이 즐기는 게 주목적이라는 그런 인상의 놀이였다. 여기 주악을 하는 잽이들은 밴드라는 느낌이었고, 무녀는 댄서, 별비(別費)는 팁격이라는 생각이 자꾸만 들었다. 다만 컴컴한 홀에서 남녀가 끼고 도는 양춤 장면들에 비하면, 이것은 그 기능이나 분위기나 비용면에서 말할 나위도 없이 건전하고 소박한 한국적 전통이라는 느낌이 들었다. 시골 같으면 이 춤판은 마을 청년들의 젊은 활기에 넘치는 농악놀이가 되겠으나 어찌된 일인지 근래는 농민 생활의 활력소인 이 농악대까지도 부쩍 줄어들고 있다.

　보광동 동제의 제사 비용 추렴의 상황도 서빙고동과 같았다. 이날 춤판이 전개되어 있던 제당 담벽에 붙어 있던 비용 출자자들의 명단에는 ××상점 1천 원, ××공장 2천 원, 국회의원 金×× 신탄진 2보루에서, 개인들은 대개 1백 원, 더러는 2백 원에, 개중에는 50원이나 70원이라는 액수들도 보였다. 10만 원 이상이 걷혀서 도당굿을 하건, 못 걷혀서 아니하건 간에 먼저 유교적 절차대로 제사를 지내고, 축문에서 국가 태평과 군경 무고(無故)·동내 평안·양재 초복(攘災招福) 들을 기원한다.

그리고 제관으로 선출된 노인들은 60대들이면서도 그 근신 기간에는 여자를 가까이 안 한다고 강조한다. 서울의 노인들다운 근대화로서 재미있게 느껴진 것은 그 목욕 재계인데, 이 한강 가의 동·서빙고동과 보광동의 노인들은 다 목욕을 뜨뜻한 대중탕에 가서 한다는 것이었다. 물이 지니는 종교적인 정화력(淨化力)은 동서 고금이 공통이어서 불교의 욕불(浴佛)이나, 기독교의 세례나, 일본 신토〔神道〕의 미소기〔禊〕 들을 연상하게 되지만, 한국 농어촌에서도 제관들은 추운 정월에 얼음을 깨고 냇물에 들어가서라도 거의 예외없이 목욕을 한다.

이 점은 예수가 처음으로 요단 강에서 요한에게 세례를 받은 것처럼 침례교(浸禮敎)식으로 물 속에 들어가는 것이 옳겠지만, 기독교에서도 교파에 따르는 변화나 간략화가 많아서 머리 위를 물로 적시기만 하기도 한다. 결국 서울에는 목욕탕들이 많으니 제관 노인들은 공동탕에 들어가서 뜨뜻하게 목욕한다는 것이 거의 통례였다. 이것은 서울다운 민간 신앙의 환경에 적응하는 변모라 아니할 수가 없겠으나, 그 장면들을 연상하면 안이한 현대화라고 웃음짓지 않을 수 없기도 했다.

(4) 서울 동제당의 실황

이러한 일이 있었던 같은 해(72년) 가을에 서울시 문화재 위원회에서 서울시의 민속 자료로서 한두 개 특색이 있는 동제당을 지정 보존하자는 의견들이 나왔다. 그래서 먼저 서울시 관내 동제당들의 전모를 파악하기 위한 기본 조사부터 하게 되었고, 필자는 곧 동제당의 명칭·형태·제신(祭神)·비용·제순·일시 및 기타의 개황을 기입할 수 있는 질문지 양식을 만들어서 인쇄를 하게 했다. 그리고 그 서면 조사서를 시청→구청→동사무소의 루트를 타고 내려가게 하고, 조사 기입하여 회수하게 했다. 그 회보(回報)들 중에서 10여 개의 주목할 만한 당을 찾아서 먼저 5,6일간 현지 조사를 해보았다.

먼저 당조사서는 모두 44매가 돌아왔다. 여기에 '67년도와 중복되지 않은 22매를 합해서 서면 조사로써 파악된 총수는 66건이었다. 그러나 두 번의 서면 조사, 5,6일간의 현지 조사를 통해서 파악한 실정으로는 지금 극히 일부의 아는 사람만이 알고 있을 만큼 동제당들은 쇠퇴와 침잠(沈潛)을 심하게 하고 있었다. 그래서 이상 모든 실정들을 종합해 볼 때, 지금 짐작으로 서울시 관내만도 동제당의 수는 능히 1백을 넘을 것으로 여겨진다. 그리고 현지 조사 결과로는 서빙고동의 부군당과 평창동의 산신각과 영천의 선바위 등 3개가 민속 자료로서 지정이 되었다.

여기서 서울시 관내 동제당의 전반적 특징을 살펴보면 다음과 같다.

1. 부군당(府君堂)이라는 명칭이 많다. 전국의 당 명칭은 서낭당(강원도), 산신당(경기·충청), 당산(영·호남), 본향당(제주도) 등이 주된 명칭들이다. 서울시에도 산신당·산제당 등이 많아서 13건인데, 타지방에서는 듣기 어려운 부군당이란 이름이 10건이나 보였다. '부군'이란 본래 한대(漢代)의 태수(太守)의 칭호라 하지만, 부군당이란 옛날 관청내에 두던 사당의 이름인 듯하다. 〈문헌비고(文獻備考)〉에 "본조 풍속에, 도하 관부들에는 으레 수호신을 모신 한 작은 숲을 두고 그 사당에 지전을 걸고, 부군이라 일컫는다(本朝國俗 都下官府 例置一小守叢 祠掛紙錢 號曰府君)"고 했다.

2. 당 건물들이 큰 편이다. 지방의 당들은 건평이 1,2평 정도가 많고, 그것마저 없이 신목(神木)만인 경우가 태반이다. 서울 시내도 그런 사례가 없지는 않으나 신당과 제청을 구비해서 10평, 20평씩 되는 것들도 적지 않다.

3. 신격에 역사상 위인의 신격화가 많다. 아태조(我太祖-李成桂)·최영 장군·고려 태조·제갈공명이 1건씩이고 단군·김유신 장군·남이 장군이 각 2건씩 있었다. 지방의 당신(堂神)들에는 7,8할을 여신이 차

지하는데, 서울 동제당에도 여신의 사례가 없지는 않다. 동빙고동 제당의 단군에 대해서, 70고령의 한 노인은 일제 때부터 단군의 영검이 뚜렷했고, 자기도 아직 건강하며 제법 괜찮게 사는 것도 다 단군이 보살펴 주시는 은덕이라는 것을 강조하고 있었다.

4. 제사 비용이 시방에 비해서 많다. 제비의 매호낭 샥출은 전국적인 일반 예이지만 서울은 각 동마다 호수도 많고, 액수도 시골보다는 많다. 시골은 지극한 정성이면서도 '67년도 조사로는 비용 1만 원을 넘는 마을이 거의 없고, 호당으로는 1백 원을 넘는 일이 없으며 2,30원의 예들도 많았다. 그래서 서울에서는 결국 전기(前記)했듯이 각 가정에 제사 음식의 반기를 돌리고 10만 원만 넘으면 노인들이 모여서 신년 연회를 한번 즐겁게 해본다는 격이기도 했다.

5. 제사 날짜가 10월이 많아서 25건이었다. 이에 비해서 정초는 불과 5건이었다. 지방에서는 제일 많은 것이 정월 보름, 다음이 정초, 다음이 10월, 그 밖에 매월마다 있는데 이 10월은 물론 상달・추수감사, 고대 부락 국가 이래의 10월 제천 등의 전통이 복합된 탓이라 여겨진다.

6. 경로당(敬老堂)과 여기 모이는 노인들이 주도 세력이다. 물론 지방 동제도 노인층이 뒷전에 서 있기는 하지만 청장년들의 활기가 넘치고 농악대들이 나온다. 그러나 서울에는 농악대도 없고, 전기했듯이 경로당의 퇴역 노인들이 비용의 염출에서부터 제관역, 놀이들에까지 전담해서 모처럼 만에 동네를 위해서 일을 한번 해보고, 즐기기도 해보는 전통의 잔맥이 동제이다.

(5) 민속 문화재로서의 보존

이 중에서 서울시의 지방 문화재인 민속 자료로 지정된 서빙고동 부군당에는 아태조 내외분과 삼불제석의 무신도(巫神圖)에다가 5개의 현판이 있었다. 무신도치고는 고풍(古風)이 느껴져서 좋았으나, 아태조 그림의 복색은 국왕의 그것은 아니어서, 노인들의 말뿐이지 확인은 되지 않았다. 그런데 5개의 현판 중에서 가장 오랜 것에는 '숭정기원 상지 십삼년 을해〔崇禎紀元 上之十三年 乙亥〕'라는 기년의 중건기(重建記)로서 비용 출자자들의 명단이 새겨져 있었다.

이것은 인조(仁祖) 13년(서기 1635년) 중건이니 지금으로부터 350여 년 전의 것이 되고, 그 처음 건축이나 또는 동제 신앙의 시발은 최소한 4백 년 이상은 되리라는 뚜렷한 증거물이 된다. 이 밖에 2백 년 전(추정), 90년 전, 60년 전, 40년 전의 부군당 중수기(重修記) 현판들이 4매가 더 간직되어 있었다. 이것은, 이런 옛것을 소중히 보존하는 정신이 부족한 우리 민중 사회에서는 가상할 일이어서 민속 자료로 지정된 것이라 하겠다.

다음에 평창동 산신각에는 50여 년밖에 안 됐겠지만 '계해(癸亥) 8월에 화사(畵師) 김예□당 상규(金禮□堂 尙奎)'라는 1923년의 기년이 있는 예쁘장한 여산신(女山神)의 그림이 있었다. 〈삼국유사〉에, 신라 2대 남해왕(南解王)의 왕비에 대한 다음과 같은 기록이 있다. "왕비 운제부인(雲帝夫人)을 운제(雲梯)라고도 하는데 지금 영일현 서쪽 운제산에 성모가 있고 가물에 여기에 빌면 응함이 있다〔妃雲帝夫人 一作雲梯 今迎日縣西 有雲帝聖母 祈旱有應〕". 그것은 즉 영일현 운제산의 산신이 여신이었다고 고대 산신의 성(性)을 보여 주며, 그 시대가 아직 신화 시대임을 보여 주는 소중한 기록이라 하겠다.

이러한 여산신의 전통은 후대에 내려와서 여기 서울의 조선 시대에도 〈천예록(天倪錄)〉이라는 책에 다음과 같이 보이고 있다.

"백악산 위에 신당이 있어 정녀부인묘라 부르고 그 속에 영정을 모셨는데 복을 비는 사람들이 잇달았다〔白岳山 山頂有神宇 即俗所謂貞 女夫人廟也 安影幀于其中 祈福相屬〕". 고대 이래의 여산신의 관념을 지금껏 보여 주는 이러한 그림의 개인 소장품을 꼭 한 장 본 일이 있기는 하지

평창동의 여산신도

만, 이제는 이것은 귀중한 하나의 민속 자료라 하지 않을 수가 없었다. 그리고 그 여산신각은 또한 조그마하고 예쁘장한 기와집이었다.

 곁들여 말할 것은, 이 근처 평창동 일대에는 조선 시대에 국가 양곡(糧穀)을 보관하던 창고들이 있어서, 그 이름이 지금껏 평창동(平倉洞)이다. 여기에는 천제단(天祭壇) 터가 있고, 또 부군당 신목도 거목(巨木)으로서 서울시 지정 보호수목 65호로 지정되어 있었다. 그리고 그 뒤는 보현산(普賢山)의 높은 봉우리를 이고 있는 경관(景觀)이 수려한 풍치 보호림 지대이기도 했다.

(6) 미신이라 하지만

 여기에 1972년 전후에 한신 부동산 회사가 40여만 평(그린벨트를 제외

2. 서울의 동제당(洞祭堂) 29

하면 22만 평)을 택지로 조성하여 길을 내고 평지를 만들어 거암들을 폭파해서 산신각도 위태롭게 되었다. 주민들, 특히 노인층에서는 이 아름다운 자연과 깊은 유서, 그리고 신앙 대상들의 보존을 위해서 끝내 한신 부동산에 항의를 하고 나섰다. 그러다가 그만 불행하게도, '72년 여름철 폭우로 산사태를 만나서 1백여 명의 사상자가 발생했던 그 끔찍한 대참사를 당하고 말았다.

　이것이 계기가 되어 노인들은 더구나 앞으로의 보존을 위해서 서울시와 청와대에 진정을 하고 나섰다. 그들의 긴 진정서에는 다음과 같은 글들이 보였다. ──"현세에서는 흔히 이러한 것을 미신이라고들 하나, 그렇게만 친다면 공자나 석가나 기독교를 숭상하는 일이나, 부모 조상을 제사지내는 것마저 금지해 없애야 하지 않겠습니까"──그것은 대참사가 있었던 후라 퍽 격한 어조이기도 했다.

　그런데 이러한 개발과 보존이 상충(相衝)하는 예는 앞으로도 많이 있을 수 있는 일이겠다. 다행히 여기는 풍치 보호림 지대로 되어 있고, 풍치림 지대는 대지 넓이에 비해서 건평의 비율이 적다고 한다. 그래서 한 평도 안되는 팔작(八作)지붕의 앙증스럽게 예쁘장한 여산신각은 그 지형이 이용되어서 도로들이 난 녹지대 가운데 보존이 될 듯했다.

　여하튼 이렇게 유서 깊은 문화 유적들의 보존은 풍치림 지대 주택지 주민들로서는 앞으로 금상첨화격(錦上添花格)으로서 자랑으로 삼을 줄 아는 주민들이 돼야 하겠고, 한신 부동산측도 그것을 다소는 배려하고 실현시켜 나가는 듯했다.

　끝으로 영천의 선바위는 조선조 초의 서울 성벽의 축성(築城)으로 정도전(鄭道傳)과 무학대사(無學大師)와의 전설이 얽혀 있었고, 현재도 민중의 돈독한 신앙 대상이 되어 있어서 지정이 되었으나, 이것은 이른바 동제당은 아니다.

3. 영남(嶺南)의 골맥이 동제당

영남 일대에 동제신(洞祭神)의 명칭으로 '골맥이'라는 말이 많이 분포 잔존하고 있다. 가령 고래로 김씨가 많이 살아온 마을이면 그 동제신을 '골맥이 김씨할배'라고 부른다. 영남 지방 방언에서 이 경우 '할배'란 조부(祖父)라는 뜻이 아니라 조상(祖上)이라는 뜻이 된다. 김씨가 많은 마을에서 그 '골맥이 김씨 조상'은 동시에 마을의 시조신(始祖神)이고, 창건신(創建神)이며, 수호신(守護神)으로 받드는 사례가 많다.

(1) 영일군 대보리(迎日郡大甫里)의 경우

한 예로 한국 지도상의 토끼 꼬리 끝부분 같은 경북 영일군 구룡포읍 대보리(慶北 迎日郡 九龍浦邑 大甫里)에는 '골맥이 하씨할배, 최씨할배, 양씨할배'의 3신위(神位)가 있었다. 그 중의 하씨 조상으로 말하면, 임진왜란(壬辰倭亂) 또는 세조 찬위(世祖簒位) 때에 이곳에 피란 와서, 처음으로 이 마을을 이룩하고 낙향(落鄕) 1대조가 되었다고 한다. 그런데, 최씨측에서는 '최씨할배'가 '하씨할배'보다 더 먼저 여기 와서 정착했으며, 처음으로 이 마을을 이룩했다고 우겨서, 때로는 하·최·양(河·崔·梁)의 순위가 최·하·양으로 고집되기도 했다. 마치 제주도의 삼성 시조(三姓始祖)가 고·양·부(高·梁·夫)니, 양·고·부니로 순위 다툼이 심각하게 문제되는 것과 같았다.

이것은 그 제사에서 어느 씨족이 초헌관(初獻官)으로서 제관의 대표가 되느냐 하는 문제가 되어서 동족 상호간에서는 중대한 결과가 되기도 하는 것이다. 그리고 제당(祭堂)의 신목(神木)들에 내재(內在)하고 있는 것으로 믿어지는 '골맥이'는 이 신목을 처음 심은 분들로 여겨지며, 동시에 이 신목들은 이곳 3성 시조의 신령으로도 취급되고 있었다. 그래서 하·최·양 3성의 자손 댁들을 '골맥이집'이라 부르고, 이 동족 집단(同族集團)들은 동제향계(洞祭享稧)를 주관하며 제관도 3성 중에서 40대 이상의 부정하지 않은 남자들이 선정된다.

대보리의 동제당

그 동제는 음력 10월에 택일(擇日)이 되고 자정(子正)에 거행된다고 한다. 자정이라는 시각을 더 캐물은즉, 첫 계명성(鷄鳴聲)의 전후라고 한다. 그런데 그 동제 일자는 음력 정월 15일로 정하고 있는 마을들이 압도적으로 많으며, 그 경우에는 대개 보름달이 중천에서 휘영청하게 밝은 시간이라고 답변한다.

1963년도에 대보리 현지 조사에서, 이러한 신관념(神觀念)과 제의(祭

儀) 일자들을 처음 듣고 '골맥이'라는 낱말의 어의를 곰곰 생각하던 끝에 지금껏 다음과 같은 해석을 내리고 있다. '골맥이'의 '골'은 긴 발음이었다. 그래서 '골'은 고을동(洞)·고을군(郡)·고을읍(邑) 등의 집단 거주처, 즉 마을로 보고, '맥'은 막다(防)의 어근(語根)이 '이'라는 명사형 어미(名詞形語尾)를 만나서 이 모음의 역행동화(逆行同化)를 입은 결과로 '막'이 '맥'이로 된 것으로 여겨진다. 즉 '고을막이'라는 말이 '골맥이'로 손쉽게 항용 발음되어 왔고, 그렇게 사용되어 온 것이다. 그리고 '골맥이'라는, 이 색다르지만 순수한 우리말 어휘는 신관념이나 제의 일시와 더불어 다 아득한 고형(古型)의 유구한 민간 전승일 것으로 믿어졌다.

(2) 김알지(金閼智)도 골맥이

본래부터 신화학(神話學)에 뜻을 두고 있던 필자로서는 자연히 이상과 같은 자료들을 김알지 신화와 연결시켜 생각을 하게 되었다. 주지하듯이, 김알지는 계림(鷄林)의 나뭇가지에 걸려 있던 황금 궤짝 속에서 계명성(鷄鳴聲)이 울릴 때에 탄생했던 신라 김씨 왕가의 시조신이다. 말하자면 그는 김씨 골맥이로서, 김씨 왕가의 시조신이고 수호신이며 동시에 신라라는 국가의 시조신·수호신이었던 것이다. 영남 지방의 골맥이 동제당도 마찬가지이지만, 어디서나 동제당은 경제적 여유가 있거나 정성이 지극한 마을들에서는 조그만 당집이 곁들여지며, 그 대부분은 원초 형태 그대로 신목만이 있고 그 자체가 신당이 된다.

계림은 첨성대(瞻星臺)·안압지(雁鴨池)·월성(月城)을 포함한 신라 왕성(王城) 내의 한쪽에 위치했던 것이며, 계림 자체는 그 중에서 제의처(祭儀處)의 성격을 띠었던 것으로 여겨진다. 왕족의 시조 신화라고 해서 무에서 창조되지는 않는다. 흔히 민간 제식(民間祭式)이 왕궁 제식(王宮祭式)으로 승화(昇華)되는 것이며, 그것이 다시 후세에 내려와서 신화로 반영될 수도 있다. 뒤에 별도로 소개되겠지만, 우리 나라에서도 고구려의 고대 부락 국가의 제의였던 동맹(東盟)이, 고려 시대에 와서 국왕이 친히 임석해서 지내던 팔관회(八關會)라는 대제(大祭)로 승화된 것도 그 한 예이다.

계림과 김알지 탄생 기념비각

김알지 신화는 그것이 다시 신화로 반영되어 나타난 한 예가 된다. 유사한 예는 박혁거세(朴赫居世) 신화에도 보인다. 〈삼국사기(三國史記)〉에 의하면, 박혁거세는 "4월 병진(또는 정월 15일)에 즉위하여 거서간이라 일컬었다[四月丙辰(一曰 正月十五日)即位 號居西干]"고 되어 있다. 이 정월 15일이 바로 영남 지방뿐이 아니라, 전국적으로 동제사를 제일 많이 지내는 날짜이다. '四月丙辰'도 혹 이것이 석가탄일로서 후세에 불교가 들어온 뒤의 동제일의 반영의 결과가 아니겠는가 하고,

이재수(李在秀) 교수는 추측한 바가 있었다.[1] 다분히 가능성이 있는 추측이라고 생각했던 필자에게, 4월 8일을 바로 골맥이 동제일로 정하고 있는 마을이 하나 파악되었다.

그것은 같은 경상북도 안동군 풍산면의 하회동(河回洞)의 동제일이었다. 이 마을은 임진왜란 때의 십년독상(十年獨相)으로 유명한 서애 유성룡(西厓 柳成龍) 선생의 후손들이 모여 사는 하회 유씨의 동족 부락으로서도 유명하고, 국보로 지정된 동제의 가면(假面)들이 있었던 곳으로서도 유명한 마을이다. 이 마을에서는 상·중·하당의 세 동제당이 있는데, 중심은 상당의 당신 골맥이 김씨할매로서 그 제일(祭日)이 정월 15일과 4월 8일의 연 2회로 되어 있었다. 그렇다면 그것은 전기한 〈삼국사기〉의 '四月丙辰(一曰 正月 十五日)'과 거의 그대로 딱 들어맞는 날짜가 되는 것이다.

그런데 이 마을에서도 '63년도에 찾아갔을 때에는, 전기한 바와 같이 연 2회의 동제를 지낸다고 했으나[2] '73년도에 다시 갔을 때에 물어보았더니, 지금은 정월 15일 연 1회만 동제를 지낸다고 했다. 민속의 소멸이나 변질은 당연한, 막을 길 없는 추세의 하나이기는 하지만 필자의 관견(管見)으로는, 4월 8일 동제는 오늘날 유일한 것이었고, 중요한 학술 가치를 지닌 한 예였던만큼 안타깝기 그지없는 일이었다. 하필이면 이 유구한 전통적인 자료가 요사이 우리 세대에서 소멸되는 데에는 근래의 눈부신 이른바 근대화와 그에 따르는 미신 타파의 탓이 큰 원인이라고 보겠는데, 이를 전공하는 사람으로서는 서운한 일이 아닐 수 없다.

---

1) 李在秀, "朴赫居世傳說論考", 〈高秉幹博士 頌壽記念論叢〉(1960), 28면.
2) 張籌根, "韓國의 神堂形態考", 《民族文化研究》第1輯(1964), 184면.

(3) 태고 이래의 풍요 기원(豊饒祈願)

이상과 같은 이유로 골맥이 동제신이 중요시되던 필자에게, 다음으로 궁금해졌던 것은 그 분포의 지역이나 한계가 어떻게 되는 것일까 하는 문제였다. 동제의 기본 범주는, 전국적으로 지방이 다르다고 크게 근원적인 차이가 있는 것은 아니지만, 그러나 우선 '골맥이'라는 신명(神名)은 영남 지역에서만 들을 수가 있는 것이었고, 그 신관념도 골맥이의 경우 세부적으로는 퍽 다른 데가 많은 것이다.

그러다가 '67년도에 1만여 매의 질문지를 전국에 뿌려서 약 6천 매를 거둬들이는 전국 동제당의 서면 조사를 한 일이 있었다. 그 결과, '골맥이'라는 명칭은 경상 남북도에 많고, 강원도 남부 일대에 약간 분포돼 있는 원초 신앙의 잔존 상황임을 밝힐 수가 있었다. 위의 경남·경북·강원 3도에서 거둬들인 약 3천 매 질문지에서 신명 기입란에 '골맥이'로 기입된 것만으로 740매, 그러니 740개 마을을 찾아낼 수가 있었는데, 그 남녀 성별을 보면 다음과 같다.

남신 93, 여신 226, 성 미상 421.

그러니 여신이 남신보다 2.4배가 많았으며, 따라서 그 주류이며 원형은 유구한 원초 이래의 풍요 다산(多産)의 여신 지모신(地母神) 신앙이었던 것으로 봐야 할 것이다. 타도에서도 가령 전라남도만을 보아도 여신의 남신에 대한 비례는 훨씬 더 많아져서 3.9배를 이루고 있는 도(道)도 있었다. 그리고 제일(祭日)도 대보리(大甫里)같이 10월 택일은 오히려 드물고, 압도적으로 많은 날짜가 정월 15일로 나타났다. 다시 강조되어야 하겠거니와 이것은 남신 —— 태양 —— 천신(天神)에 대응되는, 여신 —— 달 —— 지신(地神)의 음성 원리로서 태고 이래로 유구히 전승해 온 풍요 기원의 체계가 아닐 수 없다.

결국 이것은 고구려의 동맹(東盟)이 여신의 신상을 나무로 깎아 만들어서 모셨다〔刻木作婦人之像〕고 하던 풍요 제의와도 궤(軌)를 같이하는 것이다. 그러한 고대 농경 민족의 농경 의례는 전기했지만, 신라 전역에서의 민간 레벨의 것이 왕궁 제식으로 승화했었고, 다시 고려 시대에도 동맹을 팔관회(八關會)로 발전시켜서 국가적 대제전으로서 성행하게 했는데, 이에 대해서는 항을 달리해서 다시 살펴보기로 하겠다.

그리고 전기 하회동의 국보로 지정된 가면들은 이러한 동제를 지낼 때에 별신굿(別神祭)으로 벌여 오던 가면극(假面劇)에서 사용되던 것으로서, 그 제작 연대가 고려 시대의 것으로 감정이 되고 있다. 민족 종교가 민족 예술을 낳는다고 하지만, 그리고 참으로 다행스럽게도 한 개 촌락에서 보존돼 오던 목제품이 발견됐지만, 우리의 유구한 농경 의례는 한 개 촌락에서도 그토록 훌륭한 조형 예술품을 낳게 했는데, 이것이 다 고려 시대의 종교의 힘이었다고 할 수 있겠다. 이 가면들은 한국 조각 예술사상에서도 단연 뛰어나는 걸작들로 간주되고 있다.[3]

한 개 촌락의 별신굿에서 이렇게 국보 가면을 산출하게 한 데에는, 중앙에서는 팔관회를 크게 지내고, 또 중앙·지방을 가릴 것 없던 연등회(燃燈會)에 동제 등 고려 시대의 종교성, 신앙적인 분위기들이 그 밑바탕의 은성(殷盛)한 힘이 되었던 탓이 컸을 것이다. 어떻든 그래서 오늘날은 이러한 한국 가면극의 기원을 고대 농경 의례에서 찾는 견해들도 나오고 있다. 그리고 이 하회동의 뒤 화산 위에 있는 상당(上堂)의 골맥이 김씨할매의 '할매'라는 호칭은 여기서도 역시 여신을 존칭하는 데서 생긴 '할매'이다. 그 여신은 평지의 동네 복판에 있는 하당(下堂)의 여신, 삼신할머니의 며느리라고 전승되고 있는 젊은 여신이다.

다시 이러한 골맥이의 세부적인 분포를 살펴보면, 경남 331, 경북 398, 강원 11이나, 군 단위로 보면 성주군(星州郡)·봉화군(奉化郡)·창녕군(昌寧郡) 같은 내륙 서부 지방에는 1,2건씩뿐인데, 중간 지대로 오

---

[3] 金元龍,〈韓國美術史〉(1968) 275면.

면서는 10건, 20건씩으로 점차 동쪽으로 몰리다가 울주군(蔚州郡) 115, 영일군(迎日郡) 93, 영덕군(盈德郡) 102, 동래군 56으로 동해안·동남 해안 지방에서는 아주 밀집된 상태를 보여서 그 해석이 또다시 궁금해졌다. 신앙성이란 농촌보다는 어촌일수록 짙어지기는 하나, 이 현상은 그것만으로는 석연하게 다 해명이 될 수 없는 어떤 여지가 다분한 느낌이었다.

(4) 일본 촌락들에도 같은 현상이

1970년도에 필자는 일본의 도쿄[東京] 대학에서 한국 민속학 강의를 하는 기회가 있었다. 한번은 이야기가 이러한 골맥이 동제신에 미쳤고, 끝으로 분명하게 지금은 해석을 내릴 수 없는 동남 해안 지방의 집중 상황으로 마무리지어지자, 한 학생이 이것은 분명하게 한국 골맥이 신앙 형태의 영향을 받고 그것과 상관 관계를 가지고 있는 상황이라고 하며, 한 민속 조사 보고서를 제시한 일이 있었다.

그것은 교토[京都] 북방 동해 쪽에 면한 와카사 만[若狹灣] 내의 어떤 섬의 민속 조사 보고서였다. 이 섬의 마을들에서는 마을의 개척 조상령(開拓祖上靈)이 신목에 좌정(坐定)해 있는 것으로 주관(主觀)하고 이 신목에 마을 전체가 공동 제사를 지낸다. 각기 동족 집단을 중심으로 제향계(祭享禊)를 하고 있는 점도 같았다. 그리고 그 신역(神域)을 '니소노모리(ニソの杜)'라고 하며, 이것은 원래 구가(舊家) 종가(宗家)의 조령(祖靈)을 제사지내던 것이 지역적인 촌락신의 제사로 진전된 것이며, 결코 이 섬만의 특유한 신앙 형태는 아니고 와카사 각 지방에 두루 공통되는 신앙 형태라고 한다.

그리고 그 조사자는 다시 나아가서 이 신앙 형태와 꼭 같지는 않으나 유사한 상황은 널리 일본 각 지방에도 통하는 공통 기반으로서 와카사 지방의 이 형태도 그런 기반 위에 선 한 개의 고형(古型)인 것으로 이해되어야 한다고, 그 자세한 내용 소개 끝에 결론을 짓고 있었다.[4] 그래서 동해를 사이에 두고 그 해변에 밀집되어 있는 흡사한 이 양국의 고형 자료들은 그 원형의 탐구와 전파 관계, 그리고 그것의 후세적인 양국에서의 전개 방향과 사회적인 성격이나 기능의 차이를 비교 연구하는 데 귀중한 자료가 될 것으로 여겨졌다.

(5) 조상단지의 신화 속에의 투영(投影)

그런데 김알지 신화는 동제만의 반영은 아니다. '조상단지'라고 하는 민간의 가정 신앙의 투영(投影)도 있다. 김씨 왕가의 시조신 김알지는 계림의 나뭇가지에 걸려 있던 황금 궤짝 속에서 탄생했다. 이 황금 궤는 조상단지가 신화적으로 미화(美化)된 표현일 수도 있겠고, 또 실제로 신라 김씨 왕가의 조상단지다운 황금 궤짝의 고급품이었을 수도 있겠다.

'조상단지'라는 명칭은 전국적인 통칭이고, 호남 지방에서는 지금 이것을 '제석오가리', 영남 지방에서는 흔히 '세존단지'라고 부른다. 봄에는 보리쌀, 가을이 되면 쌀을 해마다 연 2회씩 갈아넣어서 조상의 영혼처럼 여기고 제사지낸다. 경북의 특히 안동 지방에서는 이것을 바가지로 대신해서 '삼신바가치'라고 부르는데, 이때는 이것이 한국의 전통적인 남아 존중 사상(男兒尊重思想)의 신앙 대상이 되고, 산육속(產育俗)의 기원 대상으로도 삼는다. 딸만 내리 낳는 경우, 화가 나서 이 삼신바가치를 동댕이쳐 버렸다는 부인들의 이야기를 많이 듣는다.

---

4) 直江廣治, "'ニソの杜'信仰と その 基盤", 〈若狹の民俗〉 東京(1966), 198~211면.

경북의 조상단지

　여기서는 예수 믿는 사람들 외는 대개의 가정들이 삼신바가치를 모신다. 개중에는, 실제로 삼신바가치의 실물은 모셔놓고 있지 않더라도 아기를 낳았을 때에는 미역국·메밥·찬물들을 안방 한쪽에 차려놓고 기원하는데, 이런 경우는 '건궁삼신'이라 하며 관념상으로만 모시는 형편이 된다. 실제로는 도산면(陶山面) 토계동의 이퇴계(李退溪) 선생 후손 하계파(下溪派) 종손 댁 같은, 유교 색채가 짙은 반가(班家)에서도, 부인들은 안방 시렁 위에 커다란 특대형 삼신바가치를 모시고 있는 것을 보았다.

그래서 동자신(童子神)으로 탄생하는 신라 김씨 왕가의 시조신 김알지 신화의 해석을 위해서는, 이상의 조상단지와 삼신바가지를 아울러서 고려에 넣고, 그 신앙 형태들이 신화화하는 데서 양자가 아울러서 신화 속에 투영된 것으로 봐야 하겠다. 이들 조상단지류(類)에 대해서는 그 유구한 역사적인 전승의 단계들을 매듭지어서 살펴볼 자료들이 또 있으나, 이는 다시 별도로 다루기로 하고, 여기서는 다시 동제를 주제로 삼아 나가겠다.

(6) 동제의 전통

오늘날의 한국 동제의 기록은 멀리 3세기의 〈위지(魏志)〉 '동이전(東夷傳)'들에서부터 나타난다. 고구려의 동맹(10월), 부여의 영고(迎鼓;정월), 한의 씨뿌리고 난 후(5월)와 농사의 공이 필한 후(10월), 예의 무천(舞天;10월) 등 국중 대회(國中大會)를 한 제천 의식들이 그것이다. 이것은 '형벌과 옥사를 중단하고 죄수를 풀어주고[斷刑獄 解囚徒;부여], '연일 음주 가무하던'(예) 민중의 축제였다. 이때 한에서는 '군중이 모여서 노래부르고 춤추며 밤낮을 쉼이 없었는데, 그 춤은 수십 명이 같이 뛰고 서로 따르며 땅을 밟되 높고 낮음이 있고, 손발이 서로 응했으니 그 장단은 탁무(鐸舞)와 비슷하다' 하였다.

이 민족적인 대축제들은 신을 중심한 지연적(地緣的)인 화목과 단합의 다짐이었고, 내일의 노동에의 활력소였고 심리적인 카타르시스 작용이었다. 그 뒤로 우리는 이 동제에 대한 이렇다 할 기록을 오래 가지지 못했으나, 민속 조사와 문헌 연구를 통해서 그 전통이 상·하층 사회를 막론하고 면면하게 이어지고 발전해 왔던 것을 알 수 있었다. 즉 전기한 대로 신라에서는 그것이 궁성 안 계림의 왕궁제식으로 승화되어 있었고, 고려에서는 다시 국왕 임석하의 국가적인 대제 팔관회로까지 발전되어 있었다. 그리고 고려 시대의 조야(朝野)를 막론한 그 은성(殷盛)한 종교적 신앙성은 일개 촌락인 하회동에서 국보 가면을 제작해내는 원동력을 이루었다.

몇 년 전까지만 해도 동제는 거의 전국의 반수 이상의 농어촌에서 지내온 것으로 짐작되었다. 앞 장의 '서울의 동제당'에서 별도로 언급된 바와 마찬가지로 뜻밖에도 오늘날 서울시 관내에도 무려 1백을 상회하는 당이 있었다. 이제 다시 '67년도에 필자가 전국에서 약 6천 매의 동제 서면 조사서를 수합하여 분석했던, 오늘날 동제의 대요를 소개하면 다음과 같다.

첫째로 당의 명칭은, 주로 강원도에서 서낭당, 경기·충청 지방이 산신당 또는 산제당, 영·호남 지방이 당산, 제주도가 본향당이다. 그 명칭이 다를 뿐, 본질적으로는 다 같은 것들이다.

둘째로 당 형태는, 신목만인 것이 기본형으로 압도적 다수이며, 가다가 조그만 당집이 생기면 새로 신체(神體)로서 위패·방울·목조 신상(木彫神像)·서낭대·신도(神圖) 들이 모셔지는 수가 많다. 천연 동굴의 당이 본토의 몇 곳과, 제주도에서 7,8개가 조사되었는데, 이것은 그대로 고구려의 동맹에 관한 기록 중 '나라 동쪽에 큰 굴이 있고(國東有大穴)'(〈魏志〉) 그 속에 대혈신을 모셨는데, 그것은 '나무로 깎은 부인상(刻木作婦人之像)'(〈周書〉)이었다는 기록들과 맞아들어 가는 형태들이다.

셋째로 신격은, 전기한 대로 골맥이만의 경우 여신이 남신보다 2.4배가 많았지만, 전남의 경우를 보면 3.9배로 여신이 훨씬 더 많았다.

넷째로 제사 일시는 전라도에서는 정초가 81건, 정월 15일이 96건, 2월~12월 사이가 40건이며 경상도도 비율은 비슷했다. 시간은 9할 이상이 자정(子正)이다.

이상으로 우리는 동제가 농어민 사회의 민속의 밑바탕에서 얼마나 지금까지도 원초 이래의 전통적인 요소들을 끈질기게 보존하고 있는가 하는 점에 대해서 새삼스러운 놀라움을 금치 못한다. 이제 다시 동제가 가지는 농어촌 사회에 있어서의 사회적인 기능을 아울러서 살펴보면 다음과 같다.

(7) 동제는 검소한 총화(總和)의 바탕

 동제의 첫째 기능은 그 신성 기간(神聖期間)의 설정이다. 캘린더가 없던 태고 이래로 누구나 알 수 있는 진정한 신년 새 출발의 상징적인 순간인 첫보름달이 휘영청하게 밝을 때, 마을에서 선출된 제관은 동민들의 한가지로 모은 뜻을 신전에 올린다. 그러면서 경건히 머리 숙여서 국태 민안(國泰民安)과 오곡 풍년 등을 기원하는 것이다. 이때는 일상의 세속 생활에서 분산 해이되었던 상호 연대감을 그들의 핵심인 동제신에게로 집결 소생시키고 일체감을 갖는 신성 기간이다.
 제관들이 일정 기간을 대문에 왼새끼 금줄을 치고 목욕 재계하되, 한겨울인데도 찬물로, 때로는 얼음을 깨고 하는 것은 예외없는 1백 %의 정진이었다. 이 목욕은 앞에서도 언급했지만 기독교의 세례나, 불교의 욕불이나, 일본 신토〔神道〕의 미소기〔禊〕나 그 모두가 세계적으로 공통되는 물이 가지는 정화력(淨化力)에서 오는 시공(時空)을 초월한 인류의 전통적 행사이다. 그 밖에도 이 기간은 외부인의 출입 금지, 임산부의 일시적 출타, 상고(喪故)가 나면 연기하는 등, 마을에 따라서 신성화의 종류가 많다.
 둘째는 통합 기능(統合機能)이다. 동민들의 일체감은 다시 제의(祭儀) 후의 음복(飮福)이나 놀이들에서 더한층 굳어진다. 음복은 제물이 적으면 제관과 노인·유지들만이 하는 수도 있으나, 흔히는 전 동민

남자들이 막걸리 한 잔씩이라도 같이 나누는 수가 많다. 때로는 각 가정에다 '반기'를 돌려서 온 식구들이 조금씩 다 나누어 먹는 수도 있다. 신과 같은 음식을 다 같이 나누어 먹는다는 것은, 유교 제례에서도 그렇지만 제신의 덕을 이어받자는 것이며, 제신을 중심으로 해서 유대감을 굳히자는 것이 그 본질이다.

이렇게 제사 음식이 적은 것은 제사 비용이 적기 때문이다. 비용은 동네의 매호당 갹출을 원칙으로 하며, '67년도 전국 조사에서는 호당 평균 50원 정도였고, 20원씩 내는 마을들도 있었다. 이것이 이대로 우리 농어민들의 1년간 종교 비용이라고 볼 수도 있다. 이 액수는 도회지 초등학생 1명의 1주일분 교회 연보돈 정도라고 할 수도 있다. 너무나도 구두쇠라고 아니할 수가 없고, 그만큼 종교적인 성과도 적을 수밖에 없겠으나 그러나 이때가 1년에 단 한 번 고기맛을 보는 때인 마을도 있다는 사실을 도회인들은 알아야 한다.

셋째는 정치적 기능이다. 제후 음복의 자리에서는 흔히 부역・혼례・상례 때의 상호 부조 문제, 식목・품앗이삯 등을 논의하는 회합을 벌이고, 이때에 의장을 뽑고 청년회・부인회・4H 클럽들까지 다 모여서 대동회(大同會)를 벌이는 마을도 있었다. 고래로 촌락 사회의 질서와 회합은 이때에 더욱 다져졌으며, 이러한 제정 일치성(祭政一致性)은 소상(遡上)할수록 더 강했을 것이다.

넷째는 축제의 기능이다. 제사 비용은 농악의 걸립(乞粒)에서 추렴되기도 한다. 특히 호남 지방에서는 이 신악(神樂)으로 우물굿・거리굿 등을 대신해서 밀접한 관계를 가지며 흔히 상쇠가 제관 대신의 축원을 많이 한다. 이 농악대에는 흔히 잡색(가면)놀이가 끼고, 이어서 줄다리기 등의 예축(豫祝)과 단합의 축제 행사들이 벌어진다. 한마디로 동민 대다수가 참가하는 최대의 합동 축제가 바로 동제인데, 이것이 바로 내일의 노동에의 활력소가 되는 동시에 통합 기능도 다 미분화적으로 아울러서 하는 결과가 된다.

유교 제례로 유달리 혈연적(血緣的)인 유대가 강화되어 있고, 따라서 마을에 따라서는 동족 성씨들 상호간에 대립과 갈등도 있는 것이 한국 사회라고 할 수가 있었다. 그러나 이상과 같은 다각적인 기능, 특히 혈연을 초월하고 지연적(地緣的)인 화합을 고취시키는 종교 행사 앞에서는 그 갈등이 자연히 해소될 수도 있고 대동 단합의 길을 트게 할 수도 있는 성격을 본질적으로 동제는 가지고 있다고 할 수가 있다.

다섯째는 예술적인 기능이다. 위의 농악·가면놀이 등은 중요한 농민들의 집단 예술 욕구의 표현이다. 여기에는 별신굿이 따르는 경우들이 있는데, 별신굿은 무당굿에 의해서 연극적으로 진행되는 수도 있고, 가면극으로도 발전했다. 하회 가면극, 강릉 단오굿의 가면극들은 그 좋은 예이며, 은산(恩山) 별신굿의 무형 문화재 산출도 그 예다. 이런 농악이나 무당굿에서 민중 예술성이 제일 뛰어난 곳이 호남이고 다음이 영남이다. 특히 호남 지방의 동제와 농악은 흔히 혼연 일체의 예술성을 띤다.

(8) 근대화의 원동력과 미신

하버드 대학의 벨라(R. Bellah)는, 그의 저서 〈도쿠가와 종교(德川宗敎; *Tokugawa Religion*)〉에서 일본 신토[神道]를 분석하고 다음과 같이 결론을 내린 바가 있었다. 일본인의 상위자에 대한 신격시, 일단 유사시의 금욕 윤리(禁慾倫理)의 발휘, 소비 억제 등의 종교 윤리는 막스 베버(Max Weber)의 경제 근대화 이론과 합치되는 것이며, 그것이 패전 20여 년 만에 도탄 속의 일본을 경제 대국으로 성장시킨 근대화의 원동력이요 민족 에너지였다고 맺었다.[5]

---

5) Robert Bellah, *Tokugawa Religion*, 1955(掘一郎·池田昭 譯 〈日本近代化와 宗敎倫理〉(1968), 276~278면.

그 일본 신토의 주류는, 이 책의 처처에서 언급되지만, 한국의 동제와 무속이 건너가 국가 종교로 승화된 것이라고 할 수 있다. 그러나 문화적인 계열이나 근원이야 어떻든, 문제는 현재에 있다. 지금 일본에는 일본의 종교 문화의 구조가 따로 있고, 한국은 한국대로 따로 그것이 있을 수밖에 없다. 그러나 한쪽에서는 그것이 근대화의 원동력이라 논평되며 보호가 되고, 한쪽에서는 누구나 그것을 다 무조건 미신으로만 보고 있다. 새마을 사업을 처음 시작하였을 때에는 동제당의 타파와 동제의 금지령을 내리기도 했었다.

필자도 한국인의 한 사람으로 당연히 그것이 미신이거니 하고만 생각했었다. 그런데 이해는 애정을 낳는 것이다. 동제는 고구려의 동맹, 신라 왕궁의 농경제의(農耕祭儀) 겸 조상 제사 그리고 고려의 국가적인 대제전인 팔관회들로서 유구하고도 화려하며 건전한 본질과 역사성을 아울러서 지녀왔던 것이다. 내무부에서는 타파령을 내렸지만 한편 문공부에서는 더러 문화재로 지정하는 사례들도 있었다.

이 글에서 어떤 독자들은 필자가 동제를 너무 미화하고 과대 평가한다고 할는지 모른다. 그러나 적은 지면에서 그 본질을 장황하게 다 말할 수는 없었고, 또 누구나 한국인에게는 너무나 기성 관념이 굳게 박혀 있어서 동제의 성격이나 기능의 재발견·재평가를 촉구하기가 어렵다. 그래서 그러한 글로서는 이 글은 아직 너무나 미화가 부족하고 강조가 부족하다는 것을 오히려 필자는 느낀다.

4. 장승과 솟대

　근래 서울 시내에 험상궂은 얼굴을 한 장승이 부쩍 늘어났다. 아마도 외국 관광객 상대의 토산품이나 관광 기념 선물품의 판매점들인 모양인데, 입구 양쪽에 유난히 울긋불긋한 페인트칠을 해서 암수를 마주 세워놓고 있다. 그전부터도 관광 선물로 소형의 장승 목제 조각품들이 판매되어 왔고, 그 밖에도 그림·사진 등에도 장승이 흔해져서 이것이 마치 한국 민속을 대표하는 상징물처럼 되어 왔었다. 여기에는 멀리 제주도에서 온 이른바 '돌하르방'도 단단히 한몫을 해왔다.

(1) 민속적인 조각 예술품

　장승(長承·長丞 또는 長栍)은 물론 그것대로 대표적인 하나의 민속예술품이요, 조각품이다. 그렇지만 이것을 깎는 시골 마을 사람들의 마음에는 아예 미(美)를 창조하려는 의식이나, 어디 전람회 같은 데에 출품해서 상이라도 타려고 하는 야심 같은 것은 조금도 없다. 장승을 만드는 현장을 보아도 암수 두 쌍 네 개의 기둥을 잘라다 놓고 모닥불 연기가 그윽히 타오르는 가운데에서 6, 70대 노인들은 곰방대를 물고 덤덤히 바라보고 있기만 한다. 그것은 무언(無言)의 지도와 감독을 하는 고문(顧問)이라는 느낌이다.
　4, 50대 장년들은, 쪼는 사람은 네 개를 돌아가면서 쪼기만 하고, 그리는 사람은 그리기만 하고, 글씨를 쓰는 사람은 쓰기만 하고, 황토칠

을 하는 사람은 또 돌아가면서 칠만 하고, 또 저쪽에서는 둘이서 두 개씩의 솟대를 제각기 열심히 깎고 있었다. 이른바 '무계획의 계획이요, 무기교의 기교'이다. 더러는 잡담과 농담들도 다정하게 섞어가면서 예부터의 관습대로 그저 무심하게 해나가는 제작의 모습들이었다.

결과적으로는 네 개의 비슷한 장승이 완성되어 밑둥을 묻어 세우면,

장승 제작 작업 장면

전년도와 비슷한 삼등신(三等身)쯤의 것들이 같이 늘어서게 마련이다. 인체 조각미의 표준을 고대 희랍 사람들은 팔등신(八等身)으로 잡았다는데 그런 따위 일은 알 턱이 없고, 알았던들 아랑곳할 리가 없는 것이다. 그리고 다 세우고 나면 간단한 술상을 차려서, 선정됐던 마을 제관(祭官)이 절을 하고, 노인들은 옆에서 집사자(執事者)로서 술을 따라 올린다. 그런 다음에는 부드러운 음복(飮福)의 자리가 가볍게 마련되는데, 이 무렵 마을 안에서는 떡방아 찧는 소리들이 멀리서 들려온다. 이따가 밤 자정(子正)에는 산 위 산신당(山神堂)에서 동제를 지내는, 오늘은 경건(敬虔)스러운 축제(祝祭)의 날인 것이다.

이상은 현지 노인들과 연락을 취해 가면서 몇 달을 기다리다가 찾아가 보았던 음력 3월 초순의 경기도 광주군(廣州郡) 중부면(中部面) 엄미리(奄尾里)의 예이다.

장승의 조각에는 마을을 침범하려는 잡귀들이 장승의 무서운 얼굴을 보는 순간, 질겁을 하고 도망치지 않을 수가 없는, 그런 무서운 얼굴을 새겨야겠다는 통념(通念)은 있다. 그러나 한국 농촌 사람들에게는 그렇게 매섭거나 야무진 마음씨는 없다. 그래서 눈을 부라리고 눈썹을 치켜 올려도, 어딘가 푸순한 표정이 되어 버린다. 제주도의 돌하르방도 그렇다. 거기엔 어딘가 익살스러운 표정마저 감돌고 있다. 이것이 한국의 장승이다. 이것은 개성에 뾰족한 데가 없는 농민들의, 그것도 개인 작품이 아닌 합작품이라는 점에서 향토 심성(鄕土心性)의 반영이고, 나아가서는 국민성의 반영이며 현기(衒氣) 없는 순수의 극치(極致)일 따름이다.

그것은 대학 교육을 받고, 고도로 개성이 발달된 조각가들로서는 천금(千金)을 주어도 만들어내기 어려운 표정이다. 이 푸순한 표정이 요 사이 토산품 판매점 앞의 장승들과는 우선 첫인상에서부터 다른 점이다. 그리고 토산품 판매점 앞의 장승은 광택이 나는 그 강한 페인트의 색감(色感)이 또한 황토칠을 한 푸순한 시골 장승의 색감과는 달라서 그 표정의 깎음새와 아울러 이중으로 그 푸순한 농촌의 향취(香趣)를 저버리고 있다.

(2) 장승의 기능

장승은 벽사신(辟邪神)・이정표(里程標)・경계표(境界標) 등의 다양한 기능을 해왔다.

첫째, 벽사신으로서의 장승은 무서운 얼굴을 하고 동네 입구에서 잡귀를 막고 그 침입을 물리친다. 물론 마을 전체의 수호는 별도로 동제신(洞祭神)이 담당하는 것으로 주관(主觀)된다. 그래서 장승은 동제신의 하위신(下位神)으로서 밤중에 지내는 동제에 앞서서 아침부터 깎아

경기도 엄미리의 장승제

세우고 낮에 간단하게 고사(告祀)를 지내어 모신다. 반대로 동제 뒤에 간단히 모시는 예도 있다.

그런대로 장승과 솟대도 동네 수호신의 일종이기는 하기 때문에 충청도 일부에서는 장승을 '수살(守煞)'이라고도 하고, 충청·경기 지방에서는 솟대만을 가리켜서 '수살대'라고도 불러 왔다. '살(煞)'은 '殺'로 쓸 수도 있고 눈에 보이지 않는 악령(惡靈)을 의미한다. 그것은 뚜렷하게 별다른 종교랄 것이 없던 태고 이래의 유구한 생활 속에서 무엇인가 어려움이라는 것을 알고, 조심스럽게 살아가려던 경건한 심성을 나타내보자던 표현물이다. 그래서 장승과 솟대는 말을 뒤집으면 경망(輕妄)스러움이라는 것을 모르던 민중의 순후(淳厚)한 심성의 상징물이요, 그러한 심성의 수호신이기도 했다. 또 위에서 언급했던 대로 한국 국민성을 반영한 주술 종교적(呪術宗敎的)인 조각 예술품이기도 했던 것이다.

둘째, 이정표로서의 장승은 흔히 솟대와 더불어 동네 입구의 큰길가에 세워지며, 그 지점에서부터 '서울 50리, 이천 60리' 등으로 동체 하부에 먹글씨로 씌어진다. 손진태(孫晉泰) 씨는 1931년에 당시 63세의 노인(여수의 김응수 씨) 말을 인용해서 '장승과 솟대(蘇塗)는 군(郡)의 경계에서는 반드시 세워지던 것'이라는 보고를 하고 있다.[1] 흔히들 산 고갯길에도 세워졌었다. 필자에게는 1930년대의 동작동(銅雀洞)·사당동(舍堂洞) 등 현재 서울 시내의 장승과 솟대 들의 사진이 있어서, 서울시 근교에도 곳곳에 있었던 것을 알 수 있는 자료들이 있다.

그로부터 40여 년 사이에 세월은 어느덧 다 바뀌어서 장승의 이정표 대신 고속도로 변에서 흔하게 보는 대로 '서울 100km, 부산 80km' 등으로 철판에 페인트 글씨로 다 바뀌고 말았다. 옛날에는 길 가는 나그네들에 대한 마을 사람들의 친절로서 순박한 먹글씨로, 지금은 도로

---

1) 孫晉泰, "長栍考", 〈朝鮮民族文化의 研究〉(1948), 213면.

공사의 서비스로서 규격화된 페인트 글씨로 양상만 바뀌었다는 것뿐이지 수요성(需要性)·용도 들에 있어서는 예나 지금이나 다를 바가 없었다는 것을 우리는 알고도 남음이 있다. 다만 장승이 조금 더 다목적이어서, 이정표에다가 벽사신·경계표 그리고 주술 종교적인 조각 예술성까지를 겸하고 있었던 셈이다.

셋째, 경계표로서의 장승의 기능은 사찰의 경우에 더욱 뚜렷해진다. 그것은 심할 경우 사찰 주변 몇 리씩이나 바깥 4방에 10여 개씩 세워지며, 세워진 그 이내는 사찰 영유지(領有地)이며, 그 안에서는 시목(柴木)을 벌채해 가는 일이나, 사냥·고기잡이 등의 살생을 금하는 표지로서도 세워졌었다. 이에 대해서는 강원도의 월정사(月精寺)·봉은사(奉恩寺) 등에 대해서 〈명종실록(明宗實錄)〉에 나타난 기록을 손진태 씨가 그의 "장생고(長栍考)"라는 논문에서 인용 검토를 하였었다.[2]

그런데 장승과 솟대의 이상 세 가지 기능은 언제나 그것이 다 같이 구비되는 것은 아니다. 그 중 한두 가지가 지녀지기도 하며, 또 장승과 솟대는 반드시 콤비로 같이 서 있는 것도 아니다. 장승 따로 솟대 따로 서는 경우도 있고, 장승도 암수의 쌍이 아니라 홀로만 서는 이른바 '독벅수〔獨卜水〕'라는 것도 있다. '벅수'란 '복수(卜水)'라는 말의 와음(訛音)으로 짐작되며, 지리 풍수(地理風水)와 관계가 깊은 명칭인 듯하다[3] '벅수'라는 말은 특히 남부 지방에서 많이 듣는 명칭이며, 영남·호남 시골에서는 장승이라는 말은 거의 통하지 않고 벅수라고 해야만 통하는 경우가 많다.

---

2) 孫晉泰, 同上 228면.
3) 秋葉隆, "朝鮮의 民俗에 就하여"〈朝鮮文化의 硏究〉(1937), 126면.

(3) 솟대는 청동기(靑銅器)에도

 솟대의 역사는 아득히 오래여서, 이미 청동기 시대(靑銅器時代, B.C. 1000~B.C. 300년)의 종교 의기(宗敎儀器)에서부터 선명한 조간(鳥竿) 그림을 보여 주고 있다. 또 〈위지(魏志)〉 '동이전(東夷傳)'의 한전(韓傳)에 "소도는 큰 나무를 세우고 방울과 북을 매달아 귀신을 섬긴다(蘇塗立大木 縣鈴鼓 事鬼神)"고 했는데, 이 '소도(蘇塗)'를 손진태 씨는, 지금은 솟대라고 하는 것의 당시 발음의 한자 표기가 아닌가 여겼다. 그리고 '솟대'는 '솟은 나무대' 즉 '용목(聳木)'의 뜻이 아니었나 생각했다.[4]

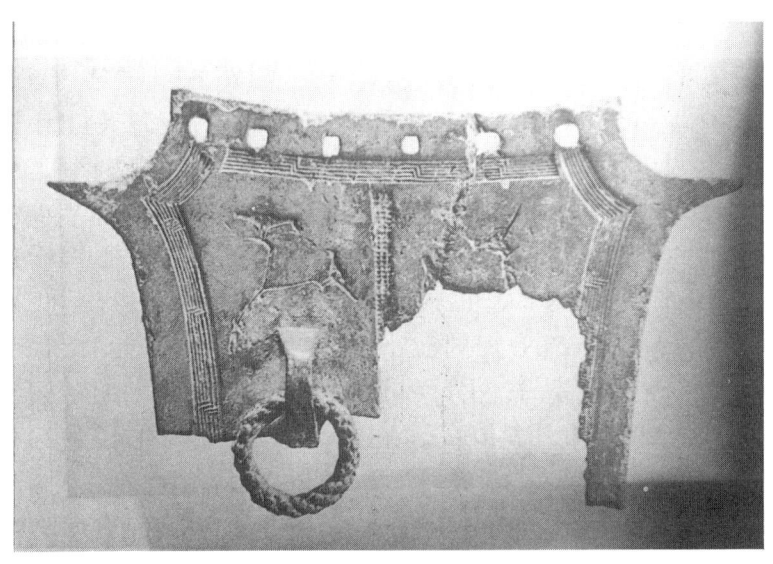

농경문 청동기의 목조(木鳥) 그림

---

4) 孫晉泰, "蘇塗考", 〈朝鮮民族文化의 硏究〉(1948), 197면.

이것이 지금은 속칭 '솟대'·'수살대〔水煞木〕'·'거릿대' 또는 단순하게 '새'라고도 호칭되며, 보통 동네 입구 또는 마을의 원근계(遠近界)에 서 있다. 지금은 매우 보기 어려워졌지만 그래도 전공자(專攻者) 입장에서 보면 전국 각지에서 간간이 볼 수가 있다. 그 '새'도 형태가 불분명해졌고 무슨 새인지 연세 많은 노인들도 모르는 경우가 대부분이지만 '오리'일 것이라는 의견이 대부분이다. 이것은 고고학의 출토품 중 동물형 토기들 가운데에서 특히 오리형 토기가 압도적으로 많은 일과 관련이 있는 것으로 여겨진다.[5]

한편 장승은 아직 고고학적인 출토품에서는 보이지 않는다. 그러나 그 문헌상의 출현은 이미 신라 경덕왕(景德王) 18년(서기 759년)에 보인다. 〈조선금석총람(朝鮮金石總覽)〉 63면에 전라 남도 장흥군(長興郡)에 있는 '신라국 무주 가지산 보림사 시 보조선사 영탑비명 병서(新羅國武州迦智山寶林寺諡普照禪師靈塔碑銘並序)' 중에 '건원 2년에 특히 왕명으로 장생표주를 세웠는데 지금까지 존재한다(乾元二年 特敎植 長生標柱 至今有焉)'라는 구절이 있다. 이 장생(長生)은 건원 2년(서기 759년)에 보조선사의 공덕에 보답하기 위하여 경덕왕의 왕명으로 세운 장생이 되겠다.[6] 이후 장생은 고려 시대에 양산(梁山) 통도사(通度寺), 영암(靈巖) 도갑사(道岬寺) 등에 보이는데, 이것이 오늘날 사찰 입구에 흔히 서 있는 장승의 전신들임은 분명한 일이다.

사찰과 장승의 결부는 이와 같이 유구한 역사를 가져왔으며, 이에 대해서는 사찰 영유지(領有地) 문제를 중심으로 한 경제사적 측면에서의 연구들도 있었다.[7] 그리고 이러한 사찰과 장승의 결합은 사찰 내의 칠성각(七星閣)·산신각 들과 같이 불교의 민간 신앙과의 습합 현상(褶

---

5) 金元龍, "三國時代 動物型土器 試考",《美術資料》6號(1962), 5~10면.
6) 孫晉泰, "長栍考" 同上, 230면.
7) 稻葉岩吉,〈寺院經濟資料와 長生庫〉, 孫晉泰 同上, 239면 引用.

合現象)으로 봐야 하겠는데, 불교의 이러한 폭넓은 융합성(融合性)은 불교의 토착화 내지는 민중적인 저변 확대에 크게 도움을 주어 왔다. 불교의 이러한 포용성은 유교가 자체 외의 모든 종교를 억압 배격했던 독선적(獨善的)인 점과는 아주 대조적인 장점이었고, 지금에 와서는 기독교도 한국적인 토착화를 시도하고 있는데, 그 구체적인 방향 전개는 앞으로의 과제이다.

 근래의 일반 민속에서의 장승에 대해서는 잠깐 전기한 바와 같이 서너 가지 기능을 가지고 있었다. 다시 이것을 재료상으로 보면 나무로 깎은 목장승, 돌로 깎은 석장승이 있고, 그것이 놓이는 장소상으로 보면 사찰 장승, 동구(洞口) 장승, 경계 표시의 장승, 길가의 장승 들이 있고, 외톨박이의 독벅수도 있는 셈이다. 그리고 장승은 흔히 솟대와 같이 동질 이체(同質異體)의 신으로 신앙되며, 동제 때에는 왼새끼 금줄을 그 신체에 감고 제사를 지내는 예들이 있고, 또 개별적으로 치성을 올리는 대상이 되는 수도 있다.

(4) 퉁구스 시원설(始源說)도

 장승과 솟대는 한국내에서의 역사도 오래지만, 그 기원의 해명도 대단히 광범해진다. 아키바 타카시〔秋葉隆〕씨는 이에 대해서 다음과 같은 비교 민속 자료(比較民俗資料)들을 제시하였다. 만주 쑹화 강(松花江) 하류에 사는 퉁구스계의 골디족, 노령(露領) 연해주(沿海州)의 오로치족, 그리고 시베리아의 오브 강·예니세이 강 방면에 사는 휜계의 오스착족, 그리고 몽고족 들, 북방의 광대한 지역에 걸치는 여러 민족들의 한국과 유사한 목각 신상(木刻神像)과 조간(鳥竿) 풍속들을 사진·도면들과 같이 그는 제시했다. 그리고 이들이 대개 목각 신상과 조간을 복합시켜 모시며, 그 장소·기능도 또한 한국과 유사하니, 이 시원은 굉장히 오랜 것이라고 했다.

 그 중에서 오로치족의 새는 오리[鴨]라고 한 점에서 더욱 우리와 가깝고, 더욱 몽고족의 경우는 조간과 신상을 세우는 곳이 우리의 돌무더기 서낭당과 같은 '오보'(Obo)이며, 여기에는 '히모리(Xi-mori)'라고 하는 폐백(幣帛)을 드리는 점도 유사하다.[8] '히모리'란 기마 민족(騎馬民族)인 몽고인들의 신앙 대상으로 그들의 이상(理想)인 '천마(天馬)'를 뜻하며, '모리(mori)'는 그대로 '말[馬]'을 뜻하는 우리 고어(古語) '믈이'와 발음도 똑같다. 이러한 현상들은 경주의 155호 고분에서 나온 '천마도(天馬圖)'와 더불어 혁거세의 난생 신화(卵生神話)에 나오는 '흰 말이 길게 울고 하늘로 날아갔다(有一白馬……長嘶上天)'는 일들도 연상하지 않을 수 없게 한다.

경주 천마총에서 출토된 천마도

---

8) 秋葉隆, 同上, 50면.

히모리의 천마(天馬)도 백마(白馬)를 상정한 것이며 몽고인들이 5월의 '오보' 축제에서 하늘을 나는 백마도를 많이 그려서 장식하니, 155호 고분(천마총)의 천마도는 그 발상(發想)에 있어서는 히모리 그것과 다를 바가 없다고까지 할 수가 있다. 참고로, 오보 축제란 9월말부터 다음해 4월말까지 7개월 이상이나 영하(零下)의 혹한(酷寒)에 갇혀 살던 민중이 대지의 풀싹들이 돋아나자 해방에의 약동감으로 지내는 축제이다. 이때 흔히 씨름과 경마(競馬)를 하는데, 이 경마에서는 소년들도 안장 없는 말을 화살같이 몰고 바람을 끊으며 목적지를 돌아오곤 한다.[9)]

　그런데 솟대의 이 새는 일본 오사카[大阪]에서도 야요이 시대[彌生時代, B.C. 300~A.D. 300]의 유물로서 1969년에 출토된 사례가 있다. 역시 동네 어귀 위치에서 두 마리의 나무로 깎은 새가 물 속에 잠겨 있다가 썩지도 않은 채로 출토되었다. '70년도에 '야요이 전[彌生展]'이라는 고고학 출토품의 전시회가 도쿄·오사카 등지의 백화점에서 순회 개최되었는데, 그 해설 책자에는 천연색으로 파란 바탕에 이 두 마리의 새가 '조간(鳥竿)'에 꽂힌 모습으로 게재되었다. 그리고 그 사진판에는 '신(神)을 부르는 새'라는 제목이 붙어 나왔다.

　필자는 그 해설 책자를 집필했던 교수를 만나게 된 자리에서 그것이 '신을 부르는 새'로 표제(表題)될 것이 아니라 '잡귀를 막는 새'라고나 할 것이겠다는 말을 전제하고, 한국에서의 그 명칭이 '수살대[守煞木]'이며 그 한국에서의 민속적인 기능들을 이야기하였다. 주지하다시피 일본의 야요이 문화[彌生文化]는 그들의 청동기 시대로서 벼농사[稻作] 문화로 특징지어지는 시대이며, 그 벼농사 문화는 한국에서 건너간 것으로 자타에게 공인되고 있다. 벼농사와 그 기술을 동반한 채 이 영조(靈鳥)는 일본 오사카에까지 건너갔던 것이다. 그 교수도 역시 일본의

---

9) 米內山庸夫, 〈蒙古草原〉(1953).

고대 문화를 연구하고 설명하기 위해서는 한국 민속에 대한 연구가 필요하다면서 필자의 이야기를 긍정하여 주었었다.

(5) 일본 신사(神社)의 도리이〔鳥居〕와도

이상의 문제들이 지금에 와서 필자에게는 일본 신사의 도리이의 기원 문제에까지 연결돼야 할 것으로 생각되기에 이르고 있다. 일본 신사의 '도리이'는 일본 문화를 상징하는 대표물이라고 할 수가 있는 비중이 큰 존재이지만, 일본 학계에서도 그 형성에 대한 선명한 설명이 내려지지 못하고 있다고 한다. 이에 대해서 많은 학자들의 언급은 있어 왔으나 아직껏 정설(定說)이 없다고 한다.

그런데 그 신사의 도리이에는 '새'라고는 없는데도 그 이름은 '새가 있는 것〔鳥居〕'으로 명명되고 있다. '새가 있는 것'이 그 시원점(始源點)임을 그 이름이 암시해 주고 있다. 그리고 '도리이〔鳥居〕'의 이중 횡목(二重橫木)의 아래 나무에는 대개 굵다란 왼새끼 금줄이 신성 구역임을 표시하듯이 상징물로서 걸려 있다. 이 왼새끼 금줄이란 이 책에서 수차 언급이 되겠지만 한국인이면 누구나 다 아는 것이다. 잡귀의 출입을 막자는 그야말로 금줄이고 동제 때에는 동네 어귀, 신목(神木), 제관의 집들, 또 아기를 낳았을 때에는 그 집의 대문 등에도 쳐지는 정결성(淨潔性) 유지의 염원이요 신성 구역(神聖區域)의 표지이다.

그리고 지금의 솟대와 전기한 〈위지(魏志)〉'동이전(東夷傳)'의 소도(蘇塗)의 합치성(合致性)에 대해서는 더 자세한 연구와 증명이 필요하겠지만, 그 소도(蘇塗)는 역시 일종의 신성 구역이었다. 〈위지〉'동이전'은 이것을, "여러 나라에 각각 별읍이 있고, 이것을 소도라고 일컫는다. 큰 나무를 세워서 방울과 북을 매달고 귀신을 섬기는데 도망자들이 그 안에 들어오면 돌려주지 않는다〔諸國各有別邑 名之爲蘇塗 立大木

縣鈴鼓 事鬼神 諸亡逃至其中 皆不還之]"고 기록하고 있다.

그리고 '도리이〔鳥居〕'에는 지금은 쇠잔했지만, 돌을 던져서 그 돌이 도리이 위에 올라앉으면 재수가 좋다고 기뻐하는 풍습이 있다. 몽고의 돌무더기 '오보'와, 우리의 돌무더기 서낭당에 돌을 던지고 지나가던 것과 유사한 민속이다. 이상의 '새'・'왼새끼 금줄'・'돌 던지기'・'신성 구역 표지' 등의 기본적인 요소가 특히 한국과 일본에서 고루 합치되고 있는 것이다. 한국은 이러한 민간 신앙이 조선조 5백 년간 미신으로 억압되면서 민중 속에서 원초형을 보존해 왔던 나라인 반면에, 일본은 그것이 국가 신토〔國家神道〕로 승화되는 동시에 다양한 발전과 변화를 거듭해 온 나라이다.

그래서 일본에서는 지금의 도리이 형태가 형성된 것이겠지만 그 형태에는 우리 홍살문(紅殺門) 같은 것이 다시 작용했을지도 모르겠으나, 이것은 비중이 큰 문제인만큼 신중을 요할 일이겠으며, 또 여기에는 다른 생각의 각도도 있다. 최근에 일본의 한 민속학자가 타일랜드・미얀마・크메르 등지의 산간 지대에서 조사하고 촬영해 온 사진을 보면 □형으로 만든 기둥을 땅에 박아서 동네 입구의 문으로 삼고, 그 위에는 조그만 나무로 새긴 새들을 올려놓고, 좌우에는 둥글넓적하게 나무로 새긴 땅딸보 신상(神像)들이 서 있는데, 저자는 그것이 '도리이〔鳥居〕'의 원형일 것이라고 말하고 있다.[10] 일본의 도리이는 어쩌면 이것 저것에 다 영향을 받으면서 형성된 것인지도 모른다. 그러나 유명한 기마 민족설(騎馬民族說)의 제창자인 에가미 나미오〔江上波夫〕 씨는, 연전에 한국에 왔을 때에 필자의 이런 문제들에 응답해서, 역시 몽고・한국 등의 영향이 더 큰 것이리라는 말을 했었다.

특히 이 글의 주제와 같은 경우, 고고학과 민속학은 완전히 등을 맞붙인 인접 과학(隣接科學)으로서 서로 접근할 필요가 절실하다 하겠다.

---

10) 岩田慶治, 〈日本文化의 故鄕〉(1967), 82면.

한편 장승이 관광물로서 표면에 등장하고 있는 지금, 이 글과 같은 내용들은 관광 사업면에서도 많이 참고로 활용되어 마땅하다 할 것이다.

5. 제주도의 본향당(本鄕堂)

　제주도의 동북부 구좌면 송당리(舊左面 松堂里)라는 산간 평지 마을에 손당 본향당이라는 마을의 수호신 신당이 있다. 여기 '본향'이란 말은 마을 수호신의 통상 명칭이며, 흔히 존칭해서 '본향님'·'본한한집님'이라 부른다. '한집'이란 '큰댁'이라는 뜻을 가진 존대어이겠다. 그리고 이 당신(堂神)들에는 흔히 고유 명사가 있고, 각각 노래 줄거리가 있어서 당신들은 그 주인공이 되며, 그 노래들은 당굿을 할 때에 무당에 의해서 가창되는 참다운 신화가 된다.

(1) 본향당과 당굿

　송당리에는 웃손당[上松堂]과 알손당[下松堂]의 두 마을이 있다. 웃손당에는 여기 손당의 주신 백주할망, 알손당에는 그 부신(夫神) 서로서천국(西路西天國)이 각각 좌정(座定)해 있다. 한편 그 많은 아들들은 제주도 전 도내 각 마을에 유명한 큰 당의 당신들로 좌정하고 있어서, 이 백주할망은 제주도 당신의 조종(祖宗)으로 여겨지고 있다.
　손당도 그렇지만, 이러한 큰 당들의 당굿은 본래 1년에 4회 있었다. 첫째는 음력 정월 14일의 '과세문안(過歲問安)', 둘째는 2월 14일의 '영등손맞이(風神祭)', 셋째는 7월 14일의 '마불림제(祭)'인데, '마'란 곰팡이라는 뜻이고 '불림'이란 곰팡이 같은 것들을 바람에 불리고 볕에 말려서 털어내는 제사라는 말이다. 이것은 여기 당신을 믿는 사람들,

특히 해외 교포 부인이 정성으로 보내온 당신의 옷을 장마철 후에 말리는 행사를 말하는 것이다.

손당본향당굿의 제상과 신의(神衣)(1957년)

이 7월 14일의 '마불림제'는 '말부림제'로 발음하는 당도 있었는데, 이것은 옛날부터 성해 오던 제주도 목축업의 우마 증식제(牛馬增殖祭)를 가리키는 말이다. 그리고 끝으로 넷째는 신만곡대제(新萬穀大祭-秋收感謝祭格) 등의 연 4회이다. 그러나 근래는 연 1회의 과세 문안만이 제대로 거행되고, 나머지 3종은 당에 따라서 지내는 곳도, 안 지내는 곳도 있는데 대체로 부진 상태로서, 소멸 과정에 있다.

이상 당굿들이 거행될 때, 가령 송당리의 당굿이면 '손당본향본풀이'가 심방(무당)에 의해서 구송(口誦)된다. '본향'이란 전기한 바대로 마을의 수호신을 말하는 것이고, '본풀이'란 말은 '본'과 '풀이'의 복합 명사이다. '본(本)'이란 여기서는 근본·본원·내력 등을 의미하며 '풀이'란 해석·설명 등을 의미해서 결국 '본풀이'란 당신의 근본을 풀이하고 해석·설명하는 신화라는 말이 된다. 그래서 손당본향본풀이는 송당리 수호신 백주할망의 근본 내력이나 신격을 설명해 주는 신화라는 말이 된다.

  한국의 경우 고주몽·박혁거세·김알지·김수로 등 문헌 신화(文獻神話)들이 이제 살아서 민중을 가호해 주는 신들의 이야기로는 믿어지지 못하며, 신화로서의 기능을 상실하고 화석화(化石化)한 신화라고 해야 할 것이다. 이에 대해서 이 본풀이들은 아직도 제의(祭儀)의 한 구성 요소이면서, 민중을 가호해 주는 것으로 주관(主觀)되는 신들을 찬양하는 살아 있는 신화가 된다. 이 신화들은 제주도 무속(巫俗) 사회 나름으로 자연 발생한 원초적인 문학 작품이라 하겠으나 매우 주목할 만한 요소들을 다분히 내포하고 있다. 이제 한 예로 손당본향본풀이의 줄거리를 살펴보기로 한다.

(2) 손당본향본풀이의 내용

  서울 남산 송악산에서 솟아난(湧出한) 백주아기가, 손당 땅에서 솟아나서 사냥으로 육식 생활을 하는 남신 서로서천국을 찾아와서, 부부가 되어 살면서 아들 7형제를 낳는다. 일곱 아들을 거느리게 되자 사냥만 가지고는 먹고 살아가기가 어려워진 백주아기는 서천국에게 농사짓기를 권했다. 그러나 서천국은 원래가 대육식한(大肉食漢)이라 농사를 짓기 시작하다가 자기 소를 잡아먹고, 그래도 부족해서 남의 소까지도 잡아먹어서 마침내 부부간에 '소도둑, 말도둑' 하고 싸움이 벌어지고 끝내는 살림이 분산되고, 서천국은 첩을 얻어 따로 나가 살게 되었다.
  그 막내아들이 어머니 슬하에서 자라면서 서당에 다니다가 친구들에게 아비 없는 호로자식이라는 모욕을 받는다. 그는 어머니에게 하소연하여 아버지가 있는 곳을 알아내고 아버지를 찾아갔다가 서모의 젖가슴을 만진 죄와 아버지 수염을 만진 죄로 무쇠 석곽에 갇혀서 바다에 던져진다. 무쇠 석곽은 용왕황제국 앞마당의 흑산호 나무 윗가지에 걸리고, 거기서 용왕의 셋째 사위가 된 그는, 부신(父神)을 닮은 대식성(大食性) 때문에 용왕국의 동・서・남・북 창고를 다 먹어서 비운 탓으로, 다시 용왕 딸과 같이 무쇠 석곽에 갇혀서 용왕국을 쫓겨난다.

무쇠 석곽은 이번에는 강남천자국(江南天子國)에 표착한다. 그는 여기서 반란을 일으킨 장수들을 처치하여 큰 공을 세우고, 나라를 하나 떼어준다는 것을 사양하고 다시 배를 하나 얻어타고 용왕 딸과 같이 고향으로 돌아온다. 죽으라고 7세 때에 바다에 띄워버린 아들이 돌아오는 것을 보자, 부・모신들과 형들은 놀라서 각기 도망치고 숨어들어간다. 백주할망은 웃손당 큰 팽나무 밑으로, 서천국은 알손당 팽나무 밑으로, 그리고 여섯 형들은 도내 각 지방으로 흩어져서 각기 그 곳의 당신으로 좌정한다. 그래서 막내아들 자신도 아내인 용왕 딸과 같이 동남부에 있는 표선면 토산리(表善面 兎山里)에 가서 거기의 당신으로 좌정하게 된다.

(3) 굿〔祭儀〕과 본풀이〔神話〕

손당본향본풀이도 그렇지만, 이 본풀이들은 당굿의 한 구성 요소를 이루는데, 이 신화들이 제의와 유기적인 관련을 맺는 상황은 다음과 같다. 당굿은 ① 신맞이〔請神〕 ② 추물 공연〔祭物供宴〕 ③ 본풀이 ④ 비념〔祈願〕 ⑤ 오신(娛神) ⑥ 송신(送神)의 순서로 보동 신행이 된다. 젯상 차림을 다 마치고 일동이 모이고 나면, 심방(무당)이 신을 모시고 날짜・마을 이름・제사를 올리는 동기 등을 가창조로 아뢰는 것이 첫째 신맞이이다.

둘째로, 다음에 이어서 젯상의 음식 이름들을 불러대며 잡숫도록 권한다. 그리고 계속해서 셋째 본풀이를 구송(口誦)하여 신의 내력・능력을 찬양하며 신을 기쁘게 하는데 이것이 본풀이의 기능이다. 다음에 넷째로 비념 즉, 기원을 올린다. 결국 신을 모시고 대접하고 찬양해서 잔뜩 기분이 좋아졌을 때에 부탁을 한다는 논리 정연한, 신에 대한 대접 과정이 굿이다.

이 비념은 신방이 각 가정의 주부를 한 사람씩 옆에 앉히고, 나이는 몇 살, 성은 아무개, 지금 어디 가서 뭣하는데 돈 벌게 해달라, 건강하게 해달라고 온 마을의 개개인을 다 빌어주는 것이다. 개중에 부인들은 신방에게, 자기 아들이나 남편의 이러이런 점을 빌어달라고 부탁하는 이들도 있었다. 그리고 그대로 되겠는지 신의(神意)를 묻는 점을 쳐받고야 물러서는 부인들도 있는데, 이것이 그 사람의 1년 운수점이 되기도 한다. 이러한 점은 굿이 일단 끝이 난 다음에 다 같이 벌이는 것이 일반적인 일이다.

끝의 송신은 별다른 일이 없이 오신 과정 뒤에 가볍게 말로 이루어지는 것이 당굿의 일반적 형태이지만, 이것이 영등손맞이・마마배송굿・영감놀이(도깨비 쫓아내는 굿) 들에서는 짚으로 조그만 배를 만들어서, 거기에 제사 음식의 일부를 가득 싣고 바다 한가운데에 띄워 버리고, 돌아와서 탈을 일으키지 않게 기원한다. 그리고 그 전의 오신 과정은, 깨끗하게 흰옷으로 차려입은 부인들이 두셋씩, 또는 한 사람씩이라도 신방의 반주로 춤을 추고 신을 즐겁게 해드리다가 그대로 신전에 엎드리어 절하고, 그 춤을 헌무(獻舞)하는 형태를 취하는 것이었다. 결국 인간과 신이 같이 즐거운 축제를 신년에 한 번 지내는 것이 당굿이기도 하다.

이상은 1956년도에 구좌면 송당리에서 지내던 당굿을 본 개황이었는데, 대개 이런 당굿에는 마을 각 가정의 부인들이 주로 모여든다. 그것은 부인들이 다 새하얀 정결한 옷을 갈아입고 화기애애하게 기쁜 마음으로 새해를 맞는 신전에서의 신년 첫 회동이요, 축제이기도 했다. 마침 그날은 눈이 내려서 어떤 큰 집 안에서 당굿을 지냈는데, 신년의 서기(瑞氣)를 담뿍 머금고 함박눈 송이들이 부드럽게 내리고 있었다. 눈은 내려도 남국의 섬 날씨는 푸근하여서, 문을 다 열어제친 가운데서 오후 한 시 무렵에, 과세문안은 웃음들이 넘치는 가운데 부드럽게 끝이 났었다.

비용이라고는 각 가정에서 도시락에 차려온 흰떡 몇 조각, 메밥 한 그릇, 술 한 병씩 정도들이었고, 그것을 큰 젯상에 가득히 그대로, 더러는 겹쳐놓기도 하고 있었는데, 나중에 그 중 얼마간을 사제(司祭) 심방이 가져가는 것뿐이다. 그러나 이 약간의 메밥·흰떡들은 그것이 대단한 정성으로 차려진 것임을 알아야 한다. 쌀이 나지 않는, 더구나 여기 제주도의 산간촌에서는 입쌀은 '곤쌀〔美米〕', '곤밥〔美飯〕'들로 불리며 평소 구경도 못하고 제수(祭需)로만 마련해 두었다가, 바로 오늘 이 고운밥을 먹어 보는 즐거운 축제 날인 때문이다. 본풀이란 이렇게 제의의 한 구성 요소로서 제의에 밀착되어 있고, 신화 본연의 진면목을 보여 주고 있는 것이다.

(4) 서사시(敍事詩) 이전의 신화

이러한 제주도의 당신본풀이들로서 다소간의 줄거리를 형성하고 있는 것이 6,70편이 된다. 웃손당본향본풀이에도 보였지만, 이들 본풀이 속에는 적지않게 당신들의 해중 무용담(海中武勇譚)들이 나온다. 신화는 인간의 이상 정신을 반영하는 일면도 가진다. 바다에 둘러싸인 섬 사회의 당신이 해중 무용담을 전개하는 것은 당연한 일이겠으나, 우리는 여기에서 서사시가 싹트고 있는 것을 본다.

만일 제주도민이 항산(恒産)과 항심(恒心)으로 훨씬 더 풍요한 물질생활과 정신 생활을 누렸더라면, 그리고 가령 희랍 사람들처럼 자신들의 유구한 기본 종교를 미신으로 억압당하지 않고, 그 문예(文藝)의 발생 바탕에 화창한 햇볕이 부드럽게 내리쬐었더라면, 이 본풀이들이라고 해서 〈오디세이(Odyssey)〉나 〈일리아드(Iliad)〉 등 희랍의 서사시들에 반드시 뒤떨어지라는 법은 없었을 것이다. 여기 제주도는 제주도 나름대로 또 하나의 인류의 신화의 꽃이 피어날 수도 있었을 것이다.

사실 희랍의 신화는 물론이려니와, 그 신전(神殿)들도, 또는 신상(神像) 조각들도, 또는 고대 희랍의 연극들도 다 희랍의 종교를 받들고 빛내기 위한 종교의 시녀(侍女)로서의 예술들이었다는 것을 우리들은 알고 있다. 그런데 우리의 경우는 특히 조선조 5백 년간 우리 전승 종교들은 호된 억압을 받아 왔고, 특히 제주도에는 그 억압·타파의 극단적인 기록들이 선명하게 남아 있다.

그런데 놀랍게도 이 본풀이들은 정확하게 말하면 서사시가 아니고, 아직도 서사시의 전단계(前段階)에 있는 신화 그 자체인 것이다. 후일에 이 본풀이들이 당굿이라는 종교 의례에서 탈피하고, 신앙 심의(心意)가 소멸하고 나면 그 가창만이 흥미 위주로 전승하게 될 때에, 그것은 서사시가 될 수 있는 것이기는 하다. 그러나 아직 본풀이는 제의의 한 구성 요소이며, 가령 송당리민은 백주할망이 전염병을 막아 주고, 큰굿 해서 모시면 큰 밭을 사게 해주시는 영검이 뚜렷한 신으로 신봉하고 모시고 있는 것이다.

그래서 특히 부녀층에서는 이들 본풀이에 단순한 흥미 이상의 깊은 애착과 믿음을 품고 있다. 심방은 굿당에서 이 본풀이들을 구송(口誦)할 때 혼자 독창을 하는데, 장고 반주로 청중의 심금을 끌어나간다. 이것을 흐뭇하게 잘 구송해 가는 것은 신을 즐겁게 하는 것이고, 인간도 같이 즐기는 것이며, 제의의 효과를 올리는 일도 되고, 신방 자신의 인기를 올리는 결과도 된다.

그리고 제주도에는 지금도 4,5백 페이지 분량의 모든 본풀이들을 다 암송할 수 있는 신방이 2백 명은 넘는다. 이들은 다 훌륭한 음송 시인(吟誦詩人)들이라고 할 수도 있겠지만, 이들의 존속을 아직껏 지탱하고 있는 것은 무속(巫俗)이라는 종교이다. 이것이 무속 제의에서 탈피하는 날에는 이들 서사 무가(敍事巫歌)의 구송 전승이 단절될 것은 지금 너무나 명약관화(明若觀火)한 사실이다.

그것은 한국 내에서는 제일 우수한 예술의 고장인 전라도에서 무속을 바탕으로 해서 발생한 판소리가 20세기 초에는 원각사(圓覺社)에서, 또 그 후에는 창극단들이 우후죽순격으로 생겨나서 우리의 민족 오페라로 정립되는가 싶었지만, 지금은 자꾸만 시들해지는 것을 보아도 알 수가 있는 것이다.

(5) 문헌 신화(文獻神話)의 산출(產出)

당신본풀이들은 제주도 3성 시조(三姓始祖) 신화의 모태이며, 이미 〈고려사(高麗史)〉에 문헌 신화로서의 3성 신화를 산출해 놓고 있었다. 현재 6,70편을 헤아리는 당신본풀이들을 종합해 보면, 놀랍게도 그 설화의 구성 요소(motif)들은 10여 개에 불과하다.

예컨대 ① 남신이 땅에서 솟아난다[地上湧出]. ② 그들이 수렵(狩獵)·육식(肉食)·피의(皮衣)의 생활을 한다. ③ 그들이 활을 쏘아서 땅을 점치고[射矢卜地] 당신으로 좌정(坐定)한다. ④ 불효죄로 해중(海中)에 추방된다. ⑤ 해중 무용담. ⑥ 여신의 섬 밖(서울, 용왕국, 강남천자국)에서의 유입. ⑦ 사냥하는 남신에 대한 여신의 권농(勸農). ⑧ 남·녀 신의 결혼. ⑨ 남신의 육식(肉食)과 여신의 미식(米食)이라는 식성에서 오는 갈등들이 빈출하는 일반적인 모티브이다. 그 밖에 한 번 내지는 두 번밖에 안 나오는 모티브들이 10여 개 있으나, 이것으로 6,70편의 당신본풀이들은 서로 다 얽혀서 형성이 된다.

〈고려사〉에 보이는 3성 시조 신화의 모티브도 결국은 ① 남신의 지상용출, ② 수렵 육식·피의 생활, ③ 여신의 섬 밖에서의 유입, ④ 여신들의 오곡의 씨와 송아지·망아지를 지참한 권농, ⑤ 남·녀신의 결혼, ⑥ 사시복지(射矢卜地) 후의 좌정 등 전기한 주요 모티브들 외에 다른 것이 없다. 현재 당신본풀이에도 3자매의 여신이 강남천자국에서 유입하여 좌정한 이야기들이 있다. 결국 3성 시조 신화는 당신본풀이들의 주요 모티브들만이 연결 구성되어 있는 것이다.

그리고 여기서 근간을 이루고 있는 남신들의 수렵·육식의 생활은 최근까지의 실제 제주도민의 생활상이었고, 지금도 주지하듯이 제주도는 서양식 사냥꾼들의 황금 수렵장이며, 그것이 이웃나라 사냥꾼들까지 관광 사업의 일환으로 불러들여서 국제적인 사냥터로까지 되고 있는 실정이다. 여성의 농경도, 그것이 과거에는 여성들이 더 앞장서서 부지런히 했었다는 것도 제주도에서는 두드러지는 현상이었다.

그러니 이 당신본풀이의 모티브들은 절대로 근거 없는 허구(虛構)들이 아니고, 다 제주도민들의 실제 생활과 그 생활 감정과 문화사들이 투영되고 있다는 것을 인식하고 남음이 있겠다. 그것은 어떻게 보면 남성의 수렵 생활과 그 뒤를 이었던 여성의 농경 문화라는 인류 문화사의 대강을 반영하기도 하는 것이다.

다음에 〈고려사〉에 실려 있는 3성 시조 신화는 '고기운(古記云)'하고, 어떤 다른 '고기'를 인용했으며, 거기에는 고(高)·양(梁-良)·부(夫)라는 일반적인 순서를 양·고·부의 순으로 바꿔서 기록하고 있다. 이 '고기'는 아마도 족보(族譜)류가 아닌가 생각된다. 김두헌(金斗憲) 박사의 〈한국가족제도연구〉에 의하면, 한국의 족보 제도는 고려 중엽에 중국에서 수입했고, 일부 거문 벌족(巨門閥族)들 중에서는 필사본(筆寫本)으로 전하다가 조선조 초기에 목판 인쇄본이 나오기 시작했고, 지금 족보들은 조선조 중엽에 인쇄된 것이 오랜 것이라고 한다.[1]

그래서 〈고려사〉의 3성 시조 신화 기록에 인용된 '고기'는 아마도 그러한 필사본 족보 중의 하나이겠는데, 여기 일반적이 아닌 양·고·부의 순서로 돼 있는 것으로 보아서 그것은 양씨측의 족보인 것 같다. 그것은 더구나 〈고려사〉의 편찬자의 한 사람이었던 양성지(梁誠之)가 제주 양씨였던 점으로 보아도 거의 틀림이 없을 것 같다. 그리고 족보의 공통적인 편찬 체제는 ① 서언, ② 시조의 내력, ③ 족보의 내용 계보의 순서이며, '고기운' 하고 인용된 신화가 바로 이 '② 시조의 내력' 부분인 듯하다. 가령 김알지 신화와 박혁거세 신화들을 보아도 그것은 다 경주 김씨, 경주 박씨들의 족보의 ②의 부분인 것이다.

그리고 고·양·부 3을라(乙那)의 '을나'는 지금도 영남·제주 등 지방의 방언인 '얼나, 알나' 등의 동자신(童子神)을 말하는 것으로, 이 점도 김알지·박혁거세 등이 동자신으로 탄생하는 것과 성격을 같이 하는 점들이다. 이상을 한마디로 요약할 때에 3성 시조 신화는 무당 노래 중 당신본풀이들이 시조 신화로 전해 오다가 한국 족보 제도의 시작과 더불어 족보에 수용(受容)되어 유교적인 윤색(潤色)을 받고 기록되어서 오늘날에 이른 것이라 하겠다. 그렇게 보면 또한 당신본풀이가 이미 고려 시대에는 확실히 형성되어 있었다는 증거가 되겠고, 그 시원은 실로 유구한 태고 이래의 것이 아닌가 생각할 수도 있다는 결론에 도달하게 된다.

(6) 미신 타파의 대상으로

그러한 신화와 유구한 신앙 생활의 기반을 이루는 무속과 당들은 조선조 5백 년 이후 예외 없는 억압과 타파의 대상으로만 되어 왔다. 조

---

1) 金斗憲, 〈韓國家族制度研究〉(1948), 66~70면.

선조의 유학자·위정자들, 일제 시대의 식민 통치자들, 해방 후의 기독교 인사들, 좌익 계열들, 그 후로도 언제나 무슨 신생활 운동이니 청년 운동이니를 한 사람들은 하나도 예외가 없이, 이에 대한 내용도 전혀 알지 못하고, 알려고 하지도 않고 무조건 타파해야 되는 것으로만 알아 왔다.

김녕리 궤내귀당 신목
바로 밑에 큰 굴 당이 있다.

그래서 당들은 적지않게 파괴되거나 신목이 잘리거나 하고 신앙 대상에서 사라져 가기도 했다. 그러나 그럴수록 당의 숫자는 어수선하게 늘어나기도 했다. 이른바 '가지 가른 당'이라고 해서, 원래 당의 흙이나 천이나 바위 등을 일부분씩 적당한 장소에 옮기면 그대로 형성되는 것이 당이다. 이런 가지 가른 당들은 타파 운동과는 관계없이, 당이 있던 원주소에서 얼마간의 주민들이 먼 거리에 이사갔을 때, 원래 당에의 왕래가 불편하면 흔히 가지를 갈라가는 관습이기도 했던 것이다.

그러니 문제는 타파 운동을 벌이고 당을 부수는 데 있는 것이 아니라, 그 마음속에 있는 신앙을 없애는 데 있다. 그러나 신앙심이란 민중의 심리적인 순화(醇化)를 위해서나, 사회적인 정기(正紀)를 위해서도 무엇인가 올바른 것이 있고 그것이 선도돼야 하겠는데, 대신 무엇인가를 줄 대책도 없이 타파만 일삼으니 사회는 더욱 메말라가는 면이 있는 것이 아닌가 하는 생각도 든다. 또 대신 무엇인가를 준다 해도 그것이 갑자기 민중의 마음속에 스며들어갈 리도 없는 것이며, 그것은 조선조 5백 년간의 유교 제례 보급의 끈질기고도 강력한 국가 시책이 있었지만, 그것이 반드시 성공적이 아니었다는 역사를 보아도 알 수가 있다. 그래서 결국 지금껏 부녀층 사회에서는 당과 무속은 원초 이래의 신화와 종교의 보금자리가 되고 있는 것이라 하겠다.

그러한 당 파괴의 가장 심했던 예로는 숙종(肅宗) 29년(1703) 제주목사 이형상(李衡祥)의 일을 들 수가 있다. 그는 3읍(濟州牧·大靜縣·旌義縣)의 당들 전부와 불우(佛宇) 130여 개를 분소(焚燒)했고, 무당 4백여 명을 귀농(歸農)시켰다. 그는 숙종 28년 6월에 도임하여, 유배중인 고관과의 알력으로 29년 6월에 관작을 삭탈당하고 떠났다는데, 만 1년간에 초인적인 파괴 작업을 감행했다.[2]

1960년도 전후의 조사에서 제주도에는 대소 각종의 당 약 3백과 무당 약 4백 명이 파악되었다. 그러니 숙종 무렵의 무당 4백 명이란 무당 전원을 말한 것으로 볼 수 있겠다. 당과 절 130도 완전한 전체 숫자로 봐야 하겠다. 한마디로 말해서, 그는 불교를 곁들여서 특히 무속을 송두리째 뿌리를 뽑았다는 이야기가 된다. 그럼에도 불구하고 현재까지 3백의 당, 4백의 무격(巫覡)이 존재하고 있어서, 문제가 그런 외형의 파괴로 간단하게 끝나는 것이 아님을 거듭 설명해 준다.

또 그가 무격 4백 명을 귀농시켰다고 했지만 현재의 4백 명도 다

---

2) 淡水契 編, 〈增補 耽羅誌〉(1954), 466면.

농・어업에 종사하고 무업(巫業)은 부업으로 삼고 있다. 무업의 수입이란 여기서는 아주 근소한 것이어서 그것만으로 생활이 될 수 있는 사람은 전도적으로도 20명이 넘지 못할 것이다. 이 4백 명의 무격은 무업을 부업으로 삼고 있기 때문에, 조금 바쁠 수 있고, 그만큼 생활이 좀 나을 수 있다는 것뿐이며, 평소에는 다 부지런히 농사를 짓고 있기 때문에 그들을 다 귀농시켰다는 것도 사실은 좀 과장된 이야기가 아닌가 생각된다.

필자는 '73년도 봄에 제주도 출신의 서울대학교 재학생들의 모임인 '서울대학교 제주학우회'에서 만들어낸 〈제주신당의 내용 및 현황 조사보고서〉라는 책자를 받아보고 놀랐다. 이것은 엘리트들이 자기네 향토를 이해하기 위해서 '71년도의 '제주도민의 소득 및 생활', '72년도의 '제주도 교육문제'들에 이은 세번째의 그들 나름의 보고서였으나 그 취지문에서 그들은 다음과 같은 말들을 하고 있었다.

"지식계급에서는 외래사조에만 휘말려 서낭당의 '서'자도 모르면서 무조건 미신으로 돌려 버리고는 마구 파괴한다"라든가, "구미의 사조는 결코 민속을 부수는 것이 아니고 자연적으로 소멸되어 가고 있는 민속을 애호 보존하기 위하여 얼마나 땀흘리는 노력을 계속하고 있는가" 또는 "우상을 파괴하라는 그 개념의 우상을 먼저 파괴할 것이요, 미신을 타파하자는 그 관념의 미신을 먼저 타파하지 않으면 안 된다"는 등 매우 격렬한 말들을 적고 있었다.[3]

(7) 세계적인 학술 가치

지금 여기는 우리의 종교 정책이 어떠했는지, 그 현황이 어떠한지를

---

3) 서울大學校 濟州學友會 編, 〈濟州神堂의 內容 및 現況調査報告書〉(1973), 7면.

따질 자리는 아니다. 다만 한국인은, 자신의 유구한 민간 신앙의 전통을 그 존재 이유나 성격들을 털끝만큼도 알아보려고는 하지 않고 덮어놓고 기를 써 억압하고 미신 취급하기만을 일삼아 왔다. 종교는 그 민족 예술의 한 기반일 수가 있고, 일국의 사회 질서와 국민 통합의 기반을 이룰 수도 있다. 그런데 우리는 그것을 돌보지 않고 오히려 밟아 버린 일면도 적지 않았던 것이다.

그래서 지금은 앞에서 본 대로 '서울대학교 제주학우회'의 학생들까지도 자기 향토를 이해하기 위한 자부심을 가지고 열심히 조사 활동을 하고 열화 같은 부르짖음을 하였거니와, 지금은 또 엉뚱하게도 한국에 와서 한국의 문화·민속·종교 들에 관심을 가지고 조사 연구를 해봤던 서양인 학자들까지 '미신이란 따지면 어느 종교에도 있는 것이니, 한국인은 자기 민간 신앙에 미신이란 말을 쓰지 말아야 할 것'이라고 한다.[4]

이제 우리의 관심사는 민중 생활의 품속에서 형성되어 온 이 신화학적인 귀중한 학술 자료들을 어떻게 다루느냐 하는 데 기울여져야 하겠다. 우리는 본향당과 본향본풀이를 통해서 한국의 원초적인 심성과 신화의 원초 형태를 이해하고, 그 잔존을 대견하게 여기지 않을 수가 없다. 이것은 사실 20세기 문명 국가로서는, 특히 신화학적인 면에서는 희귀한 세계적인 학술 자료로서 가치를 지닌 것인만큼 그 취급에 상당한 연구와 보호의 손길과 조심성이 필요하다 하겠다.

---

4) A. Guillemoz, "韓國人의 宗敎心性('韓國人의 再發見' 9回, '西歐人이 본 韓國人')", 月刊《對話》34號(1973), 37~40면.

6. 조상단지와 조왕중발(竈王中鉢)

한국 농어촌 각 가정 내부에는 요소 요소에 각종의 신이 모셔지고 있다. 단지나 짚주저리나, 접은 한지(韓紙)들로 신체(神體)가 표시되는 경우도 많지만, 아무 표지도 없이 관념적으로만 모시고 있는 경우들도 적지 않다. 이 경우에는 '건궁터주'니 '건궁조왕'이니 해서, 흔히 '건궁'이라는 관형어(冠形語)가 붙는다.

(1) 가정 안의 여러 가지 신들

지방에 따라서 각각 다르지만 안방에는 '세존(世尊)단지'(영남), '삼신바가치'(안동군 주변), '제석(帝釋)오가리'(호남) 등, 통칭해서 조상단지라고 할 것이 있다. 그리고 마루에는 전국적으로 명칭이 거의 다 같은 '성주'라는 가신(家神)이 모셔지는데, 호남에서는 거의 독에 쌀이나 보리를 넣어서 모시고, 중부는 한지를 접어서 마루 벽면 위 대공에 붙이며, 영남은 지역에 따라서 독이나 한지나 어느 한 쪽을 모신다. 성주는 다 남신으로 여겨진다.

부엌에는 조왕(竈王)할머니를 모신다. 이 경우는 전국적으로 '건궁'으로서 형태가 없는 것이 대부분인데, 호남 지방과 충청도 일부에서는 많은 가정이 조왕중발을 모신다. 여기서는, 이 가신(家神)들의 대표적 존재인 조왕중발과 조상단지를 살펴보기로 하겠다. 그리고 다시 뒤꼍 장독대 옆에는 '터주'라는 택지신(宅地神)과 '업'이라는 재신(財神)이 모셔진다. 터주는, 중부 지방에서는 단지에 낟알을 넣고 짚주저리를 씌우며, '터주대감'이라 흔히 호칭하는 것으로 보아서 남신인 듯하다. 대감(大監)이란 옛날 정이품(正二品)의 관원, 지금으로 치면 장관급에 대한 존칭인데, 장관급 호칭과 신의 호칭과를 동일하게 부르는 것도 흥미롭다.

터주(앞)와 업(뒤)(경기도 광주군 중부면 엄미리)

업은 옛부터 구렁이로 여겨졌고, 업구렁이가 나가면 집안이 망한다고 했으며, 이 경우도 짚주저리로 표시되는 예가 있지만 대개 이 경우야말로 건궁업이 많다. 그러나 영남·호남 지방들은 이 터주와 업에 대해서 관념이 또 다르고 각기 다양하다.

조상단지에 대해서는 이 책의 '영남의 골맥이 동제당'에서 골맥이와 관련시켜서 다소 언급된 바가 있었다. 즉 조상단지의 신화적인 반영이 신라 김씨 왕가의 조상신 김알지를 탄생시킨 황금 궤짝이라는 것이었다. 그것은, 〈삼국유사〉 등에는 "구름 속에 황금 궤짝이 나뭇가지에 걸려 있었다(雲中有黃金櫃 掛扵樹枝)"고 표현되어 있다. 그리고 특히 안동 지방 일대에는 조상단지 대신에 산육속(産育俗)의 대상으로 '삼신바가치'라는 고형(古型) 어린 신앙 형태가 있어서, 더욱 동자신(童子神)으로 탄생하는 김알지 신화와 연결시키지 않을 수가 없었다. 이렇게 이 신앙 형태들을 초기 신라의 신화들과 관련시켜서 볼 때, 그것이 유구한 전통의 잔존물이라는 것을 인식하지 않을 수 없는 동시에, 문화의 여러 측면 중에서 특히 종교면이 불가변적(不可變的)인 보존성을 얼마나 끈질기게 가져왔는가 하는 것을 느낄 수가 있다.

(2) 조상단지가 지니는 전통

그러나 그 고형은 조금 더 면밀하게 찾아보면 각 시대의 시대성을 한 몸에 아울러서 지니고 있으니, 먼저 고대적인 성격부터 찾아보면 다음과 같다.

전남 지방에서 집안에 모시는 신들의 위치와 그 이름을 적도록 질문지(質問紙)를 각 마을에 보내서 마을마다 1매씩 이장(里長)에게 적어주도록 했던바, 안방의 조상신에 대해서는 347건의 답을 얻을 수가 있었다. 그런데 뜻밖에도 신의 이름을 '조상할매'로 적은 것이 167개 마을이나 있어서 놀랐고, '조상'으로만 나온 것이 180개 마을이었다.[1]

여기 '조상'이라고만 적은 것 가운데는 더러 안방에 모셔놓은 유교적인 조상의 위패를 모시는 이른바 벽감(壁龕)들이 몇 개 있었던 것으로 짐작되었다. 그런 것을 제외하고 나면, 이 '조상'이라고만 적은 180

---

1) 文化公報部, 〈韓國民俗綜合調査報告書〉 全南篇(1969), 256면.

건 가운데서도 다시 그것이 '할배'인가 '할매'인가를 따지고 들어가면 '조상'은 더 많이 줄어들고, '조상할매'는 훨씬 더 많이 늘어날 것이 충분히 짐작되었다. 어떻든 뜻밖에도 여신 관념(女神觀念)이 167건이나 나온 데에 놀랐지만, 이 증가할 여신 관념의 우위성은 본래 그것의 주류 내지는 원형이 남신이 아닌 여신의 성격이었던 것을 짐작시킨다. 여기에는 심신 관념의 혼입도 있을 것으로 생각된다.

한국같이 세계에서도 그 유례가 보기 드물 만큼 부가장권(父家長權)이 강한 나라에서 지금껏 조상신을 여신으로 여기고 있는 이 신관념은 확실히 놀라운 사실이 아닐 수가 없다. 그리고 이 고대적인 여신 관념은 이것이 농경에서의 풍요 기원(豊饒祈願)의 대상신(對象神)의 원초형으로 보지 않을 수가 없고, 그 아득한 태초적 성격을 인식해 두어야 하겠다.

다음에 이 명칭의 불교적인 색채가 문제된다. 즉 이 단지 이름을 '세존(世尊)단지'(영남)니 '제석(帝釋)오가리'니 하는데, 이 세존이나 제석이라는 이름은 아무래도 불교 수입 이후일 수밖에 없겠고, 지금까지 살펴온 태초적 여신 관념들도 고려에 넣을 때, 불교 수입 이후인 삼국시대나 또는 불교 전성 시대인 고려 시대적 명명(命名)의 잔존이 아니겠는가 하는 생각이 든다. 민중 사회의 공통적인 이름이 이렇게 붙은 것은 아무래도 배불(排佛) 시대인 조선조의 일로는 보기 어려울 것으로 여겨진다.

다음에 여기에는 또 분명한 조선 시대의 조상 숭배성이 내포되어 있기도 하다. 이 세존단지나 제석오가리는 예외도 많기는 하지만 보통 종가(宗家) 내지는 몇 대의 장손(長孫) 집들에서 흔히 모시며 그것이 한 원칙처럼 생각되고 있기도 하다. 경북 영덕군(盈德郡) 영덕면 노물동의 이상룡(62세) 씨는 종손인데, 그의 집 안방 시렁 위에는 세존단지 하나와 조상 당세기 셋이 나란히 놓여 있었다.[2] 이 경우 세존단지는 조령(祖靈) 관념의 상징이고, 조상 당세기는 유교적인 조상 숭배의 4대봉사

경북의 세존단지와 조상당세기

(代奉祀)의 신주를 모셔넣는 신주독 대신이다.

  조상 당세기는 4대 봉사로 4개가 보통이지만, 집안에 따라서 내외분을 따로따로 모셔서 여덟 개일 수도 있다. 그 안에는 신체로서 그냥 백지를 넣어두는 것이 보통이다. 그러니 결국, 이 안방 한구석 시렁 위의 세존단지와 조상 당세기는 4대봉사(代奉祀)를 하는 사당(祠堂) 대신이다. 이상룡 씨가 종손인데도 당세기 셋을 모셔놓은 까닭은 그 동생이 조부모님은 그 기제사(忌祭祀)와 함께 자기가 모시게 해달라고 해서, 나누어주었기 때문에 고조부모·증조부모·부모의 세 당세기라는데, 이렇게 특히 정이 있는 조상을 나누어 모시는 수가 여기서는 가끔 있다고 한다.

---

2) 文化公報部, 同上 慶北篇(1974), 158면.

전남 진도(珍島)에서도 박강단 할머니(70세, 전 교장 부인)는, "제석 오가리는 종가(宗家)에서나 모시는 것이고, 이것은 원칙적으로 한 집에 여덟 개까지 있을 수 있다. 허백련(許百鍊) 씨 집에도 여덟 개가 있었는데 예수를 믿는 바람에 다 없애고 탈이 났었다"는 말을 해주었다. 허백련 씨는 유명한 동양화가로서 진도 출신이며, 허백련 씨가 예수를 믿었다는 것은 그가 단군(檀君) 신봉자로서도 유명한 일이니 있을 수 없는 일이겠지만, 허백련 씨 자신이 아니라 그가 광주(光州) 무등산(無等山)에 나간 후에 그 가족이 그런 일이 있었는지는 모르지만 여하간 박씨 부인은 그런 말을 해주었다.[3]

이상 경북・전남의 사례들로 보아서도 그것이 조선 시대 유교 제례의 한 유형임을 조금도 의심할 여지가 없다. 4대봉사의 신주들은 사당에 모시는 것이 원칙이라 하겠지만, 그것은 지금은 경제적인 여유가 넉넉하거나, 또는 아직도 숭조 보근(崇祖報根)의 정신이 굳건한 동족들의 종가에나 있는 것이다. 아무리 종가라도 넉넉한 대지가 없으면 우선 사당 대신 벽감을 모실 수밖에 없는 것이겠는데, 그것이 다시 이렇게 조상 당세기라는 변형까지 있었던 것은 고대 이래의 관습과의 습합이 아닌가 생각할 수도 있는 문제이겠다.

이상 이 조상단지류에는 고대 농경 사회의 풍요기원 대상으로서의 여신성(女神性)이 있었고, 또 중세에 와서는 불교 성행 시대의 시대성 반영으로 세존이니 제석이니 하는 명칭이 붙은 듯하다. 그리고 다시 조선 시대에 와서는 당세기들과 나란히 놓여서 4대봉사의 사당 속에라도 놓여야 할 것의 변형으로 전승되어 왔다. 그러니 그 다양한 성격은 유구한 전통 신앙의 각 시대성을 한몸에 지니고 있는 데서 온 것으로 풀이가 될 때에, 비로소 납득이 갈 수 있는 것이며, 이 조상단지의 많은 뜻은 우리가 다양하게 깊이 음미해 볼 만한 것이다.

---

3) 文化公報部, 同上 全南篇 255면.

(3) 조왕은 정화(淨化)의 화신(火神)

한편, 조왕할머니는 화신으로서, 한국 가옥 배치에서는 부뚜막이 부엌에 위치하기 때문에 주부들과 더욱 밀접한 신이 된다. 결과적으로 부엌의 신이 되고 주부의 신이 되지만, 물론 그렇게 한계가 국한되거나 고정되지는 않는다. 조왕은 본래가 화신이기 때문에 우선 집안을 깨끗하게 정화시켜 주는 주요한 신으로서 기능했다. 사람이 죽어서 장례를 치를 때는 관이 나가면 곧 아궁이에 불을 때는 관습이 있다. 그것은 습기를 제거하는 소독 작용이 있을지도 모르지만, 우선은 시체의 오예(汚穢)를 정화하자는 관념이다.

또는 상가(喪家)에 조문을 갔다 왔거나, 오랜 여행을 하고 온 뒤, 이를테면 몸이 부정하다고 여겨지는 경우에는 먼저 부엌에 들렀다가 방에 들어가는 관습이 있었다. 이것은 결코 냉소해 버릴 일이 아니다. 지금도 오랜 출장 기간의 남성들에게는 부정(不淨)이 많을 수 있는데, 그 부정을 뉘우치는, 일시적이나마 경건한 마음가짐을 신성한 가정에 대해서 가져 보자는 것이리라. 옛사람들이라고 해서, 아궁이의 불길이 나와서 그 부정을 태워 주고 정화해 준다고는 믿지 않았을 것이다.

한 노인은, 어려서 장가를 갔다가 왔을 때에 어른들이 먼저 부엌에 들렀다가 오라고 해서 그렇게 했다는 기억을 더듬어 준 일이 있었다. 그리고 그것이 아마도 여자 관계를 부정시(不淨視)한 데서 생겼던 습관인지 알 수가 없다는 해석을 내렸었다. 그러나 이것은 결코 신부를 부정시한 데서 한 정화는 아니다. 결혼은 평생의 대사이며 성스러운 것이다. 따라서 정결과 경건도 필요하겠지만, 집안의 한 주신인 조왕에게 새로 아뢰고 뵌다는 뜻도 있었을 것이다.

지금도 전라도 시골에서는 더러 신부가 시집에 들어올 때, 단골(무녀)이 대문 앞에 짚불을 피워놓고 그 위로 지나가게 하고, 축원을 하며 명실(목화씨)을 뿌리고 잡귀나 살(煞)을 쫓는 절차를 밟는 일이 있다.

도회지 예식장에서 결혼식을 마치고 나오는 신랑·신부에게 콩이나 쌀을 던지던 것도 시원(始源)은 같은 것인데, 그것은 오히려 장난이 됐다가 지금은 없어지고 만 듯하다. 물론 여기 잿불 위를 지나가게 한 것도 다 정결과 경건의 필요에서였다.

신부가 먼저 반드시 불을 넘고 시집에 들어가는 것은 만주에도 있는 민속이었다. 몽고에서도 신랑·신부가 먼저 불을 예배하고 나서야 신부가 신랑 집에 들어가서 시부모에게 절을 한다고 한다. 오키나와에서도 화신은 여러 가신(家神) 중의 최고신이고, 정초 제사 때도 화신을 배례한 뒤에야 조상께 배례하고, 이사를 할 때도 화신을 선두에 모시고 가며, 신부도 먼저 부뚜막에 절을 하고서야 들어온다고 한다.[4] 이렇게 보아오면 조왕은 본래 아주 주요한 가신이었다는 것을 알 수가 있다.

지금껏 서울에서도 이사할 때 먼저 연탄 난로를 옮겨들이는 사례가 있지만, 그것이 본래는 주신을 먼저 모셔들이던 것임을 알 수가 있다. 그러한 관습들로 해서 한동안은 이사한 집 문안에는 흔히 초를 사갔고, 또 성냥을 사가던 것까지도 불과의 연관성이 있어서 좋았으나, 근래는 하이타이를 많이 사가는 경향인 것 같다. 이것도 정화제라는 데서는 마찬가지겠는데, 불과의 관계는 완전히 끊어졌고, 그저 실용성이 있어서 좋다고나 해둘 수밖에 없겠다.

화신이 가내 제신 중의 최고 신인 것은 그리스뿐이 아니겠지만, 그리스의 화신 헤스티아(Hestia)는 올림푸스의 12신 중에서도 최고 신이고, 또 제우스(Zeus)네 6남매 신 중에서도 최연상의 자신(姉神)이다. 그리스인들은 고래로 모든 공공 행사, 특히 경기(競技) 같은 데서는 먼저 성화(聖火)를 옮겨놓고, 화신 헤스티아에게 희생을 바치고, 선서를 했었다. 그리고 그것이 지금은 전세계적으로 체육 행사들에서 보편화

---

4) 中山太郎, "日本民俗論", 〈原始文化〉(1944), 123면.

하고, 우리 나라에서도 일반화되고 있는 것은 주지하는 사실이다.[5]

(4) 자손의 명과 복을 빌기도

전라도는 조왕 신앙이 대단히 센 곳이다. 조왕중발이 있건 없건 굿을 할 때는 먼저 부엌에서 조왕굿부터 시작하며, 마루에서의 성주굿, 안방에서의 삼신굿 들로 순서가 넘어간다. 이것은 충청도 일대 그리고 그 밖에서도 안택(安宅) 같은 행사를 지낼 때에는 대개 비슷한 순서가 되지만, 중부 지방으로 오면 열두 거리 굿에도 조왕거리라고는 없고, 그림자가 엷어지고 만다.

전기했지만, 전라도의 조왕중발은 많은 농가들이 부뚜막 중앙 정면 벽에 흙으로 조그만 단을 만들고, 그 위에 이 조그만 중발을 갖다 놓은 것을 말한다. 주부들이 손수 만든 소박한 일종의 제단이다. 제단 대신 나무로 중발을 넣을 만큼의 조그만 상자를 짜서 모셔놓은 경우들도 눈에 띈다. 이것은 어머니의 청으로 그 아들이 만들어놓은 것들이리라. 중발 안에는 물이 들어 있고 뚜껑이 덮여 있는 경우들도 있다.

형태도 그렇게 각각이려니와 명칭도 제멋대로여서 '조왕물그릇'·'조왕보세기'·'조왕중발' 들로 일정하지 않으나 조왕중발이 제일 흔한 이름이다. 이에 대한 주부들의 신앙 심의(信仰心意)라는 것도 또한 앞에서 본 조왕의 신격과는 거리가 멀고, 인식도 불투명하며, 다만 정성만이 있을 뿐이다. 강진(康津)에서 50대의 한 부인은 자식들에게 좋다고 해서 한다면서 자기는 아침마다 남 먼저 정화수(井華水)를 떠놓는다고 했다. 그저 단순하게 자식들에게 좋다고 해서, 그리고 남들도 하

---

[5] F. Guirand, *Greek Mythology, Larousse Encyclopedia of Mythology*, London, Batchworth Press, 1959, p. 156.

전남의 조왕중발

니, 그렇게 하는 것뿐이라는 것이다.

  70이 가까워도 들에서 종일 일을 하고 늦은 저녁을 먹고 모닥불 옆에서 환담을 하던 할머니들은 "그렇게 하면 마음이 좋아라요" 하고 조용한 목소리로 미소를 띠우면서 말했다. 또 할머니들은 명절 때에 차렸던 음식들을 조왕중발 앞에 놓고 '조왕님네, 모든 차림을 하였으니 음복하시고, 자손들의 명과 복을 빕니다' 하고 빈다면서, 조왕을 위하면 어린애들에게 좋다고 했다. 이렇게 조왕을 모시는 마음가짐과 방법이 사람에 따라서 각각 다르며, 전적으로 가정 형편에 따르는 주부들 각자의 심정대로이다.

  심한 경우에는 아들이 군대에 입대하면 조왕중발을 만들어 모시다가, 제대하고 돌아오면 집어치우는 수도 있다. 지독한 현실주의인데 이런 경우의 정성은 더욱 대단하다. 시골 마을에는 1백 미터, 2백 미터

씩 우물이 떨어져 있는 경우들이 적지 않고, 캄캄한 새벽에 부인들은 무서움을 잘 타지만, 꼭두새벽마다 물을 길러 가는 일들이 많다. 아들에게서 오는 편지가 뜸해지면 이 정성은 더욱 고조된다.

정성도 정성이지만, 이 이른 새벽의 부지런은 한국 모성애의 근면성과 경건성의 극치가 아닐 수 없다. 그리고 이러한 어머니의 정성이 순박한 그 아들들에게, 다른 가족들의 편지를 통해서라도 또는 이신전심으로라도 통하지 않을 수가 없다. "그래서 이 아주머니 아들들은 다 군대에 3년씩 가 있으면서도 모두 감기 한 번 안 걸렸다오" 하고 옆에서 일러주는 아주머니도 있었다. 이쯤 되면, 이러한 대화에 의한 조사 장면 자체도 훈훈한 모정(母情)의 도가니가 되고 말 지경이다.

(5) 신앙보다는 모정(母情)의 상징

이런 일들을 우리는 어리석다거나, 현실주의라며 비웃어서는 안 된다. 현실적·공리적인 신앙은 기독교건 불교건 이러한 모정 앞에서는 어느 나라 고급 종교에도 다 허다한 것이다. 조왕중발은 오히려 주부들의 부지런과 신앙의 순수성과 간절한 모성애의 상징이다. "구원(久遠)의 여성이 나를 인도하도다."──괴테의 〈파우스트〉의 끝 구절이었던가? 인간을 진정 올바르게 인도하는 데는 모성의 힘이 크다. 남성을 인도하는 여성의 구원의 힘, 모성애의 보다 깊은 힘의 상징물, 그것이 조왕중발이다. 모성애는 역사를 창조해 온 밑바닥을 받치고 흘러온 힘이며, 조왕중발은 그러한 한국적인 힘과 순수미(純粹美)의 극치이다.

같은 모성애라도 곤란한 것은 오늘날 도회지의 일부 어머니들의 모성애이다. 경쟁이 치열할 수밖에 없는 도회지라 도리 없는 일이라고 해치우면 그만이겠으나, 이른바 치맛바람으로, 다시 과외(課外)바람도 일으키고 끝내는 가정 경제에 상처와 타격을 주고, 국가 교육면에 암증세(癌症勢)까지 불러일으켜 놓았으니, 이것은 도회지 모성들과 교육정책의 공동 책임이며 공동 범죄이다. 결과적으로 그것은 모성애가 아니라, 때로는 허영과 오기(傲氣)가 돼버릴 때도 있는 것이 아니었던가?

이상 도회와 농촌의 모성애들을 통틀어서 볼 때, 사람들은 어떤 것은 근대적인 것이라 할 것이고, 또 어떤 것은 미신이라고 할지도 모르며, 또 어떤 것이 진정한 모성애라고 지적을 할지도 모른다. 그러나 우리는 이 혼돈 속에서 가릴 것은 분명하게 가려낼 줄을 알아야 할 것이다.

7. 배서낭과 도깨비

배에서 배서낭을 모시는 것은 농촌에서 서낭을 모시고, 가정에서 성주를 모시는 것과 유사하다고 뱃사람들은 말한다. 그러나 농촌의 서낭이나 가정의 신앙 동기와 위험성들을 배의 경우와 비교하면, 일엽편주(一葉片舟)로 사나운 바다를 다녀야 하는 배의 경우에는 비교가 되지 못한다. 그뿐이 아니라, 배에서 배서낭을 모시는 데에는 또 다른 깊은 동기와 기능도 있는 것으로 보아야 할 점이 있는 것 같다.

(1) 배서낭은 거의가 여신

배서낭을 모시는 까닭을 요약할 때, 선체(船體)와 선원들의 평안 무사와, 어운(魚運)의 기원이라고 어부들은 말한다. 그러나 배에는 거친 남성들만의 세계가 이루어지는데, 여기에 질서와 근신을 가져다 주는 실질적인 기능이 있다는 점도 무시해서는 안 될 것 같다. 우선 배서낭은 대부분이 여신이며, 여객선 외의 배에는 여성을 태우지 않는 엄격한 불문율들이 있는 것이 관심을 끈다. 이제 순서를 좇아서 먼저 배서낭의 실태부터 보기로 한다.

배서낭은 2톤 이상, 낚시질이라도 할 수 있는 배면 다 모신다. 여객선도 여성을 물론 태우기는 하지만, 일단 배서낭을 모신다. 배서낭이 여신이기 때문에 그 신체(神體)로는 3색의 천〔布〕과 가위·실·바늘들을 놓는 수도 있고, 여자옷을 개어놓는 수도 있다. 그냥 한지를 접어서 붙이는 수도 있고, 거기에 '선왕지위(船王之位)'라는 위패식의 글씨를 써놓는 배의 경우도 보았다. 또 조그만 종지에 각각 쌀과 물을 담아서 놓는 경우가 남해 도서(南海島嶼)에서는 많이 보였다. 이런 것들을 선장실 한구석에 선반을 매어서 놓거나, 조그만 나무상자를 짜서 놓는 수도 있고, 선두(船頭) 갑판 밑의 이물칸에 모시는 수도 있다.

제주도의 배서낭

다시 그 신앙 심의(信仰心意)와 수산 의례(水産儀禮)들을 전남 도서 지방의 예를 주로 해서 살펴보면 다음과 같다. 배가 폭풍을 만나든지 조난을 당하면 배서낭이 운다고 말하는 노인이 있었다. 가령 8명의 선원이면 그 중의 1,2명에게만 들리는데, 울어서 좋은 배가 있고, 나쁜 배가 있다고도 한다. 파선됐을 때는 배의 판자를 먼저 물에 띄우고, 배서낭을 내려다 모시고 뛰어내려야 무사하다고 말하는 청년도 있었다.

한 노인은 젊었을 때 배와 같이 목포에 정박하고 있는데, 밤에 배에서 한 젊은 부인이 보따리를 싸들고, '나는 간다'고 말하며 나가는 것을 보고 붙잡으려고 허우적거렸으나 잡힐 듯 잡힐 듯하다가 잡지 못하고 내보내고 말았다는 꿈이야기를 해주었다. 그리고 그 뒤 얼마 안 되어서 파선당하고 말았는데, 노인들에게 그 꿈이야기를 하였더니 '그것이 배서낭이 나간 것이고, 그래서 파선이 된 것이다. 그 꿈을 꾼 뒤에 곧 배를 팔아버리든지, 소유자의 명의를 바꾸어야 좋았을 것이었다'는 이야기를 들었었다는 말을 했다.

여기서도 서낭이 배의 수호신이라는 관념과 동시에 여신이로되 마치 시집에서 나가는 부인처럼 보따리를 들고 나가는 한국적인 젊은 여신상(女神像)을 찾아볼 수가 있어서 홍미롭다. 어운(漁運)에 관해서도 배서낭은 기원 대상이 된다. 어장이 잘되게 또는 어군(魚群)이 많이 몰리게도 기원을 한다. 같은 바다에서 나란히 고기잡이를 하는데도 이웃 배는 많이 잡히는데, 자기 배만은 도무지 안 잡히는 딱한 경우도 있다. 항시 불가항력적인 대해(大海)에서 투기적인 사업을 계속하는지라 배에는 많은 신앙성이 따른다.

배를 새로 만들었을 때, 선주는 그 자리에서 '배내리기'를 하고 이어서 배서낭을 모신다. 배내리기는 진수식(進水式)을 말한다. 이것은 택일을 해서 음식 준비를 하지만 축하 행사이지 신앙 행위는 아니다. 친지들이 각색의 풍어기(豊漁旗)·만선기(滿船旗) 들과 술들을 들고 오면 선주가 음식을 대접하는 것이다. 그러나 곧이어서 선주 부인은 단골(무녀)이나 단골이 없으면 중을 불러서 배서낭을 모신다. 또 출어 전에는 선주가 목욕재계하고 '뱃고사'를 하며, 정히 고기가 안 잡히고 운수가 없을 때에는 택일해서 중이나 단골을 데려다가 이때에는 '뱃굿'을 한다.

　그래서 어업의 경우는 의례도 많고, 비용도 많을 것으로 예상했었고 또 들은 바도 있었으나 전남 도서 지방에서는 뜻밖으로 그것은 간소했다. 뱃고사는 평소의 음식을 정갈하게 할 뿐이었고, 뱃굿도 2,3천 원 정도의 비용이고, 오히려 신앙면은 너무나 메마른 느낌었던 것이 '68년도 전남 도서 지방의 실정이었다. 그러나 어업과 선원 생활에 관해서는 금기면이나 조심성에서 적지 않은 배려가 생활화돼 있는 것을 볼 수가 있었다.

(2) 여성의 승선 금기(乘船禁忌)

　전남 여천군(麗川郡) 초도(草島)라는 섬에서도 임산부(姙産婦)들은 출어 전의 선주나 선원들을 길에서 만나도 피하고 정면으로 대하지 않는다. 출어한 다음이라도 선주 집에는 가지 못한다. 여기서도 모든 배들은 여자를 태우지 않는다. 부득이 여자 한 사람을 태우지 않을 수 없을 경우에는, 남자 선원 한 사람이 여자 속곳을 입는다. 근래에는 속곳 대신 여자 사진을 선원 한 사람이 품에 지니는 것으로 대체된다고 한다.

　이것은 제주도도 같다. 그래서 제주도에서는, 옛날에는 여자 혼자서는 육지에 못 다녔다고 한다. 그리고 이 여자 승선의 금기는 부득이한 경우 한 여성을 태우는 대신 한 선원이 여성 사진을 품에 지닌다는 점까지 아울러서 오키나와(沖繩)도 똑같은 데는 놀랐다. 다음에 언급될 도깨비라는 요괴(妖怪) 관념도 오키나와와 남해 도서 지방과 같은데, 일본에는 도깨비라는 관념이 없는 것으로 보아서 오키나와는 민속면에서 한국 특히 남해 도서 및 제주도 들과 아주 흡사한 점에서 많은 주목을 끌고 있다.

단순히 배에 여자를 태우지 않는다는 금기는 세계적인 면도 있는 것 같다. 개선장군 넬슨으로서도 그의 연인을 그의 군함에는 태우지 못하고 우편선에 태우고 오던 왕년의 명화 '미녀 엠마'가 생각나거니와, 또한 우리 선원들은 출어 전에는 여색(女色)을 금한다고 한다.

젊은 여신인 배서낭에다 여성의 승선 금기, 부득이한 경우 한 여성이 배에 탔을 경우 한 남자 선원이 여성의 속곳을 착용하거나 여성의 사진을 휴대하는 일, 그리고 출어 전의 여색 금기 등, 이 일련의 현상들은 지금은 모두가 모든 사람들에게 다 꼭 지켜지는 일은 아닐 것이다. 또 아직은 그 깊고 정밀한 조사와 넓은 비교 연구가 안 되어 있어서 무어라고 정확한 분석을 하기가 어렵다.

그러나 이상과 같은 현상들이 사나운 바다에서 생활을 하는 거친 남성들만의 세계에 어떤 질서와 근신성을 부여해 왔던 것은 부인하기 어렵다. 그리고 종교의 힘으로 금기라는 강한 생활 규제(規制)를 가했던 데서부터 점차 이상과 같은 관습들이 형성되어 왔고, 실제로 지금도 적지 않게 그러한 기능을 해오고 있는 것만은 사실이다.

근간 연중 행사처럼 산악의 조난 사고가 날 때마다 '산을 얕보지 말고, 경거(輕擧)하지 말라. 산을 두려워하라'는 말들이 신문지상에 오르내린다. 일상 생활에서도 인간은 교만하지 말고, 무엇인가 두려움을 알아야 하지만, 더욱 바다나 산에 대해서는 두려움을 알아야 한다. 뱃사람들은 유구했던 바다의 생활에서 일찍부터 바다를 두려워할 줄을 알았다. 그리고 그것을 상징화하고 종교화한 것이 배서낭이었을 것이다.

(3) 도깨비는 부신(富神)

다음에 여기서 언급하려는 도깨비는, 일종의 요괴(妖怪)라는 점에서는 본토의 도깨비와 같으나 남해 도서 지방에서는 훨씬 다양화되어 있는 양상들을 볼 수가 있었다. 본토에서의 도깨비는 지금은 단순히 요괴 관념으로만 여겨지고 있다. 그러나 캐어 보면 조금은 더 다양성이 나타나는 점으로 보아서, 이 도서 지방의 다양성은 아마도 옛날에는 본토의 도깨비들이 다 같이 지니고 있었던 속성들이 아닌가 생각된다.

도서 지방의 도깨비 중에서도 제일 다양성을 갖춘 것이 제주도의 '도채비'이다. 제주도의 도채비는 마치 그리스의 여신 아르테미스(Artemis)가 월신(月神)·출산 수호신(出産守護神)·야수 번식신(野獸繁殖神)·수렵신(狩獵神) 등 다각적인 성격을 지니고 있었던 것처럼 요괴신(妖怪神)·부신(富神)·풍어신(豊漁神)·가업 수호신(家業守護神)·역신(疫神)·대장신(冶匠神)·촌락 공동체의 당신(堂神) 등 실로 잡다하고 광범한 속성들을 조화성 있고 자연스럽게, 그리고 아주 도깨비답게 많이도 지니고 있다.

음산한 곳에 서식(棲息)하고, 밤에만 나타나서 사람을 홀리고 씨름을 잘 걸어오고 골탕을 먹인다는 공포의 대상이라는 요괴성에서는 도깨비는 전국적으로 같고, 이러한 면은 한국 사람이면 누구나 다 아는 일이다. 그러나 남해의 도서 지방에서는 '도채비'라 불리고, 제주도에서는 다시 도채비가 신(神)은 신이로되 좀 번잡스러운 신이라 해서, 그에 알맞게 허름한 존칭을 붙여서 흔히 '영감(令監)' 또는 '참봉(參奉)'으로 불리고, 그런대로 신으로서 모셔지기도 한다.

도깨비가 본래 부신(富神)의 성격을 띠고 있었던 면은 본토에서도 많은 도깨비 이야기들이 그것을 증명하며, 조금만 주의를 기울이면 이 점은 누구에게나 곧 납득이 간다. 그는 건망증이 심하고 우스꽝스럽기도 해서 돈을 꾸었다가는 날마다 몇 번이고 연달아 갚아서 상대를 부자로 만든다. 그것을 깨닫고 나서는 화가 나서, 돈을 꿔주고 부자가 된 상대방의 구두쇠 영감의 논에 말뚝을 박고 돌덩이들을 쌓아올리는 심통을 부린다. 그러나 이제는 홍수가 나도 논이 끄떡없게 되었으니 안심이라고 거짓 좋아하는 영감의 속임수에 넘어가서 말뚝과 돌을 다 치워 버리고, 대신 더럽고 가벼운 쇠똥·말똥을 잔뜩 쌓아주고 다시금 구두쇠 영감의 논이 풍작이 되게 해준다.[1]

이러한 도깨비의 부신성(富神性)은 유명한 '도깨비 금방망이' 이야기가 웅변적으로 이것을 설명해 준다. 이러한 도깨비의 부신성이, 영남 도서 지방과 제주도에서는 도채비가 특히 멸치와 갈치의 어군(魚群)을 몰아다 주는 풍어신으로 모셔진다. 그리고 그의 식성이 수수밥과 수수떡을 좋아한다고 해서, 멸치·갈치 등의 출어 때에는 그것을 차려놓고 어부들이 도채비에게 풍어를 기원한다. 그래서 그는 가업(家業)의 수호신으로 모셔지기도 하게 된 것이다.

(4) 공포의 대상

그러나 제주도에서 도채비를 가업의 수호신으로 모시는 것은 반드시 어업에 종사하는 가문만도 아니다. 누구나 이 도채비를 잘 모시면 금방 부자가 된다고 한다. 그러나 곤란한 것은, 잘 모셔서 부자가 됐다가도 조금이라도 소홀히 하는 날이면 오히려 금방 집안을 망하게 하고 또 아주 골탕을 먹인다고 해서, 본래의 요괴 관념대로 공포의 대상으로 되어 있는 것이다. 여기 부신이면서도 공포의 대상으로 되어 있는 도깨비의 양면성이 있다. 그러나 결과적으로는 공포면이 앞서고 민간에서는 도채비를 모시는 가문의 딸과의 결혼을 경원하며, 도채비를 모시는 일을 제3자들은 꺼림직하게 생각한다고 한다.

이렇듯 도채비는 변덕이 심하고 점잖지 못하다. 그래서 도저히 배서낭은 못 되고 그 하졸(下卒) 같은 신격이 된다. 이에 비하면 배서낭은

---

[1] 任東權, 〈朝鮮의 民俗〉(1969)(東京), 19~21면.

깨끗한 상위의 신으로 여겨진다. 무가(巫歌)에 나타나는 도채비의 모습을 보아도 '망만 붙은 대패랭일 쓰고, 흔뿜 못흔 곰방대 쉬엄초를 퍽삭퍽삭 피아물고, 짓만 붙은 베도폭〔麻道袍〕입어, 흔손에 연불이여 흔손에 신불에 노념ᄒ며 연해변가이 ᄂ려산다." 이렇게 영감(令監)이요, 또는 참봉(參奉)으로 인격화되어 있다.

중국에는 요괴의 관념이나 종류가 다양하지만, 우리의 도깨비와의 유사성은 선명하지 못하다. 가장 가까워 보이는 것에 망량(魍魎)과 이매(魑魅) 들의 명칭이 보이는데, 이매는 인면 수신(人面獸身)에 네 발을 가졌다고 하고, 망량은 3세의 어린이 모습으로 전신이 검은 색에 붉은 빛이 돌고, 긴 귀에 붉은 눈, 검은 장발(長髮)에 사람의 말을 하고, 사람을 홀리기를 좋아한다고 한다.[2]

일본의 요괴 관념에는 갑파〔河童〕가 있으나 물가의 더펄머리 소년으로 우리의 도깨비와는 판이하게 다르다. 우리의 도깨비를 옛 문헌에 '독각귀(獨脚鬼)'라고 차자 표기(借字表記)한 것이 있었는데, 이런 저런 한국 도깨비의 자료를 들고서 일본 민속학자들도, 한·일(韓日)의 요괴 관념은 전혀 별개라고 한다. 사실, 잘 알려져 있는 '도깨비 금방망이' 이야기는 그대로 똑같이 일본에도 전승되고 가장 널리 알려진 이야기에 속하지만, 요괴 관념은 서로 다른 것이 분명하다.

그런데 이상하게도, 우리 제주도의 도채비와 8할 정도는 같은, 아주 유사한 것이 오키나와의 요괴인 기지무나(キジムナー)이다. ① 이 '기지무나'라는 말 자체가 나무의 정령이라는 어원을 가진 오키나와의 사투리라고 하니, 그 요괴 관념의 근원에서부터 우리와 유사하다. ② 더펄머리의 동자형(童子形)이다. ③ 고목을 서식처로 한다. ④ 어운(漁運)을 주며, 바다 위를 걸어다니는 능력이 있고, 친해지면 곧 어군을 몰아다 주어서 부자가 되게 하나, 틀리게 되면 금방 도로 가난뱅이가

─────────
[2] 袁珂·伊藤敬一 外譯〈中國古代神話 (上)〉(1960), 155면.

되게 한다. ⑤ 밤중에 잠자는 사람을 타고앉는 장난을 좋아한다.
⑥ 부르면 달려와서 밤길에 불을 밝혀 준다. ⑦ '부나가야'라는 기지
무나를 닮은 요괴의 무리들은 씨름을 좋아하고 밤에 사람에게 잘 걸어
온다.[3]

이상 요괴 관념을 비교하여 볼 때, 오키나와의 경우, 배서낭의 흡사
성을 전기한 바도 있지만, 분명하게 상호 교류가 깊었던 것을 느끼게
한다. 오키나와와의 상호 교류에 관해서는 문헌 기록도 허다했다. 그
리고 지금까지도 사회 구조의 유사성, 쌍방 민구(民具)의 유사성들이
주목되어 왔었다. 이제 이렇게 눈에 보이지 않는 민중 사회의 도깨비
나 배서낭들까지 흡사한 것은 기층 사회까지 넓고 깊은 관련이 있었던
것이 아니겠는가 하는 암시를 주는 뚜렷한 자료가 되는 것이라 하겠
다.

(5) 처용 설화(處容說話) 해석의 열쇠

제주도의 도채비는 '처용가(處容歌)'의 역신(疫神)과 꼭 닮은 바가 있
다. 한마디로 말해서 처용은 역신을 쫓는 벽사신(僻邪神)이다. 그리고
제주도 도채비는 해녀 또는 미녀들을 좋아하고 같이 살자고 덤비는 버
릇이 있다고 전한다. 또 해녀들은 깊은 바다 속에서 작업하다가 때로
공포에 부딪칠 때가 있다. 그래서 정신 착란증에 걸리는 수가 있는데,
그 정신 질환이 도채비가 지핀 탓이라고 판단될 수가 있다. 그러면 지
금은 거의 없어졌지만 '영감놀이'라는 굿을 하게 된다.

이때 주무(主巫)의 사제로 여성에게 지핀 아우 영감을 두 형 영감이
(가면을 쓴 두 조무가) 밤에 횃불을 들고 와서 데려가는 모의극(模擬

---
[3] 柳田國男 監修, 〈民俗學辭典〉(1960), 133면.

劇)을 연출하는 것이다. 그래서 해녀에게 지핀 아우 영감을 데려가면 해녀의 병은 낫는 것이다. 그리고 다시 지핀 영감의 퇴거를 확실히 하기 위해서 짚으로 자그마하게 배를 만들고, 이 배를 '도채비 퇴송선(退送船)'이라 부르며, 여기에 굿상에 차렸던 음식을 조금씩 다 뜨어서 가득 싣고 먼 바다에 띄워 버린다. 이러한 영감놀이는 1967년도 전국 민속예술경연대회에 출연해서 영예의 대통령상을 받은 바가 있다.

도채비 퇴송선

영감놀이에는 가면을 쓴 조무(助巫)의 역신(疫神)과 미녀와 사제무(司祭巫)가 나타나는데, 처용무에는 벽사 가면(辟邪假面)을 쓰고, 역신을 쫓는 오방(五方)처용이 나타나며 또 처용 설화에는 미녀와 역신이 나타난다. 여기서 가면을 쓴 사람이 영감놀이에서는 도채비(역신) 가면을 쓴 역신이고, 처용무(處容舞)에서는 반대로 역신이 아니라 처용가면을 쓰고 역신을 쫓는 사제무라는 결과가 된다. '처용가'는 1인칭으로 내 처를 '빼앗음을 어찌하리꼬!' 하고 있다. 이것은 결코 처용이 체념을 한 것이 아니고, 강세도치법(强勢倒置法)으로 공갈·협박을 해서 역신을 쫓고 있는 것이다.[4]

이것은 현대식 굿으로 말하면, 신장(神將)거리에서 무당이 잡귀들에게 '간 날 간 시 모르게 없애 버리겠다. 썩 물러가라!'는 공갈 협박으로 잡귀를 쫓는 것과 같은 공수[神託]가 된다. 즉 '어찌 (감히 내 처를) 빼앗으려 하느냐! (썩 물러가라)'는 것이다. 이렇게 볼 때 처용은, 현대식으로 말하면 신장과 같은 무신(巫神)이다. 처용무에도 5방처용이 나타나지만, 신장도 5방신장인 것이다. 결국 무당이 처용 가면을 쓰고 잡귀를 쫓는 벽사신(辟邪神) 처용으로 인격에서 신격으로 전환한 것이며, '처용가'는 그렇게 굿에서 가창되던 무가이며 무가 중에서도 1인칭의 공수[神託] 부분이 되는 것이라 해야 하겠다.

따라서 처용은 실제 인물일 수는 없다. 그것은 신장(神將)이 실제 인물일 수가 없는 것과 똑같다. 그리고 도깨비가 여성에게 지피기를 좋아한다는 것은 결코 제주도에만 국한된 일은 아니고, 일제 시대에 조사된 민속 자료집들에도 그러한 기록들이 나타나 있다. 비록 지명은 밝혀져 있지 않지만 "도깨비는 부인에게 음(淫)을 강요한다. 이에 응하면 부자가 되고, 응하지 않으면 가난뱅이가 된다"고 하는 기록이 두어 군데 나타나 있다.[5] 그래서 '처용가'나 처용 설화의 제대로의 해석·분석의 열쇠는 바로 이 중부식 신장거리의 공수와 제주도형 도채비의 미녀에 대한 빙의성(憑依性)에 있다고 할 수가 있다.[6]

---

4) 李基文, 〈國語史槪說〉(1961), 66면.
5) 朝鮮總督府, 〈朝鮮의 鬼神〉(1929), 181면·188면.
6) 張籌根, "處容說話의 硏究", 《국어교육》 6집(1963), 1~28면.
　玄容駿, "處容說話考", 《국어국문학》 39·40합병호(1968), 1~38면.

(6) 석탈해 신화(昔脫解神話) 해석의 열쇠

　제주도의 도채비는 가업 수호신(家業守護神)으로서 대장신(冶匠神)으로 되기도 하고, 이때 그 가문에서는 도채비를 '조상신'으로 부른다. 또 촌락 공동체(村落共同體)의 수호신으로서 본향당 당신이 되기도 한다. 해녀가 많은 제주도 한경면 고산리의 당신도 도채비로 돼 있고, 옛날 솥들을 만들던 안덕면 덕수리에서도 당신으로 모시고 있다. 이 대장신·조상신과 촌락 공동체의 신이었다는 점에 한해서 볼 때, 도채비는 신라의 제4대 임금 석탈해(昔脫解)와 꼭 같다.
　석탈해도 대장신이며, 본피부(本彼部-昔氏)의 조신(祖神)이며 집단 수호신이다. 석탈해가 대장신이라는 것은 〈삼국유사〉의 기록에 의하면, 그가 스스로 "나는 본래 대장장이다(我本冶匠)"라고 한 데에 분명히 나타난다. 그는 호공(瓠公)의 집터가 좋은 것을 보고 탐내어 그 집 곁에 몰래 숫돌과 숯을 묻어둔다(潛埋礪炭其側). 그리고는, 나는 본래 대장장이인데 이웃에 나가 있던 사이에 다른 사람이 여기에 살고 있는 것이라고 거짓 계략을 꾸며서, 호공에게 시비를 건다. 끝내는 관에 호소하고, 증거로 땅을 파서 숫돌과 숯 들을 내보이고서 그 집을 빼앗아 버렸다고 한다.
　왜 하필이면 대장장이라고 했을까 싶지만, 고대 사회에서는 어디서건 대장장이는 사회적 지위가 대단히 높았다. 고귀하고 신령스럽기만 한 철기 무기와 종교 의기(儀器)를 당시 사회에서 만들던 대장장이들은 신령스러운 존재였고, 고대 그리스 사회에서도 대장장이들은 포로가 돼도 결코 노예가 되는 일이 없이 좋은 대우를 받았다고 한다.
　특히 시베리아에서는 무격(巫覡)의 사회적인 지위가 높았지만, 그 무격들의 겉옷에 붙이는 각종 의기를 만드는 대장장이들은 더 높았다고 한다. 무격들은 그 겉옷을 입음으로써 신격으로 전환할 수 있다고 믿어졌는데, 그렇게 신령스러운 주구(呪具)를 만든다는 점에서 대장장이는 존경되었고, 더구나 그러한 대장질을 세습적으로 계승하는 경우는 그 주력(呪力)이 자연히 무격 이상으로 갖추어지는 존재로서 더욱 존경을 받았다는 것이다.[7]

그래서 석탈해는 유력한 씨족의 조상신이었을 뿐만 아니라, 대장장이로서 사회적인 지위가 높은 신이었기 때문에 신라 제4대의 국왕으로 계보화(系譜化)되어 왕좌에 올라앉고 있다. 도채비도 대장신·조상신·공동체의 수호신이라는 점에서는 석탈해와 꼭 같았다. 그러나 2천년의 세월이 흐른 지금, 도채비는 미신으로 전락한 무속(巫俗)의 망나니 요괴로 돼버리고, 다만 먼 절해 고도(絶海孤島)에서나 겨우 신으로서의 대접을 간신히 받고 있는 것이다.

---

[7] M. A. Czaplicka, *Aboriginal Siberia: A Study in Social Anthropology*, 1914, Oxford: Clarendon Press, p. 199.

8. 동해안의 별신굿

별신(別神)굿은 각종 형태로 전국에 전승되었으나 지금은 동해와 동남해안 지방의 일부 어촌들에만 남고 대부분이 다 없어진 듯하다. 현재 상태로는, 별신굿이라고 하면 일단 동제사를 마을 안의 제관들이 유교식으로 조용하게 지내고 난 다음에, 무당들에 의해서 굿거리가 차례로 사제된다는 실정으로 되어 있다.

(1) 별신굿의 전통

그러나 별신굿이 반드시 무당 사제만을 의미하지 않는다는 것은 예컨대 하회별신(河回別神)굿같이 동제 뒤에 마을 사람들이 가면극을 행하던 일을 생각해도 알 수가 있다. 더구나 하회 가면은 국보로서 자타 공인의 걸작품인데, 그것이 고려 시대 작품으로 간주되고 있는 만큼 별신굿의 전통도 유구하며, 또 그것은 위대한 예술품 산출의 모태였다고 할 것이다.

뿐만 아니라 별신굿은 예전에도 흔히 상인들이 시장 번영책으로 벌이던 데서 경제적으로도 중요한 일대 축제를 의미하는 것이었다. 남효온(南孝溫, 단종 2년 : 1454~성종 22년 : 1491)의 〈추강냉화(秋江冷話)〉라는 책 속에 "영동 민속에 매년 3·4·5월 중에 날을 받아서 무당을 맞이하여 써 산신을 제사지내니, 부자는 말바리에 싣고, 빈자는 등에 지고 가서 젯상에 진설하고, 악기들을 울리면서 연3일을 취하고 배불리 먹고 한 연후에 집으로 내려와서야 비로소 사람들과 더불어 매매를 한다"는 기록이 보인다.

이능화(李能和) 선생은 그의 〈조선무속고(朝鮮巫俗考)〉에서 이것을 '별신'으로 보았는데[1] 시기도 지역도 지금부터 살피려는 동해안의 별신굿과 같아서, 그 조선조 초기의 모습으로 연상해 볼 수가 있겠다. 그리고 고려 시대부터의 화회별신굿과 아울러서 그 전통성을 인정시켜 줄 수 있는 자료라 할 수가 있겠다. 여기에 일제 시대의 별신굿들의 조사 기록들이 또 있어서 이제 역사적인 순서를 좇아서 그것을 잠깐 살펴보고, 지금의 동해안 별신굿을 보기로 하겠다.

1920년대 조선총독부의 조사 기록에 의하면 경주·충주·김천 기타 각 지방에서 지내던 별신굿은 시장 관계자들이 시장 번영책으로 3년·5년 또는 10년 만에 한 번씩 3일 내지는 7일간을 벌이던 최대의 향토 축제였다. 여기서는 시장 대표자들을 제관으로 해서 삼헌(三獻)과 독축(讀祝)으로 먼저 형식적인 제사를 지내고 나서 무당의 굿으로 넘어간다. 그리고 그 무당들에는 이러한 별신굿들을 사제하고 다니는 일정한 무리들이 있었다고 하는데, 이 점도 지금 동해안의 별신굿들과 유사하다.

그런데 이러한 별신굿들에는 부녀자들의 열띤 굿판에 때로 씨름·그네·농악 등 군중을 동원하는 대형 놀이들도 전개되고, 도박판이 벌어지고, 밤이면 색주가(色酒家)의 노래소리에 무녀들의 가무(歌舞)까지 곁들여져서 성적(性的)인 해방감마저 감돌았고, 연일 인근 각지의 주민들이 구름같이 모여들었다고 한다. 그래서 취하고 배불리고 더러 싸움판도 벌어지고 해서 이른바 '난장판'이 벌어지던 것이다.

지금 현재는 우리 전통적인 행사로서 군중이 많이 모이는 것으로는 예컨대 경남의 영산 줄다리기와 나무쇠싸움에는 매년 10여만 명이 모

---

1) 李能和, 〈朝鮮巫俗考〉(1927), 46면.

이고, 강릉 단오굿에는 영동 일대에서 6,70만 명이 모여든다고 한다. 이때에는 더구나 이 군중들을 대상으로 온갖 잡상인들까지 들끓어서 일대 축제가 벌어진다. 오늘날은 세계적으로도 전통의 복구, 관광 레저 붐 등을 타고 이러한 행사들이 국제적으로 사람을 끄는데, 그 중에서 아마 가장 유명한 것이 남미(南美) 리우데자네이루의 카니발이 아닌가 생각된다. 광란(狂亂)을 벌이고, 사상자만도 2백여 명씩이나 난다고 한다.

그런데 그와 맞먹고 그보다도 그래도 동양적인 건전성이 있었던 것이 우리의 별신굿이요, 지금말로 해서 일종의 관광 부흥책이기도 했던 것이 이 별신굿이었다. 특히 옛 고을의 원님이 있었던 곳의 민속 조사를 노인들을 통해서 추구해 보면 이 줄다리기들 같은 대형 놀이를 지방의 물상 객주(物商客主)들이 전개해서 사람들을 모이게 하고 관아의 하급 관리들에게 묵인을 받아서 도박판을 벌이고 색주가들도 불러서 이른바 '난장판'을 벌이고, 축제 분위기를 돋우며 고을의 경기를 부흥시켰다고 한다. 이를테면 여기 색주가는 지금말로 해서 나이트클럽이고, 도박판은 카지노였다고 할 것이다. 그래서 우리는 우리 나름대로의 관광 사업의 전통이 없었던 것은 결코 아니라고 해야 할 것이다.

그래서 일제(日帝) 총독부 보고서에서도, 위 각 지방의 별신굿들은 지방 민중들에게는 무척이나 기다려지던 즐거운 축제였고, 그것은 1920년 무렵까지도 지속되었으나, 그 후로는 일제의 엄중한 단속으로 점차 소멸되기에 이르렀다고 했다.[2] 그러나 이 '난장굿'은 지금도 아주 없는 것은 아니다.

---

2) 朝鮮總督府,〈釋奠・祈雨・安宅〉(1938), 201~248면.

(2) 동남 해안 어촌에만 전승

　이렇게 일제의 강압 바람이 휘몰아쳐서 별신굿도 난장굿도 다 없어졌는데도 불구하고 동남 해안 어촌들에만 아직도 별신굿이 전승되는 데에는 물론 그만한 까닭이 없을 수가 없다. 여기서는 몇몇 조사자들의 보고 중에서 특히 계명대학(啓明大學)의 최정여(崔正如)·서대석(徐大錫) 두 교수의 세밀한 관찰·채록·조사 보고서가 있어서, 필자의 현지 조사를 토대로 해서 이것을 참작하기로 하겠다.[3]

　여기 동해안의 별신굿이란 특히 경북의 울진군·영덕군·영일군·월성군(月城郡) 등의 해안 지방 10여 면(面)의 촌락들을 주로 해서 전승되는 것이다. 이들 해안촌에는 고래로 반촌(班村)은 없었으며, 반농 반어(半農半漁)의 겸업 홋수가 많고 약간의 순어업과 순농가들이 있다. 큰 마을은 백여 호 되지만, 보통 50여 호 내외가 많다. 그리고 예부터 교통은 불편하고 지역적으로 보아서는 문명의 새 물결이 더디 미쳐가는 곳이었다.

　그들의 생업의 장소는 바다이다. 모든 채취·판매·저장·자금 지원 등은 어업 조합·어촌계 들에서 관장하고 공동 이익을 보장해 주고 있다. 그리고 마을 전체가 하는 공동 작업으로 앞바다 바위들에 붙어서 자라는 미역 채취가 있고, 그것은 풍년과 흉년에 따라서 해마다 공평하게 분배하며, 그 일부는 마을 기금으로 저축하고 몇년 걸이의 별신굿 비용도 여기에서 지출되는 마을들이 많다.

　여기서 3인 정도가 타고 바다에 나가서 작업을 할 수 있는 발동기 어선 한 척을 건조하는 데는 약 2백만 원이 든다. 그것이 여기 영세 어민들에게는 큰 부담이 되어서 그나마 10호당 1,2척밖에는 배가 없고, 그것도 조심스럽게 다루어져야 6,7년 사용할 수 있으며, 함부로 다루면 3

---

[3] 崔正如·徐大錫,〈東海岸巫歌〉(1974).

년이 고작이다. 전세를 내는 데는 최소 40만 원이 든다. 이것으로 오징어잡이를 하는 경우는 선주 차지가 4할, 작업원 차지가 6할의 분배 비율이 되고, 꽁치잡이의 경우는 어획고가 높아서 반대로 작업원 4할, 선주 6할의 분배가 된다. 그러니 그 1년 수입은 얼마라고 말할 수가 없다.

 바다는 가끔 황금어장을 이루어서 어부들의 가슴을 부풀게도 하지만, 예년의 어군들이 일정하지 않고, 심하면 하루아침에 가산을 몽땅 물 속에 버리게 하는 수도 있다. 그래서 농촌과는 판이하게 다르고, 기복이 심하며 기질은 거칠다. 한편 그들 어부들은 늘 어항 도시들을 왕래하기 때문에 농촌보다는 견문도 넓고, 문화 생활의 수준도 따지자면 높은 편이라고 할 수가 있다.

 어촌이라고 해서 모시는 신이 해신(海神)으로 따로 있는 경우는 극히 드물다. 이 책의 '영남의 골맥이 동제당'에서 본 바와 같이 그 신주들을 보면 'X씨동방지신'(X氏洞防之神)' 즉 'X씨 골맥이의 신위'라는 뜻의 한자 표기이거나, 아니면 'XX성황지신'들이 대부분이다.

 해상의 작업에는 언제나 위험이 따르는데 그것은 출어(出漁)한 어부들 본인보다는 그 가족들이 한시도 안심을 하지 못하게 한다. 당연히 그들은 자연의 기상 변화에 민감하며, 늘 염원(念願) 속에 살아야 할 다양한 원인들을 가지고 있다. 농업처럼 단순하게 심고 가꾸는 일이 아니고 풍년과 흉년, 안전과 위험을 모두 자연에 맡겨 버릴 수밖에 없는 실정에 있다.

 이러한 실정 속에서 매년의 간단한 동제와 몇 년 걸이의 별신굿은 각 동네에서의 최대의 행사가 아닐 수 없다. 그것은 온 동민의 잠재 의식 속에 공통적으로 깔렸던 염원의 발산이 되고, 쌓였던 근심을 다 같이 한자리에 모아서 발산해 버리는 정신적인 정화 작용이 된다. 그나마 그 비용을 아껴가며 몇 년 만에 한 번씩 하는 별신굿은 그들이 무의식 중에나마 기다리고 기다렸던 즐거운 축제의 도래가 되기도 하는 것이다.

　여기에 70년대에 들어서 새마을 사업으로 동제의 금지령이 내려졌다. 동민들은 심각하게 고민을 했고, 꼭 해야만 하겠는데 그만둬야 옳으냐, 해도 좋으냐 하고 전기 계명대학의 교수들에게 의논을 해오기도 했다. 그러나 이분들은 하라고도 하지 말라고도 할 수 없는 자신들의 입장이 참으로 딱했다고 했다. 그리고 그 전후해서 필자도 기회가 있어 한 번의 동제와 한 번의 별신굿을 관찰할 기회가 있었다. 다목적인 이들의 축제에 비하면 대학생들의 축제는 차라리 사치스러운 장식물에 지나지 않는데도 동제 별신굿들에는 금지령이 내려지고 있었던 것이다.

(3) 강한 예술성과 오락성

　여기에 지금까지 잔존하는 별신굿들은 최후의 존재이니만큼 어민들의 생활과 구조적으로 밀착되어 있고 몇 가지의 특수성이 있다. 여기에는 이 별신굿들을 맡아서 사제(司祭)를 하고 다니는 수십 명씩의 두 개의 세습무(世襲巫)의 혈연적인 집단들이 있다. 그들은 분명하게 무당으로 불리지만, 무당들이면 으레 있는 집안의 신당(神堂)을 차리는 일도 없고, 신비적인 강신 체험(降神體驗)을 내세우는 일도 없고, 또 그들의 굿에는 순전한 공수(神託)도 거의 없다.

　그 대신에 있는 것은 강한 예술성·연극성·오락성들이다. 그것은 순전히 배워서 익히는 것이다. 무녀들은 본격적인 수업(修業)을 하기 위해서 동래(東萊)의 권번(券番-기생 학교)에 가서 먼저 춤과 노래를 익히고 나서 무의(巫儀)·불경(佛經)·무가(巫歌) 들을 익힌다. 따라서 그들의 굿거리는 거의 별신굿적인 쇼이며, 그 젊고 아리따운 무녀들의 가무(歌舞)에는 필자도 몇 번인가 황홀경에 빠졌었다. 도시의 극장 무대도 아니고, 바닷바람이 불어치는 해변 모래사장 위의 가설 천막 속의 가무로서는 너무나 뜻 밖의 기량이어서 더욱 사람을 황홀하게 하는 데가 있었다.

특히 아직 20 전후의 젊은 딸 무녀들은 어려운 굿거리의 사제는 불가능해서 적절하게 삽입되는 가무만 하니 더욱 막간의 쇼 같은 것이 돼버린다. 그래서 그녀들은 때로 각도 민요도 부르고, 유행가까지 동원해서 어촌 청년들의 현대적 감정에도 호응한다. 그리고 정규 굿거리 속에 '놀음굿'이라는 것이 가끔 끼여서 마을 청년들이 굿판에서 무녀들과 홍겹게 노는 기회도 있다. 그래서 이제 그것은 엄숙한 종교적인 제의(ritual)라기보다는 즐거운 축제(festival)로 되어 있다.

'화랭이(男巫)'들도 징·꽹과리에서부터 장고를 익히고 능숙해지면 잽이〔樂士〕역을 한다. 그러면서 그들은 관중의 반향을 살펴가며, 굿 내용의 길이를 생각해서 적절하게 늘이고 줄이고 하도록 자기네끼리만 통하는 은어(隱語)로 여무들에게 지시를 한다. 또 화랭이들은 끝판의 거리굿에서 양반의 기성 권위(旣成權威)를 풍자하고 외설(猥褻)과 익살로 촌극(寸劇)들을 연출하여 관중을 웃기는 일들을 한다.

이 남무들 중의 연장자는 집단의 대표자로서, 그 집단의 영도를 하고 굿을 계약하거나 수입금을 분배하는 책임도 진다. 이러한 대표자는 두 집단이 다 50대로서 강한 혈연 조직 속의 상위자이다. 그리고 그 구성원들은 부산에서부터 속초까지 적당하게 분포하여 거주하면서 대소 각종의 무의(巫儀)들을 맡아서 지내고 있다.

농촌의 동제는 정월 보름이 가장 많으나, 이 어촌들의 동제는 3·4·5월 사이와 9·10월에 많고, 여름이나 겨울철에도 지내는 일이 있으니, 제일(祭日) 자체가 1년 열두 달 사이에 분산되어 있는 셈이다. 그것은 아마도 사제무가 소수로 한정된 것과 관련이 있는 것이 아닌가 여겨질 지경이다. 별신굿의 굿청은 흔히 해변의 넓은 백사장에 차일을 치고 마련되며, 정면에 젯상을 차리고, 그 젯상은 지화(紙花)로 현란하게 장식된다.

그들은 늘 별신굿을 하고 다니며, 자주 지화를 만들기 때문에 고래의 우리 조화(造花) 기술의 전통이 또한 그들에 의해서 전승되고 있다. 지금 그들의 조화 기술은 무형 문화재로서, 그리고 그들은 기능 보유자로시 문화재위원회에서 심의 도중에 있다. 이 조화에 의해서 장식되는 젯상은 장식이 주로 되어서 제물에는 관심이 적다. 그래서 굿거리에 따라서 제물이 바뀌거나 젯상이 바뀌어지는 일들은 없다. 그 별신굿의 순서는 다음과 같다.

(4) 굿거리의 순서와 내용

① 부정(不淨)굿 —— 젯상을 정화하는 서제(序祭). 식칼로 바가지의 물을 젯상 주변에 뿌린다.

② 골맥이청좌굿 —— 무녀가 성장하고 쾌자를 걸치고 골맥이 동제신이 되어 마을 대표자인 제주(祭主)를 정화해 주고 한바탕 놀다가 간다.

③ 당맞이 —— 제주에게 골맥이서낭대를 들려서 앞세우고 일동이 동제당으로 이동한다. 그리고 동제당 앞에서 마을 제관들이 제사를 지내고 신을 내려서 모시고 다시 굿청으로 돌아온다.

④ 화해굿 —— 골맥이신을 즐겁게 대접하려는 거리인 듯하나 별 특징이 안 보이는 거리다.

⑤ 세존굿(중굿) —— 장삼·고깔 차림을 한 무녀가 장고만의 조용한 반주로 장편 서사무가(長篇敍事巫歌) 제석풀이(일명 당금애기타령)를 부른 다음, 바라춤에 이어서 한참 제주를 내세워서 관중들에게 걸립(乞粒)을 하도록 하고, 또 재미있게 연극을 벌인다.

⑥ 조상굿 —— 조상신을 모셔다가 위하고, 자손들을 돌봐주도록 축

원한다.

⑦ 성주굿 —— 쾌자를 걸치고 갓을 쓴 무녀가 성주풀이를 부른다. 이 성주풀이의 내용은, 솔씨를 뿌리는 데서부터 자라난 그 재목으로 집을 다 짓고, 내부 치장을 하는 데까지의 내용이다. 도중에 8도 민요들이 삽입되고 유흥성이 고조된다.

⑧ 천왕굿 —— 불교에서 말하는 '천왕(天土)'인 듯하나 별 특징이 없는 거리이다.

동해안 별신굿의 심청굿

⑨ 심청굿 —— 장고만의 반주로 〈심청전〉을 장시간 가창한다. 무녀는 쾌자에 갓을 쓰고 종이술이 달린 대나무를 메는데, 이 심청굿은 숙련무라야만 가능하고, 전 집단원 중에서도 3,4명만이 가능하다. 끝나면 심봉사가 방아찧는 아주머니 있는 곳을 지나가다 겪는 외설(猥褻)스런 대화를 하는 봉사놀이가 있다. 심봉사가 눈뜨는 장면, 점치는 장면

들로 끝이 난다. 이 거리는 동민들의 안질과 눈총을 밝혀 주는 데 효험이 있다고 한다.

⑩ 놋동이굿 —— 쌀을 담은 놋대야를 무녀가 입에 물고 신령스런 힘을 나타낸다는 것인데, 마주선 무녀가 받쳐주는 것이어서 크게 신비스러울 것은 없었다.

⑪ 손님굿 —— 홍역을 곱게 치르게 해달라는 거리이다. '달언이' 일가가 손님마마를 잘못 대접해서 자식을 잃고 집안이 망한다는 서사무가가 가창된다. 이때 할머니들은 무녀가 멘 신간(神竿) 종이술에 돈을 매달기도 하는데 이것을 '시주'라고 한다.

⑫ 계면굿 —— 계면은 무당의 단골 구역을 말한다는데 단골들에 대한 축원으로 여겨진다.

⑬ 용왕굿 —— 계면굿과 다름없이 청배·공수·놀이의 순서로 진행된다. 용왕은 어촌에서는 당연히 중요시돼야 할 제신(祭神)이다.

⑭ 거리굿 —— 이제 막판에 남자 무당들이 나와서 갖가지 촌극(寸劇)으로 관중을 웃기며 잡귀들을 풀어먹여 보낸다.

㉠ 훈장거리는 엉터리 훈장과 제자 사이의 골계 문답(滑稽問答)이다. ㉡ 과거거리는 과거에 낙방한 사람이 자살하여 저승의 과거에 합격하여, 관명을 띠고 이승에 오기까지의 풍자극이다. ㉢ 관례(冠禮)거리는 관중석의 청년 한 명, 노인 두 명을 뽑아서 관자(冠者)·훈장·부친으로 삼아서 엉터리 관례를 진행시키고 양반의 형식성을 풍자한다. ㉣ 골맥이할매거리에서는 남자 무당이 관중 할머니의 치마 저고리를 빌려 입고, 수건을 쓰고 며느리의 칭찬과 흉을 실감나게 연출한다. ㉤ 골맥이할배거리에서는 남무가 지푸라기 안경을 쓰고 지팡이를 짚고 할매를 찾아온다. 그들은 신(神)들조차도 구상화(具象化)하고 희화(戲化)해 버린다. ㉥ 봉사거리에서는 봉사와 방아찧는 아주머니의 외설스런 담화를, ㉦ 해녀거리에서는 지푸라기 물안경을 쓰고 잠수질하는 흉내를, ㉧ 군대놀이에서는 군사 훈련과 공격의 흉내를, ㉨ 출산거리에서

는 남무가 치마 저고리에 수건을 쓰고 아기를 낳고 병들어 죽기까지의 흉내들을 해보인다. ㉢ 어부거리에서는 어부의 흉내를 낸다.

(5) 권위도 명예도 다 희화(戱化)

이상이 거리굿의 대강 내용이지만, 그것은 골계와 외설로 일관되며, 모든 권위나 명예를 다 희화해 버린다. 그리고 한 거리가 끝날 때마다 잡식을 약간씩 뿌려서 잡귀들을 풀어먹여 보낸다. 이 촌극들은 민중 바탕에서 여과(濾過)되어 나온 것이므로 관중의 감정과도 아주 밀착되어 있다. 그리고 그 감정 세계도 아주 다양하게 각 거리마다에 나타나고 있다.

거리굿에서 남무가 여장한 골매기할매거리

예컨대 ㉢ 출산거리에서는 주무가 이를 뽀드득 갈며 "아야 아야 아유 배야!" 하면 관중이 "이를 갈면 못쓰지" 하는 것을 받아서 "뭐라고? 이 갈면 못씬다카나? 엄머이 많이 적거봤네!" 하는 식이다.

현실의 촌극들 속의 투영(投影)도 생생하다. ㉣ 어부거리에서는 수건을 이마에 질끈 동여매고, 장대 하나를 비껴잡고 노젓는 시늉을 하다가 손을 이마에 대고 먼 하늘을 바라보듯하며 어부가 중얼거리기 시작한다. "날씨가 씨원찮데이! 이런 지기미. 가만 있그라. 세상이 왜 이리 캄캄해지노? 이게 웬 바람이고! 야 이게 무슨 물이고" 하며 노를 놓치고 엎드러지며 넘어지며 한다. 풍파를 만나서 허덕이는 모습이 여실해지는데 관중들에게는 순간에 웃을 수 없는 실감이 스며나간다.

그런가 하면 가다가 또 외설스럽기는 입에 담기조차 거북해지기도 한다.

㉤ 과거거리에서는 "신명이 꾹 바쳐노니 세상에 엄머이! 젊을 때 다 쏟아버리고 뭐 물이 있드나? 고 밑에 공알찌그러미 좀 있던 게, 신명이 꾹 바쳐노니 쬐매 남았는 것까지 다 싸버리니 엄머이! 옆에 누웠던 영감이 동동 떠내려가 버렸데이……." 이런 식이다. 또 ㉥ 봉사거리에서는 "각득아지매 다리는 가마채나 다를까? 이 사람도 미고 능청능청, 저놈도 미고 능청능청, 각득아지매 또 그거는 방아 확이나 다를까? 이 봉사의 이거는 방아공이나 다를까? 찌거라 찌거라……."

'외설 시비(猥褻是非)'는 현대의 영화나 문학에서도 잦지만, 이들은 한국 나름의 전통으로 그것을 마구 쏟아놓는다. 이들은 또 신(神, 골맥이거리)도 구상화(具象化)하고, 권위(과거거리)도 명예(훈장거리)도 다 희화(戱化)해 버린다.

여기 거리굿은 다분히 연극적이기는 하지만 혼자 독연(獨演)한다는 점에서 그것은 연극의 선행예능적(先行藝能的)인 성격을 띤다. 그리고, 이 무당 집단들은 신비적인 강신 체험(降神體驗)을 안 가지고 집안에 신단(神壇)도 모시지 않는다. 굿거리에 따라서 젯상을 바꾸는 일도 없다.

그런 점에서 이들의 굿은 그 성격 내용들로 보아서도 종교 제의이기도 하려니와 그보다도 다분히 연극적이요, 쇼적인 체질을 지닌다. 이것은 종교에서 예술이 생겨나오며, 바야흐로 그것이 민중 예술로 이행(移行)하려는 양상을 보여 주기도 한다. 드물게 보는 이러한 형태로 민중과 같이 그들은 웃고 놀며, 별신굿은 지금도 2,3일씩 즐겁게 전개된다. 할머니들도 새댁들도 넋을 놓고 쳐다보며, 청년들은 청년들대로 노인들은 노인들대로 다 한데 어울려서 재미있어 한다.

(6) 소멸(消滅)과 육성(育成)

이상 별신굿은 동남 해안 어촌들에만 그 자연 환경·생업 등의 조건과 결부되고 적응했던 탓으로 조선조의 억압과 일제의 단속을 무릅쓰고 지금껏 전승한다. 그것은 고려·조선 시대에 그 전승의 증거가 있었고, 연일 음주·가무했다던 고대 제천의식의 전통 위에서 철저한 어촌적 현대화로 오직 한 지대에만 남은 것이다.

이제 몇 년 뒤 80년대에는 우리의 국민 소득이 오르고 소비가 미덕이 되는 사회가 온다고 한다. 그때에 가서 우리는 전통도 문화 유산도 없는 단순한 살찐 돼지가 되기를 원치 않는다. 석기 시대 이래로 이 땅에 발붙이고 살아온 유구한 문화 민족으로서 우리는 전통 있는 놀이와 예술을 민중의 기반 사회에서부터 즐길 수 있어야 한다. 그런데 우리 농어민 대중에게 그 품에서 우러나온 전통 있는 놀이와 예술은 과연 몇몇이나 되는가?

얼마 안 되는 남은 것마저 점차로 사라져 간다. 그 많던, 돈 안 들고 기능 많은 농악대조차도 지금은 자꾸 사라져 간다. 여기 드물게 남은 이 별신굿놀이를 그래서 우리는 더욱 어여뻐 여기고 가꾸어 가고 싶은 것이다. 사회는 이들에게 미신이니 천민이니 하는 억압만을 가하지 말고, 그 놀이와 예술을 꽃피워 나갈 활기와 자신감을 불어넣어 줄 수는 없는 것일까?

9. 제주도 심방[巫]의 본풀이

 제주도 심방(무당)의 본풀이에는 세 종류가 있다.
 첫째, 당신본(堂神本)풀이는 마을의 당신(수호신)의 근본을 풀이하는 것으로서, 이것은 정한 제일(祭日)에 정한 장소(당)에서 정한 사제자인 당맨심방에 의해서만 구송(口誦)되는 것이니, 그 한 예를 앞의 '제주도의 본향당'에서 소개했다.
 둘째는, 일반신본풀이로서, 이것은 어느 가정에서나, 어느 때나 필요한 대로, 어느 심방이나 구송할 수 있는 농신(農神)・산신(産神)・무조신(巫祖神) 들의 근본을 풀이하는 서사무가(敍事巫歌)이다.
 셋째는, 간혹 가문에 따라서 별도로 숭상하는 씨족의 조상신이 있고, 그 근본을 풀이하는 조상신본풀이라고 명명(命名)해야 할 것들이 있다. 이것은 그 가문에 자주 출입하는 단골 심방이 알고 있으며, 그 집안의 굿에서 구송되는 것이다.

(1) 놀이와 풀이

 앞의 '제주도의 본향당'에서 언급했지만 '본풀이'는 이상 당신・일반신・조상신 등 모든 신들의 근본을 풀이하는 산 신화이며 한결같이 '××신본풀이'라는 식으로 사용된다. 그러나 본토에서는 그것이 일정하지 않아서 '성주풀이'・'바리공주말미'・'성인굿'・'신선세턴님청배' 등 일반신본풀이에 해당하는 것들이 다양하고 잡다하게 불려지고 있어서, 지금 이런 무가들을 묶어서 '서사 무가(敍事巫歌)'라 명명(命名)하고 사용하고 있는 실정에 있다.

그런데 '풀이'라는 말은 '놀이'라는 말과 더불어 미분화 상태에서 다양하고 깊은 뜻을 가지고 있다. 우리의 굿은 '대감놀이'·'옥이풀이'·'성주맞이' 등으로도 부르며 신령들을 '맞이(招致)'해서 '놀이(娛遊)'시키고, 신의 노여움이나 성격 또는 인간의 재액(災厄)을 '풀이(解放·解說)'시키는 종교 의식이다. 그리고 '성주풀이'할 때의 '풀이'는 무의(巫儀)를 말하기도 하고 무가(巫歌)를 말할 수도 있듯이, 이들은 미분화성을 가지고 있지만, 그러나 '풀이'하면 보다 '가창되는 부분(legomenon)'에 가깝다.

이에 비해서 '대감놀이'할 때의 '놀이'는 굿의 '행동되는 부분(dromenon)'에 더 가까워진다. 일찍이 해리슨(Harrison, J.) 여사도 그리스어의 dromenon과 drama는 동의어(同意語)이며 실제로 제의와 예술은 친근성을 갖는다고 지적한 바가 있었다.[1] 그래서 제의에서의 '가창 부분(legomenon)'인 '풀이'와 '행위 부분(dromenon)'인 '놀이'는 실제로 '굿(ritual)'을 구성하는 가장 중대한 2대 요소가 된다.

여기서 '푸리(プーリ)'라는 말이 그대로 '일본 고속(古俗)의 신령 초치의 의례 및 노래'를 의미했다는 것도 지적할 만하다.[2] 현재도 오키나와(沖繩)에서는 풍년제를 '푸리(プーリ)'라 하며, 일본 각 지방 방언에서는 신가(神歌)를 '후리(フーリ)'라 한다고 한다. 한편 일본 신토(神道) 고래의 '노리토(祝詞)'도 노리고토(宣言)'의 준말이라 하니[3] '노리토'도 본래는 놀이(祝=ノリ=dromenon)'와 '말(コトバ→詞→歌詞=legomenon)'의 복합에서 이루어진 명사라는 각도에서의 추구도 필요할

---

1) J. Harrison, *Ancient Art and Ritual*, 1919.(佐佐木理譯, 〈古代藝術과 祭式〉(1942), 29면.)
2) 三品彰英, 〈建國神話論考〉(1932), 52~55면.
3) 朝倉活彦 外 3人 共編, 〈神話傳說辭典〉(1969), 361면.

것 같다. 한국 굿이나 무가들을 뜻하는 '풀이'·'놀이'라는 말들이 그대로 일본 신토에 지금도 살아 있고, 주요한 역할을 하고 있는 점은 양 문화의 친근성을 설명하는 데에 좋은 자료가 될 것이다.

이제 여기서는 이러한 한 예를 제주도에서 들되, 농신 '세경할망본풀이'와 '세경놀이'에서 들어보고, 아울러서 이들 서사무가들이 한국 문예사상에서 가지는 성격이나 역할도 살펴보기로 하겠다. 제주도에서는 '세경(世經)할망'이 '제석(帝釋)할망'으로도 불리고 농경의 풍요신으로서 주관(主觀)된다.

유두(流頭)날 무렵에 특히 참외·수박 등을 재배하는 사람들이 밭에서 간단한 제물을 차리고 세경할망에게 축원을 마치고 그릇들을 자루에 담아서 메고 일어설 때에, 큰 소리로 "아이구, 배연(무거워서) 일어나지 못ㅎ키여!" 하고 외치며 비틀거리는 시늉을 하는 일이 있다.[4] 풍요를 염원하는 주술심리적(呪術心理的)인 표현이다. 또 여름철에 콩밭에 해충이 꾀거나 콩나무가 말라죽는 일들이 생겨도 세경할망에게 제사지내는 수가 있고, 또 예전에는 마을마다 '제석동산'이라는 것이 있어서 파종 뒤에는 일꾼들이 간단한 제사를 지냈으나 일제 시대부터 이 제석동산들은 다 없어지고 말았다.[5]

세경본풀이는 지금도 전승하지만, 아울러서 보려는 세경놀이는 큰굿을 해도 지금은 시행하지 않는 수가 많아서 아주 보기가 어렵다. 지금은 3,4백 호가 사는 큰 마을에서도 1년에 한 번 있기가 어렵게 되어 버렸지만 3일 이상, 6인 이상의 심방을 동원해서 하는 큰굿이라는 것이 있다. 이것은 모든 신들을 다 모시고 대종합제전(大綜合祭典)을 지내는 것인데 그 20여 제차의 중간쯤에 세경본풀이와 세경놀이가 끼이게 되

---

4) 秦聖麒,〈南國의 歲時風俗〉(1969), 261면.
5) 李杜鉉·張籌根·玄容駿·崔吉城,"部落祭堂"(1969),〈民俗資料調査報告書〉39號, 185면.

어 있다. 여기서도 지금은 세경놀이를 생략해 버리는 경우가 많지만, 세경본풀이는 제주도 서사무가 중에서는 가장 긴 장편으로 인기가 있는 서사무가이기도 하다.

지금 당신본풀이 종류는 제주도에만 한정된 전승을 보이고 있으나, 여기 세경본풀이 같은 일반신본풀이 종류는 본토에도 적지않게 유사한 것들이 전승하며, 제주도에는 10편 남짓이 있다. 그것들은 대부분 장편들이어서 그 총분량은 4,5백 페이지의 방대한 분량에 이른다. 그러나 이것을 다 암송할 수 있는 심방은 줄잡아도 2백 명은 넘으며, 제대로 한 사람몫의 구실을 하는 무당이면 다 이것을 암송할 수 있고, 그래야만 어느 가정이건 불려가서 굿을 할 수가 있게 되어 있는 것이 제주도의 무속이다.

이들 모든 서사무가의 구송시에는 제주도에서도 다른 심방들은 다 쉬고 한 심방만이 장고를 가로 놓고, 세경본풀이면 새로 차린 세경할망 젯상 앞에 앉아서 구송을 한다. 따라서 굿판은 조용해지며 신화의 문학적인 감상의 시간이 되는 것이다. 본토에서도 이들 서사무가의 구송은 마찬가지로 한 사람만의 독창이 되지만, 흔히 장고를 비스듬히 세우고 한다. 이제 세경본풀이의 줄거리부터 개관해 보면 다음과 같다.

(2) 신화의 문학적인 감상의 시간

김진국 대감(金鎭國大監)과 조진국 부인(趙鎭國夫人)이 일점 혈육이 없어서 동계남은중절의 중의 권고로 기자 불공(祈子佛供)을 드리고 외동딸 자청비(自請妃)를 얻는다. 자청비는 금이야 옥이야로 귀하게 자라서 10여 세가 되었을 때, 냇가에 나가서 빨래를 하다가, 서울로 글공부를 하러 가는 옥황 세계(玉皇世界)의 문도령(文道令)을 보고 남장(男裝)

을 하고 같이 가서 수년간 동문 수학(同門修學)을 한다. 문도령이 갑자기 귀가하게 되니 자청비도 같이 와서 자기가 여자임을 밝히고, 집에 묵히고는 부모 모르게 한동안 단꿈을 즐긴다. 그리고 문도령은 박 씨 한 알을 주고 옥황 세계로 떠나간다.

자청비네의 게으름뱅이 머슴 정수남은 나무하러 가서 낮잠을 자다가 소·말·도끼·옷들을 다 도둑맞고 집에 와서 변명이 궁한 대로 산 위에서 문도령이 연유(宴遊)하는 것을 보다가 그만 넋을 잃고 다 잃어버렸다고 거짓 핑계를 댄다. 그 말에 자청비는 문도령을 보고 싶은 일념으로 정수남을 앞세우고 깊은 산중에 갔다가 희롱을 당하고, 노숙을 하는 중에 몸의 순결을 지키기 위해서 정수남을 죽이고, 돌아왔다가 집에서 쫓겨난다.

그녀는 다시 남장을 하고 서천국(西天國)의 김재상댁 뒤뜰에서 주화(呪花)를 얻어다가 정수남을 소생시켰으나, 김재상댁의 딸과 혼인을 강요당하매 도망쳐서 주막집 노파의 양녀가 된다. 그리고 문도령이 주고 갔던 박 씨의 덩굴이 하늘까지 자라서 그것을 타고 옥황 세계에 가서 문도령을 만나고 끝내는 부모의 승낙도 얻어 즐거운 신혼 생활을 한다. 그러나 문도령과 약혼하고 있었던 서수왕의 딸은 자살했고 자청비는 시부모에게 미움을 받는다.

때마침 대국(大國)에 난리가 나고 천자가 옥황 상제에게 원병을 청하니 문도령이 도원수가 된다. 자청비는 자기를 남자로 알고 기다리는 김재상 딸에게 미안해서 문도령을 한달에 보름씩 그리로 보내기로 하고 자신은 문도령 대신 출정해서 대승을 거두고 개선한다. 그러나 김재상 딸은 문도령을 거의 보내주지 않으니, 자청비는 문도령에게 실망을 하고 인간 세계에 내려오려고 옥황 상제를 배알한다. 옥황은 승전을 치하하고 5곡의 종자를 주어 들과 논밭을 다스리게 하니 자청비 자신은 제석할망(세경할망)이 되고, 정수남을 목동신(牧童神)으로 삼아서 거느리고 농사와 목축일을 보살피게 되었다.

이상 세경본풀이는 그 주제(主題)로 볼 때에 철저한 연정담(戀情譚)으로 일관된 무가이다. 그러나 여기에는 통쾌한 군담(軍談)도 있고, 걸쩍한 외설담(猥褻談)도 있고, 양반에 대한 반항도 철저하며, 사랑의 슬픔도 기쁨도 넘쳐 있다. 심방은 이것을 장고 반주로 멋지게 불러넘기며, 숨을 돌릴 때에는 "아—, 에—"하며 장고를 뚱땅뚱땅 쳐 넘긴다. 굿판에는 주로 부녀자들이 모이는지라, 이 청중 부녀자들의 심금(心琴)은 장고의 리듬을 타고 이 창(唱)의 문학의 삼매경을 헤매게 되며, 혹은 손뼉치고, 혹은 한숨을 쉬며, 혹은 끼득끼득 웃기도 하며 흐뭇해한다.

(3) 본풀이의 신화적(神話的)인 기능(機能)

이리하여 심방은 신을 즐겁게 하고, 인간도 기쁘게 하며, 제의의 효과도 올리고, 스스로 인기를 얻는 재능도 발휘한다. 여기에 신화의 종교적인 기능이 엿보이고, 아울러서 문예적인 기능도 보이는 것이다. 그리고 농신 세경할망이란 도대체 어찌된 여신인가 하는 데 대해서 원초 과학적 설명성도 보이고, 이 신은 어떻게 모시면 되리라는 굿의 방법도 방향도 여기에서 싹터 나오게 된다. 이것이 가령 삼신(產神)할망 본풀이가 되면 그것은 원초 의학적 이론이 되고, 그 굿은 임상 치료법(臨床治療法)이 되는 것이다.[6]

신화에는 본래 몇 가지 기능이 있겠는데, 우리는 이상에서 제주도의 본풀이가 가지는 종교적인 기능, 문예적인 기능, 그리고 원초 과학적인 기능들을 아울러서 본 셈이었다. 끝으로 이 본풀이들의 전승 상황에 대해서 한 가지만 더 보태기로 하겠다. 이것은 본풀이가 가지는 주

---

[6] 玄容駿, "濟州島巫俗의 疾病觀", 〈제주도〉 21號(1965), 169면.

력(呪力)으로서, 역시 그 종교적인 기능의 일종으로 봐야 할 것으로 여겨지는 것이다.

　전기했듯이, 모든 심방들의 본풀이의 구송(口誦) 분량은 4,5백 페이지에 달하는 방대한 양이다. 북군 구좌면(北郡 舊左面)의 큰심방 고대중(高大仲, 52세, 1960년) 씨가 구송하는 전분량의 본풀이를 채록하기 위해서, 필자는 학생 한 사람을 데리고 꼬박 5일간 장장하일(長長夏日)을 아침부터 저녁 어두울 때까지 10여 시간씩 작업한 일이 있었다. 1960년 무렵, 이때에는 녹음기 활용이 어려웠던 때였다.

　그래서 심방이 직접 구송하는 것을 그대로 그 자리에서 받아적는 방법을 택하기로 하고, 팔목이 아파지기 때문에 30여 분씩 학생과 교대를 해나갔다. 무가란 이야기로 하는 것이 아니고, 노래로 부르는 것이기 때문에, 고대중 씨 같은 큰심방도 리듬이 깨지면 계속해서 잘 나오지 않았다. 그래서 구송자가 한 구절을 부르면 같은 리듬으로 필록자(筆錄者)가 복창을 하면서 리듬을 유지하는 한편, 필기하는 시간 여유를 얻어가면서 진종일 붓끝만은 쉬지 않고 달려나갔다.

　그런데 고대중 씨는 전부터 접촉이 있었던 사이이고, 우리가 치성(致誠)을 목적으로 하지 않고, 학술 연구를 목적삼고 있다는 것을 잘 알면서도, 우리들의 작업장인 대청마루에 간단하나마 젯상을 차리는 것이었다. 그것은 본풀이를 구송하면 신은 강림(降臨)을 한다는 심리였다. 그리고 신이 강림하는 이상 그는 자세를 흩뜨릴 수는 없다는 것이었다. 5일간이나 진종일 꼬박 앉아 있을 수는 없는 노릇이었으니까 그는 정히 허리나 다리가 아프면 일어서서 허리를 두드리기는 할지언정, 한 번도 눕거나 다리를 뻗거나 하지는 않았다.

　그러니 그의 비위를 상하게 할 수 없는 우리들의 처지였기 때문에 우리도 5일간을 자세를 흩뜨리지 못하고, 교대한 시간에 때로 마당에 나가서 도수체조나 하곤 했을 뿐이었다. 이렇게 5일간의 작업에서는 그의 일반신본풀이만을 채록하려고 했으며 용지 5백여 장에 기록을 했으나, 그것도 그의 일반신본풀이의 전부는 되지 못했다. 6일째 되는 날에는 그의 부득이한 일로 일단 중단하고 9할 가량의 채록을 마쳤었다. 그리고 그의 당신본풀이들은 이미 그 전에 채록을 마치고 있었다.

이상 젯상을 차리는 일, 흩뜨리지 않는 단정한 자세에서 우리는 본풀이가 그것을 구송하면 신을 강림시키는 주술적(呪術的)인 힘을 가진다는 종교적인 기능을 지니는 신화임을 다시 한 번 느껴볼 수가 있다. 이러한 경험은 제주시에서도 있었다. 심방 고임생(高壬生, 60세) 씨는 1959년도에 수차의 왕방으로 녹음을 간청한 일이 있었으나, 끝내 거부하고 말로 이야기할 터이니 필기를 하라고 그쪽에서 간청하는 형편이었다.

젯상도 없이 더구나 기계에 불어넣는다는 것은 하기 어려운 일이며 짧은 당신본풀이 몇 편 정도는 충분히 말로 일러줄 수 있다고 생각한 것으로 여겨졌다. 그러나 녹음기 앞에서의 이러한 본풀이의 주력(呪力) 현상도 1960년 무렵까지의 일이었다. 그 후로 누차의 녹음 요청이 거듭되자 지금은 익숙해지고, 심지어는 자신이 녹음기를 가지고 녹음을 해두었다가 복사해 가라고 하는 심방도 있게 되었다.

(4) 풍요 기원의 주술적 연극

다음에 '세경놀이'를 보기로 한다. 전기했지만 이것은 큰굿의 중간쯤에 끼이고 지금은 극히 보기 어려운 드문 존재가 돼버린 것이다. 세경놀이에는 사제무(司祭巫) 1명, 잽이〔樂士〕 3명에 여장(女裝)을 한 남무 1명이 나와서 연극적인 풍요 의례를 벌인다. 놀이는 여장한 남무가 나와서 "아야 배여, 아야 배여!" 하고 배가 아파서 진통하는 시늉에서부터 시작된다. 어찌된 일이냐고 사제무(司祭巫)와 잽이〔樂士〕들이 대화를 던진다.

결국 여자는 주책인데다 바보 남편과 시부모의 학대로 도망을 쳐 나와서는 들판에서 오줌을 누다가 강간을 당하고 임신했던 것으로 나타나며 이제 해산을 하게 된 것이다. "꿇려앉아 멕(힘) 씨라!" "삼승할망 부르라! 어떵 ᄒ코!" 하며 떠들썩하다가 여자는 품었던 병을 하나 낳는 시늉을 하면 "나왔저!" "아들인 셍이로고!" "뱃도롱 줄 끊으라!" "이름은 펭디왈(들판)이서 기영ᄒ여시난 펭돌이로 짓자" 하고 떠들썩한 가운데에서 갓난아이에게 이름이 지어진다.

펭돌이놈은 엉터리이고 공부는 아무리 시켜 봐도 안 될 것으로 체념을 할 수밖에 없어서 농사를 시킨다. 심방(巫)들은 흙덩이를 부수고, 씨를 뿌리고, 김을 매고, 수확을 하고 운반을 하고, 탈곡을 하는 등 농사의 전과정을 흉내내고, 빚을 갚고, 생계 비용을 쓰고, 저장을 하는 등 온갖 과정을 부산하게 흉내내면서 세경놀이의 끝을 낸다.[7]

여기 세경놀이에서, 젊은 여자가 들판에서 오줌을 누는 시늉, 강간을 당했다는 이야기, 해산하는 시늉 등을 하는 데에는 그만한 까닭이 있다. 고대 그리스에서는 특히 농사의 열매를 맺는 결실기의 밭에는 아기를 못 낳는 석녀(石女)의 출입이 금지되었다. 세계 도처의 원초 사회에서는, 씨를 뿌린 후나 결실기에는 남녀간의 성교 행위가 있었던 예를 프레이저(J. G. Frazer)는 그의 책(*The Golden Bough*)에 숱하게 보고하고 있지만, 근래까지도 일본 아키타(秋田) 지방에서는 모심기가 끝나면 고용인 남녀간에 교환(交歡)을 시키는 습속이 있었던 일이 보고되고 있다.[8]

우리 나라에서는 이런 자료를 아무리 수소문해 봐도 입수하기가 어려웠는데, 하나 얻은 자료로서는, 지금도 강원도 두메산골에서는 옥수

---

7) 金榮敦·玄容駿, "濟州島무당 굿놀이"(1965), 〈無形文化財調査報告書〉 19號, 108~112면.
8) 松村武雄, 〈神話學原論〉 下卷(1941), 276면.

수가 익을 무렵이 되면 주인 부부가 한지(韓紙)를 입에 물고 밭에서 성교를 한다는 이야기가 있었다.[9] 이상 자료들은 그 모두가 성(性)이 상징하는 생산과 풍요(豊饒)・다산(多産)의 유감주술(類感呪術)에서 유래한 현상들이다. 줄다리기의 암・수줄 고리의 결합을 성교로 의식하는 일이나 풍요의 기원으로 삼는 것도 다 그러한 인류의 유구한 원초 이래의 전통이며 습속임을 우리는 알고 있다.

(5) 서사무가(敍事巫歌)와 고전 소설

다음에 다시 세경본풀이를 살펴보기로 한다. 놀라운 것은, 똑같은 줄거리의 무가가 함경도에서도 역시 무녀들에게서 무가로 채록(採錄)됐는데, 여기서는 문도령이 양산백(梁山伯), 자청비가 축영대(祝英臺)로 명명되어 있다.[10] 또 놀라운 것은, 같은 줄거리의 〈양산백전(梁山伯傳)〉이라는 고전 소설이 있는 일이다. 더구나 놀라운 일은, 그것이 중국 원대(元代)의 '축영대잡극(祝英臺雜劇)', 명대(明代)의 '양산백보권불전(梁山伯寶卷佛典)', 청대(淸代)의 '방우기전기(訪友記傳奇)' 등, 동진(東晉-4세기) 이래로 인구(人口)에 회자(膾炙)되던 중국 강창문학(講唱文學)과 같다는 점이다.

더 이상한 일은, 제주도 무가 이공본풀이와 같은 줄거리의 무가가 함경도와 평안도에서도 전승되는 것이 채록되었고, 또 그것은 고전 소설 〈안락국전(安樂國傳)〉과 같은 줄거리였다. 그리고 또 그것은 조선조 초기 세조대왕대에 간경도감(刊經都監)에서 간행해 냈던 〈월인석보(月印釋譜)〉 속의 원앙부인극락왕생연(鴛鴦夫人極樂往生緣)과 같은 줄거리

---

9) 洪德裕氏(江原道廳 文化公報室 文化係)談.
10) 任晳宰・張籌根, "關北地方巫歌"(1965), 〈無形文化財調査報告書〉, 137~148면.

였다.

또 놀라운 것은, 제주도 무가 세민황제본(世民皇帝本)풀이는 고전 소설 〈당태종전(唐太宗傳)〉과 같으며, 그것은 유명한 툰황(敦煌) 천불동(千佛洞)에서 나온 〈당태종입명기(唐太宗入冥記)〉와 같은데, 루신(魯迅)은 그것이 당(唐)대의 작품이라고 지적하고 있다.[11]

결국 본격적인 비교 연구가 필요해서 중국・일본의 예들을 조사해 보니 동양 3국에 흡사한 유사성이 있었고, 한국의 경우 중국・일본의 사례에서 많은 시사를 받아야 할 것이 있었다. 중국은 한대(漢代-1세기)에 불교를 수입했고, 진대(晉代-3, 4세기)에 불교의 민간 보급 문예(民間普及文藝)로 강창문학(講唱文學)이 싹텄고, 당대(唐代-8, 9세기)에 전성해서 송대(宋代-11, 2세기) 이후로는 변문(變文)・보권(寶卷)・제궁조(諸宮調)・고사(鼓詞)・탄사(彈詞)・설경(說經)・설참청(說參請)・강사(講史)・소설(小說) 등 갖가지 문학 형태로 변화와 발전을 거듭해서 후대 국민 문학 발전에 지대한 영향을 미치면서 오늘날까지 이르고 있었다.[12]

여기서 강창문학(講唱文學)이라고 하는 것은 불교의 어려운 한자 경문이 민중에게 잘 이해가 되지 않기 때문에 사원내의 설법장(說法場)에서 설경(說經)과 동시에 그 해설 내지는 불교 신앙심을 유발시킬 이야기 줄거리를 승려들이 재미있게 창(唱)으로 읊던 데서 시작된 것이었다. 나중에는 그것은 창자(唱者)가 승려에서 예인(藝人)으로, 장소는 사원에서 연예장(演藝場)으로, 내용도 불교 이야기에서 인생사 전반으로 번지며 점차 민중 사회의 환상이 날개를 펴서 천상・지하로 무소불능(無所不能)하게 활동하는 작품들로 발전해 온 것이다.

한편 일본에서도 야마토 시대(大和時代-6세기)에 불교를 수입하고,

---

11) 魯迅 著, 丁來東 外 譯, 〈中國小說史〉(1964), 137면, 200면.
12) 鄭篤, 〈中國俗文學史〉, 上・下(1968).
    張長弓, 〈中國文學史新編〉(1954) 등 참조.

나라 시대(奈良時代-8세기)에 창도문예(唱導文藝)가 싹트고, 헤이안 시대(平安時代-9~12세기)에 전성했는데, 그것은 중국의 강창문학이 수입되고, 일본 나름의 발전과 변화를 거듭한 것이었다. 그래서 중국과 마찬가지로 일본 창도문예도 그 후로 전쟁 설화〔戰爭物語〕·신사사찰연기실화(神社寺利緣起說話)·그림풀이 이야기〔繪卷〕, 그리고 창도집(唱導集)에서 옛말책〔お伽草紙〕·고조루리〔古淨瑠璃〕·노가쿠〔能樂〕 등 허다한 후대의 국민 문예의 형태들을 산출하거나 자극을 시켜 왔다. 그리고 이 창도문예 연구자들은 일본 불교의 보급, 대중화면에서는 이들의 역할이 지대했고, 창도문예 없이 일본 불교의 보급·대중화는 생각할 수가 없는 것이라고 말하고 있다.[13]

이능화(李能和) 선생은 그의 〈조선무속고(朝鮮巫俗考)〉에서 '토끼타령·흥부가들이 신라 시대에 승려들의 입에서 나왔으리라'고 추측한 바 있었다.[14] 증거 제시도 없이 왜 지나친 추측을 함부로 했을까 하는 것이 지금까지의 필자의 생각이었다. 그러나 그는 역시 〈조선무속고〉와 함께 〈조선불교통사(朝鮮佛敎通史)〉의 대저도 펴냈던 해박한 종교사가(宗敎史家)였다. 위에 비교했던 바 중국이 3세기에, 일본이 8세기에 각각 창(唱)의 문학들을 싹틔웠다면, 4세기에 불교를 수입했던 한국도 늦어도 5, 6세기에는 창의 문학이 수입되고 한국 나름의 싹을 틔어왔으리라는 생각이 든다.[15]

전기했던 서사무가·고전 소설 들의 중국 강창문학과의 유사성은 그 시원(始源)이 이미 신라 시대에 시작돼 있었으리라는 생각이 든다. 더구나 삼국 시대는 중국 불상(佛像)의 새로운 양식(樣式)들이 불과, 1,20년 내에 한국에 그대로 수입, 제작이 되어 출현하곤 하는 식으로 그 관

---

13) 村山修一, 〈神佛習合思潮〉(1957), 166~188면.
14) 李能和, 〈朝鮮巫俗考〉(1927), 44면.
15) 張籌根, 〈韓國의 民間信仰(論考篇)〉(1973, 東京), 391~395면.

계가 밀접했다니,[16] 이것은 충분히 생각할 수 있는 일로 여겨진다. 한편 전기했던 〈월인석보(月印釋譜)〉 속의 원앙부인극락왕생연(이공본풀이·〈安樂國傳〉과 같은 줄거리)도 그 문체(文體)가 구어체(口語體)이며 창조(唱調)로 보이니, 적어도 고려 시대에는 있었던 강창(講唱)의 수록(收錄)이었음이 짐작이 가는 것이다.

(6) 창(唱)의 문학의 전통

그런데 한국에는 별도로 서사무가가 있었고, 그것은 '제주도의 본향당'에서 보았듯이 이미 제주도에서도 고려 시대에 삼성 시조 신화를 낳아서 문헌상에까지 정착을 시켜놓고 있었다. 결국 한국에는 강창문학과 서사무가가 상대(上代)부터 있었으나 현재로는 서사무가로 통합되어 있는 느낌이다. 그러나 강창문학은 지금도 잔존하는 것이다. 우리의 경우도 그 불교 보급 창문예(佛敎普及唱文藝)는 '향가(鄕歌)'·'가사(歌辭)'·'시조(時調)'들과 같은 한 개의 문학 형태(genre)로서 존재해 있었다.

그리고 그 불교 보급 창문예는 더러 서사무가(一般神本풀이)들을 낳았고, 더러는 불전 설화(佛典說話)로 정착되고, 더러는 판소리로 발전하고, 또 더러는 소설들로도 정착되었다. 중국의 강창문학도, 일본의 창도문예도 다 창(唱)의 문학이었다. 그리고 후대의 그것은 반드시 불교를 주제(主題)로 삼는 것도 아니었다. 우리의 판소리라는 창의 문학도, 그 기원이 무가(巫歌)에 있었다는 것은 오늘날 학계의 정설로 되어 있기는 하지만, 상대부터의 불교 보급 창문예나 서사무가의 전통 위에서 형성된 것이 아닌가 하는 각도에서의 연구가 앞으로도 더욱 필요하

---

16) 金元龍, 〈韓國美術史〉(1968), 9면.

다.

　예컨대 '심청전' 같은 판소리는 불교를 주제로 삼고 있어서 중국이나 일본의 그것 이상으로 강창문학적이다. 윤이상(尹伊桑)의 '심청전'이 '72년도에 독일에서 왜 동양적인 환상 세계(幻像世界)라고 절찬을 받았느냐는 것도 이러한 불교의 전통을 기반으로 삼았다는 데서 음미되어야 하겠다. 그리고 중국・일본은 다 그들의 강창문학・창도문예들을 불교 주제로만 국한시키지는 않았고, 오히려 그 외의 것이 더 많았다.

　따라서 〈춘향전〉들이라고 해서 여기에서 도외시할 것은 아니다. 실제로 한국 사정에 익숙한 서울에 사는 중국인 지식층들과 이야기해 보니, '축영대잡극(祝英臺雜劇)'은 그 국민 대중간의 인기로나 연정 소설(戀情小說)적인 면으로나 한국의 〈춘향전〉과 꼭 같은 것이라고 대뜸 비유해서 말하는 것이었다. 우리의 경우도 그것은 한편으로는 판소리요, 또 한편으로는 소설이기도 했던 점에서 3국의 강창문학의 사정은 다 같았다고 할 것이다.

　참다운 국민 문예란 무엇인가? 사대부(士大夫)의 한문학(漢文學)은 우리에게 3차, 4차의 존재이다. 진정한 국민 문예란 상대 설화(上代說話)・서사무가(敍事巫歌), 한국적인 불교 보급 창문예(佛敎普及唱文藝)・판소리・소설・연극・영화들로 유구히 국민 대중의 품안에서 국민 대중의 감정을 담아오며, 시대에 따라서 변화와 발전을 거듭하고 형태(形態=genre)를 바꿀 때마다 자기 변용(自己變容)을 되풀이하면서 성장해 온 그 전통을 말하는 것이다. 〈심청전〉・〈춘향전〉들은 바로 그런 데서 나온 대표적인 국민 문학 작품들이다.

10. 제주도 심방의 3명두

현재 무당들이 전국적으로 흔히 사용하는 신성제구(神聖祭具)에 방울・명두・신칼 들이 있다. 또 고고학상의 발굴물로서의 청동기 가운데에 종교 의기(宗敎儀器)인 듯한 것으로서 제일 흔히 눈에 띄는 것에 팔두령(八頭鈴)・다뉴세문경(多鈕細文鏡)・청동검(靑銅劍) 들이 있다. 그리고 이 청동 의기(靑銅儀器)들은 남만주(南滿洲)・한국・서부 일본 등지에서 주로 발견되는데, 이 곳은 당시의 같은 동이(東夷)들이 살던 땅이며, 이 땅은 똑같이 '동검지대(銅劍地帶)'였다고 한다.[1]

그리고 또 한국의 단군 신화에는 '천부인(天符印) 3개'라는 것이 있고, 일본의 한국과 같은 유형의 이른바 천손하강신화(天孫下降神話)에도 '삼종의 신기(三種神器)'라는 것이 있다. 일본의 3종의 신기는 검・거울・곡옥(曲玉)으로 되어 있고, 한국의 천부인 3개는, 최남선(崔南善) 선생에 의하면, "천부인 3개가 무엇무엇임은 문헌에 전하지 아니하므로 이를 분명히 할 수는 없지마는 동북아시아의 유형에 나타난 바로써 추량하건대 경(鏡)・검(劍) 두 가지가 거기 들 것은 거의 의심없겠고", 나머지 하나는 "영(鈴)・고(鼓)・관(冠) 중의 하나가 천부인 3개에 들 성싶다"고 한다.[2]

---

1) 金元龍,〈韓國考古學槪說〉(1973), 103면.
2) 崔南善, "檀君古記箋釋",《思想界》2卷 2號(1954), 59~60면.

(1) 3명두의 용도 —— 신칼

단군 신화의 천부인 3개가 무엇들인지 확실하지 않고, 또 그 천부인 3개의 구체적인 용도나 본질도 확실하지 않다. 그리고 위의 주요 청동 의기들도 다만 그것이 종교 의기로 사용되었으리라는 추측뿐이지 구체적으로 어떻게 사용되었으리라는 점에 대해서는 알 길이 없다. 다만 지금 우리는 무당들이 위의 주요한 세 무구(巫具)를 어떻게 사용하고 있는가 하는 것을 조사할 수가 있을 따름이다. 특히 제주도 심방(巫)의 3명두의 경우는 그 용도의 윤곽이 퍽 선명하고 흥미로워서 여기 이 문제를 주제로 삼고자 한다.

여기에 사실 민속학과 고고학과 문헌사학(특히 여기서는 신화학)의 협력이 필요하다 할 것이다. 민속이라는 것은 서민층에서 보수(保守) · 정체(停滯)되어 온 고형(古型)의 전통 문화이기도 하지만, 특히 그 중에서도 신앙적인 측면은 다른 물질적인 측면들과는 달라서 보수적인 불가변성(不可變性)을 제일 강하게 띠는 측면이다. 거기에다 제주도라는 섬은 한 지방 문화 유형을 형성할 수 있을 만큼 알맞게 크면서도 멀리 떨어져 있는 이른바 주변 영역(周邊領域 ; marginal area)이다. 여기의 무속의 여러 요소의 상황들은, 어떤 부분은 어찌 보면 아직도 기원(西紀) 전후의 시대를 맴돌고 있는 느낌들이 적지 않은 것이며, 그러한 실정들을 우리는 이미 앞의 '제주도의 본향당'이나 '심방의 본풀이'들을 통해서 충분하게 본 바가 있었다.

그런데 이들 3종의 신성 의기(神聖儀器)는 어디서나 꼭 어떤 3종만으로 고정될 수는 없다. 일본의 현전(現傳) 국왕의 징표라는 3종의 신기는 전기했듯이 검 · 거울 · 곡옥이고, 단군 신화의 천부인 3개는 거울 · 검과 더불어 방울 · 북 · 관 중의 어느 하나이리라고 추측되었다. 그리고 이제 우리가 보려는 제주도 '심방의 3명두'라고 흔히 일괄해서 일컬어지는 것은 신칼과 요령(搖鈴)과 산판(算盤)이라는 것들이다. 먼저 그

본풀이 가창의 현장

신칼의 실제와 용도들부터 보기로 한다.

먼저 신칼은 명두칼이라고도 부른다. 이것은 두 개로서 길이 20센티 내외의 놋쇠이며 칼날은 서 있지 않다. 자루 고리에 길이 60센티 내외의 한지(韓紙) 술을 달았다. 가무사제(歌舞司祭) 때에는 칼 부분을 쥐고, 술을 흔들면서 쓰기도 하고, 잡귀들을 쫓는 시늉을 할 때에는 칼자루를 쥐고 날끝으로 찌르는 시늉을 한다. 그리고 신의 뜻을 듣고자 할 때는 종이술을 쥐며 칼끝을 내던지고, 던져진 다음 여섯 가지 모양으로 신의(神意)를 판단하는 점을 친다.

① 고새드리[鋏橋] —— 두 칼날이 교차된 것. 대흉.
② 칼쓴드리[上向橋] —— 두 칼날이 다 위를 향한 것. 흉.
③ 애산드리[哀算橋] —— 두 칼날이 마주 향한 것. 흉.
④ 등진드리[背向橋] —— 두 칼등이 마주 향한 것. 흉.

⑤ 왼즈부드리〔左倂橋〕── 두 칼날이 나란히 좌향(左向)한 것. 길.
⑥ ᄂ단즈부드리〔右倂橋〕── 두 칼날이 나란히 우향한 것. 대길.

제주도 심방은 호남 지방의 단골과 같이 굿에 있어서 신들린 현상을 보이지 않고, 따라서 신의 입장에서 일인칭(一人稱)의 공수〔神託〕를 내리지 않는다는 점에서 중부 이북의 강신무(降神巫)와는 본질면에서 차이가 있고 사제자(司祭者)라고 해야 할 존재가 된다. 그러니 공수 대신에 굿을 청한 기주(祈主)들에게 신의(神意)를 전달해야 하는데, 이때 이렇게 신칼점을 치기도 하고 다음에 말할 산판점을 치기도 해서 신의를 전달한다. 이들 3무구를 3명두라고 부르지만 무조(巫祖) 3형제도 3명두라고 부르며, 이 3무구는 3형제의 무조령(巫祖靈)의 상징물이 되기도 한다. 그래서 이들 명두점에 나타나는 신의라는 것은 곧 무조(巫祖)들의 가르침이 되기도 한다.

이 무조 3형제의 근본 내력을 풀이한 '초공(初公)본풀이'에 의하면, 중의 아들 3형제가 과거 시험에는 합격했는데도 중의 아들이라는 신분 때문에 낙방을 당하고 분노에 넘쳐서 아버지 중에게 가서 호소를 한다. 아버지 중은 이 칼을 내려주며 신을 섬기고 굿을 하도록 이르면서 '이 칼은 한 번 휘두르면 수십 개의 양반의 목이 단번에 날아갈 수 있으리라'고 이른다. 영력(靈力)이 넘치는 칼이라는 말이겠거니와, 이렇듯 무격 입장에서의 양반에 대한 반골 기질(反骨氣質)도 한구석에는 내포하고 있는 것이 제주의 무속이다.

초공본풀이에 대해서는 다시 후기하겠지만, 이렇게 무조(巫祖)가 불승(佛僧)의 아들로 돼 있기 때문에 제주도 심방들은 때로, 신도법(神道法=巫俗)은 불법에서 나왔다고 고집하는 이도 있다. 이것은 확실히 무불습합적(巫佛褶合的)인 어떤 시대성을 보여 주는 것이며, 무조 3형제가 중의 아들이라는 신분 때문에 과거에서 낙방한다는 조선조적(朝鮮朝的)인 시대성과는 모순되는, 그 이전의 어떤 시대성을 보여 주는 것이 아닌가 여겨진다. 이러한 모든 점들은 다 후기하겠다.

(2) 3명두의 용도 ── 산판과 요령(搖鈴)

다음에 산판은 완전히 점구(占具)로만 사용된다. 그 크기는 실물에 따라서 다소 차이가 나지만, 먼저 지름 6센티 정도의 엽전 두 닢에 각각 '천지대문(天地大門)' 또는 '천지일월(天地日月)'이라고 음각(陰刻)한 것을 천문(天門)이라 부른다. 그보다 조금 작은 잔 두 개는 상잔(床盞)이라고 부른다. 그리고 지름 10센티 정도의 쟁반 같은 것 하나를 잔대(盞臺)라 부르며, 이 3종 5개를 합해서 산판이라고 한다. 모두 놋제품이다. 산판점을 치는 법은 복잡해서 생략하거니와, 잔대에 천문 둘과 상잔 둘을 담아서 던지는데, 대체로 잦혀진 것이 길(吉)이고 엎어진 것이 흉(凶)이다. 역시 아버지 중이 아들인 무조 3형제에게 내려준 것으로 전한다.

요령(搖鈴)은 본토의 무령들과는 달리 소방울 같은 것 하나뿐이며, 보통 구경(口徑)은 6센티 내외이다. 이상 모두가 지금은 놋제품이다. 요령만은 점구로는 사용되지 않는다. 본토에서도 방울을 높이 쳐들고 흔들면서 신을 맞아내리는 시늉을 하지만 제주도에서도 마찬가지로 청신구(請神具)로서의 성격을 많이 띤다. 역시 아버지 중이 내려준 것인데 정식 악기라고 하기도 어려운 제구(祭具)이다.

본토에서도 방울과 신칼은 사제용구(司祭用具)이며, 악기나 점구로는 사용하지 않는다. 본토의 또 하나 흔한 명두라는 것은, 크기에는 대소 각종이 있어서 지름 10여 센티에서부터 20여 센티까지 있다. 역시 대개 놋제품인데 원형의 표면은 반들반들하게 광채가 빛나고, 뒷면에는 북두칠성이나 범자(梵字)들이 부각(浮刻)돼 있고 끈을 꿰는 꼭지가 달리기도 해서 그 조형(祖型)이 동경(銅鏡)임은 분명하다.

이 명두는 그야말로 악기도 아니고 사제용구도 아닌, 완전한 신성의기(神聖儀器)이다. 이 명두는 신어머니인 큰무당이 자기 신딸들 중에서 후계자 한 사람에게 명다리들과 같이 양도해 준다. 따라서 무녀들이 가진 명두는 죽은 신어머니 무녀의 무령(巫靈)이 된다. 평소에는 자기 집 신당에 모셔두었다가 굿을 할 때에는 굿청인 대청마루에 먼저 걸어놓는다. 한 날짜에 두 곳의 굿이 나오게 되면 한 곳에는 가서 하고, 못 가는 곳의 대청마루에는 이 명두만을 걸어 놓았다가 달리 택일을 해서 굿을 하는, 비중이 큰 의기이다.

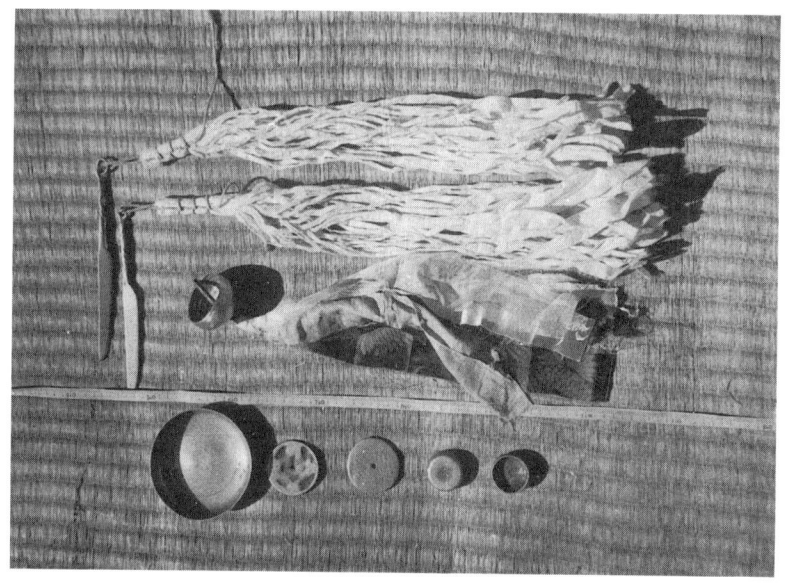

3명두:신칼(위), 보렁, 산판(아래)

그런데 제주도에서는 앞의 세 무구를 3명두라 부르고, 그리고 무조(巫祖) 3형제도 3명두라고 부른다. 결국 이 3무구가 무조령(巫祖靈)의 상징물이 되는 것이다. 그것은 신칼점・산판점으로 무조신(巫祖神)의 뜻을 물어서 기주(祈主)에게 전달한다는 일로써도 충분히 알 수가 있다. 그래서 제주도 심방이 중부 이북 무당들처럼 공수〔神託〕를 내리는 신들린 무당(ecstatic shaman)이 아니라, 단순한 사제자(司祭者;priest)와 같다는 제주도 무속의 본질을 보이는 핵심도 실로 이 3명두에 있다고 할 수가 있다.

3명두를 모셔 놓은 심방집의 당주

이 3명두는 평소에는 신단에 모셔놓는다. 단칸 셋방살이를 하는 심방도 신단은 반드시 모시며 이것을 당주(堂主)라고 부른다. 여기에 조화(造花)나 향로·촛대들을 장식하고 이 3명두를 모시는데 이 3명두야말로 이 당의 임자(堂主)이다. 그리고 북·장고·징들 무악기(巫樂器)와 무복(巫服)들을 그 밑에 보관한다. 굿을 하러 갈 때에는 다른 무악기나 무복들은 아무렇게나 챙겨도, 이 3명두에 대해서는 "조상님네"로 깍듯이 부르고 절하고는 이제부터 어디로 모시고 간다고 하며 소중히 보자기에 싼다. 굿을 할 수 있는 능력이 바로 이 3명두에서 나오는 것이다. 굿을 마치고 돌아올 때도 "조상님네 몸받은 심방 아무개가 어디로 모시고 가니 가십서" 하고 이 3명두만은 깍듯이 모시고 온다.

3명두가 이렇게 실제 조상처럼 대접받는 보다 구체적인 사례로는 다음과 같은 보고가 있다.

제주시에 사는 남자 심방 안씨가 먼 다른 면에 불려가서 굿을 하고 있었다. 그랬더니 그 마을의 남자 심방이 대문간에 와서 버티고 섰다. 인사도 없이 남의 영역을 침범하고 있다고 시비를 걸러 온 것이다. 안씨는 할 수 없이 가서 들어오시도록 안내했으나 화를 내고 응하지 않았다. 생각 끝에 안씨는 향불을 피워서 3명두를 받쳐들고 나가서 재차 안내를 했다. 그래도 응하지 않자 "조상님이 오셔서 청하는데도 안 들어오는 무례한 자손이 어디 있느냐"고 이쪽에서 소리치고 나갔더니 잘못했다고 거듭 사죄하더라는 것이었다.[3]

(3) 무조신화(巫祖神話) 초공(初公)본풀이

제주도 무속에는 잡다하게 굿 종류가 대단히 많다. 그런 가운데서 3인 이상의 심방으로, 3일 이상의 굿을 해서 '모든' 신들을 전부 모셔다가 대접하는 '큰굿'이라는 일대 종합 제전이 있다. 이것은 지금은 거의 보기 어려운 행사가 돼버리고 말았지만, 이 굿의 순서는 전부 해서 27개의 제차(祭次)로 된다. 그 제차 중 서제(序祭)들을 마친 다음의 8번째에 '초공본풀이'라는 이곳 무조(巫祖) 3형제의 서사무가(敍事巫歌)의 구송이 있고, 9번째에 '초공맞이'를 해서 별도로 상을 차리고 초공(무조 3형제)을 대접하는 거리가 있다. 여기서 무조 3형제의 내력을 풀이하고 칭송해 올리는 초공본풀이의 내용을 보면 다음과 같다.

---

3) 玄容駿, "濟州道의 巫現", 《濟大學報》 7號(1965), 176면.

① 임정국 대감과 김진국 부인이 50이 가깝도록 자식이 없어서 한탄하다가 황금산 도단땅 절에 기자불공(祈子佛供)을 드리고 딸 하나를 얻는다.

② 그 외동딸 자지명왕아기씨가 열다섯 살이 됐을 때 부모는 벼슬살이를 하기 위해서 먼 곳으로 떠나며 딸을 보호하기 위해서 심창(深窓)에 유폐해 놓고 하녀에게 맡기고 떠난다.

③ 3천 선비들이 글공부를 하며 아기씨 이야기를 하다가, 황금산 절의 주자대사(大師)와 내기를 하게 되어, 대사는 아기씨를 밖으로 내올 수 있다고 장담하고 찾아간다.

④ 대사는 요령(搖鈴)을 흔들면서 도술을 써서 큰 자물쇠들을 다 열어제치고, 시주를 청해서 받는 체하면서 아기씨 머리의 가마를 세 번 쓰다듬고 간다.

⑤ 아기씨에게 임신한 징조가 나타나자 하녀는 당황하여 부모에게 연락하며, 부모는 와서 보고 양반집의 망조라고 아기씨를 추방한다.

⑥ 아기씨는 많은 고난을 겪으며 대사를 찾아가고, 나중에 세 아들을 낳는다. 그러나 중은 가정을 못 가진다 해서 또 헤어진다.

⑦ 3형제는 편모 슬하에서 고생을 하며 공부하여 과거(科擧)에 급제한다.

⑧ 그러나 낙방한 동료 선비들의 시기에 의해서 3형제는 중의 아들이라는 신분이 밝혀지고 급제가 취소된다.

⑨ 3형제가 아버지를 찾아가서 원망하니, 아버지는 3무구(巫具)를 만들어 주면서, 이승에서는 3명두(3인의 무조), 저승에서는 3시왕(十王)으로 인간을 다스리게 한다.

한국 본토 거의 전역에는, 무조(巫祖)의 내력을 풀이한 서사무가(敍事巫歌)로서 별도로 버림받은 일곱번째 공주의 이야기인 '바리공주'가 있다. 그래서 이 초공본풀이는 제주도에만 한하는 무조 신화이다. 그런데 이 초공본풀이의 ⑥ 아기씨가 세 아들을 낳는 데까지만의 이야기는 이것도 거의 본토 전역에 전승하는 서사무가 '제석풀이〔帝釋解〕'라는 것과 거의 완전히 같다. 그리고 그 3형제가 소위 삼불제석(三佛帝釋)으로서 잉태·안산·양육 등을 맡는 출산 수호신으로 본토 거의 전역에 서사무가가 전승하고 있다.[4]

이것은 요컨대 3불제석이 고귀한 집안의 외딸을 어머니로 하고 비범한 불승(佛僧)을 아버지로 삼고 비범한 탄생을 한 고귀한 존재라는 뜻이 된다. 어찌 보면 석가모니나 예수의 탄생과도 유사한 데가 있는 것이다. 그리고 이미 고려 시대에는 이 3불제석을 모시는 제석거리가 오늘날 중부 이북의 굿 모양과 똑같이 묘사된 글이 있다. 고려 고종 때의 대학자 이규보(李奎報: 1168~1241)의 〈동국이상국집(東國李相國集)〉 속의 '노무편(老巫篇)'에 "뛰고 몸을 솟구니 머리는 대들보에 닿으며, 무당의 입이 스스로 말하기를 천제석이라고 한다(起躍騰身頭觸棟 巫口自道天帝釋)"라고 되어 있는 것이 그것이다.

노무가 지금 쿵쿵 세차게 도무(跳舞)를 해서 제석신으로 인격 전환을 하고 공수를 내리고 있는 것이다. 마치 현재의 굿을 눈앞에 보는 듯한 사실적인 표현이다. 그리고 예컨대 전기한 경기도 양평(楊平)의 제석본풀이에는 당금아기(3불제석의 어머니)의 아버지를 '이부상서(吏部尙書)'라 표현하고 있는 데가 있다. '이부'는 조선조에는 없던 고려 시대의 내각 관방청 같은 곳이며, 상서도 조선 시대에는 없고 고려 시대의 이부의 실질적 장관인 정3품의 관직명이다. 한마디로 말해서, 이 제석거리굿이나 제석풀이의 서사무가가 이미 고려 시대에 다 형성되어 있

---

[4] 秋葉降·赤松智城, "帝釋巨里", 〈朝鮮巫俗의 研究〉 上卷(1937) (京畿道 烏山 例).
孫晉泰, "聖人놀이푸념", 〈朝鮮神歌遺篇〉(1930年) (平北 江界 例).
任晳宰·張籌根, "三胎子풀이", 〈關西地方巫歌〉(1966) (平南 平壤 例).
任晳宰·張籌根, "성인굿", 〈關北地方巫歌〉(1965) (咸南 咸興 例).
張德順·徐大錫, "帝釋本풀이", 《東亞文化》 9輯(1970年) (京畿道 楊平 例).

었던 것으로 짐작할 수가 있다. 그러니 초공본풀이의 절반과 제석풀이는 불교 전성 시대의 불교 존숭(尊崇) 사상을 기반으로 해서 이미 형성되고 있었던 것으로 볼 수도 있겠다.

그래서 앞의 초공본풀이도 그 연원이 오랜 것이고, 자연스럽게 잘 조화를 이루고 그 전체 줄거리가 형성되어 있는 듯했다. 그런데 ⑦⑧ 이후의, 중의 아들이라는 천한 신분 때문에 과거에서 낙방이 된다는 대목은 사실은 전반(前半), 즉 ⑥ 이전의 불교 존숭 사상과는 정반대의 조선조적인 사회상의 반영이 된다. 주지하다시피 고려 시대에 귀족 취급을 받던 승려들이 조선조에 들어서서는 8천(賤)의 하나로 전락되어 있었다. 결국 이 초공본풀이는 유구한 전승을 해오면서 눈사람처럼 무속 사회 안에서 시대상을 모두 반영해 오면서 장편화해 온 서사무가였던 것으로 보이고 있다.

그래서 3명두(3무구)도 한 번 휘두르면 선비의 목을 수없이 날릴 수 있다고, 무속 자신을 철저히 억압하고 천대해 온 유교에 대해서 반골 기질을 보이는 상징물로 여겨져 왔다. 그러면서도 여전히 태초 이래의 검・방울・산판 등의 신성 무구의 종류는 유지해 왔을 것이다. 그리고 또 지금까지 많은 자료들을 소개해 왔듯이 신성제구(神聖祭具)로서, 신의를 나타내 주는 점구로서, 무조신(巫祖神)의 상징으로서, 또 그 밖에도 3명두는 다양한 신기(神器) 취급을 받아 왔다. 이제 이상과 같은 3명두에 대한 자료들을 토대로 해서 다시금 고고학의 청동 의기(靑銅儀器)들과 문헌 신화의 신기(神器)들을 검토해 보기로 하겠다.

(4) 청동 의기(靑銅儀器)의 분포

최남선 선생이 문헌을 참고해서 든 동아시아 일대의 신기(神器)의 종류로서 주요한 것은 칼・거울・방울・북・관(冠)・곡옥(曲玉) 등이었다. 그 중에서 단군 신화의 천부인 3개는 전기했듯이, 거울·검의 둘은 틀림이 없겠고, 나머지 하나는 방울·북·관 중의 어느 하나이겠는데, 관이었을 가능성이 제일 많다고 했다. 그리고 일본 신화의 3종의 신기는 앞에서 언급했듯이 검·거울·곡옥의 3종이었다.

다음에 고고 유물로서는 종교 의기로 여겨지는 것이 무수하겠지만 일단 세형동검(細形銅劍)·동과(銅戈)·동모(銅牟) 등의 무기 종류, 팔두령(八頭鈴)·동탁(銅鐸) 등의 방울 종류, 다뉴세문경(多鈕細文鏡)·금관 등을 그 주요한 것으로 들 수가 있겠다. 그리고 현재 민속면에서 무속에서 사용되는 신성제구(神聖祭具)로서는 칼·방울·거울·산판 등을 들 수가 있다.

먼저 고고학에 의하면 세형동검은 그 조형(祖型)이 만리장성 밖 랴오닝 성(遼寧省) 십이대영자(十二臺營子)에서 발견되어 남만주·한국·서부 일본에서만 출토된다고 한다. 현재는 이 랴오닝 성과 서북한(西北韓)이 민족적으로 별개가 되어 있지만, 당시는 같은 동이(東夷)의 땅이며 똑같이 세형동검의 지대였다. 그것이 서기전 3세기경이 되면 한국에서 발생하며 한국이 중심지가 되는 세형(細形)의 날씬한 동검이 출현하여 한국과 서부 일본에 퍼지게 된다.

그리고 이 세형동검은 상당히 의기적(儀器的) 성격을 가지며, 서력 기원 전후에는 일종의 보기(寶器)로서만 존재했을 가능성이 짙다. 그리고 김해읍(金海邑)에서 발견된 일본제의 비실용적 검·모(矛)의 존재는 동검 시대 말기의 그러한 의기화(儀器化)를 말해 주는 한 방증(傍證)이며 제기(祭器)·의기(儀器)로서 수입되었을 것이라고 한다.[5]

또 동과(銅戈)는 단검(短劍)과 중국식 과를 혼합한 특색 있는 형태로서 한국과 일본에서 밖에는 나오지 않는다.[5] 그런데 이 광봉동과(廣鋒銅戈) 가운데에는 날이 전혀 서 있지 않아서 의기화한 과가 있다.[6] 이

---

5) 金元龍, 〈韓國考古學槪說〉(1973), 103~104면.

러한 무기들과 함께 출토되는 다뉴세문경도 꼭지(鈕)가 하나뿐인 중국식 동경과는 다른 것이며, 전기한 십이대영자의 고분에서 그 조형(祖型)이 발견된 특수 형식이라 한다. 그리고 일본의 야요히 문화(彌生文化, 서기전 300~후 300년)에서는 이 동검·동모·동탁 등이 모두 대형화하여 일종의 제기로 보이고 있는 것이 특이하다.[7]

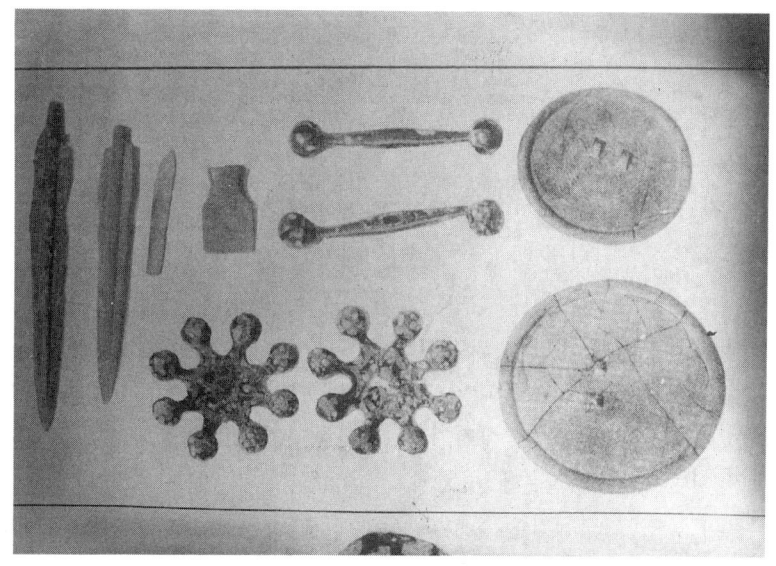

청동의기들:세형동검(左), 2주령·8주령(中), 다뉴세문경(右)

한편 방울로서는 먼저 쌍두령(雙頭鈴)이 '어디서나 꼭 두 개씩 쌍으로 출토되어서 두 손으로 흔드는 무속적 의기가 아닌가' 추측되고 있으며, 팔두령(八頭鈴)도 '의식용 악기나 장엄구(莊嚴具)라고 추측되고 있다. 팔두령은 뒷면에 조그만 고리가 달려서 끈을 꿰어서 의복에 달

---

6) 金元龍, 《韓國美術全集》(Ⅰ 原始美術)(1973), 148면.
7) 金元龍, 〈韓國考古學槪說〉(1973), 104~107면.

든지, 손에 쥐고 무무명령(巫舞鳴鈴)하는 따위의 도구가 아니었던가 생각된다. 청동기 시대인들은 방울을 특히 좋아하고 보물시했던 모양이며, 일본 고문헌에는 의식 때의 방울 사용 기록이 자주 나온다.'[8]

지금껏 한국 무당굿에서도 거의 손에서 떠나는 일이 없는 듯 싶은 것이 특히 방울과 부채이다. 그러나 어느덧 2천 년이라는 세월이 흘렀다. 이제 이 신성 기구들은 모두 청동에서 놋〔眞鍮〕으로 우선 그 재료가 바뀌고 형태도 걷잡을 수 없는 변화를 거듭해 왔다. 그러나 여전히 지금도 한국이나 일본에서 주요한 신성 제구는 칼·명두(동경 형태)·방울·산판 들이다.

샤머니즘(shamanism)은 원초적인 한 종교 현상으로서, 분포 영역의 광대함에 있어서나 역사적인 길이에 있어서나 그 유례를 보기 드문 것이었다. 그것은 실로 아프리카와 유럽 대륙의 일부를 제외한 거의 전 세계적인 분포를 보인 종교 현상이다. 역사적으로도 구석기 시대 수렵문화에서부터 샤먼적(的) 요소가 산견(散見)되며 수렵·목축·농경의 각 문화층에 기능해 온 방대한 문화 복합체(文化複合體)이다.[9] 따라서 지역마다 시대마다 그 국가나 사회의 문화들과 결부되어 기능도 하고 역기능(逆機能)도 했으며, 다양화를 거듭해 왔다.

한국에서는, 우선 고대에는 제왕 구실을 하다가 조선조 이후로는 팔천(八賤)의 하나로서 분명하게 천민으로 규정되었었다. 아마도 샤머니즘이 제일 화려한 승화(昇華)를 보인 것은 세계에서도 일본이 으뜸이 아닌가 생각된다. 샤머니즘의 특징을 엘리아데는 한마디로 '신들린 상태'(ecstasy)로 규정했는데[10] 그것은 말을 바꾸면 신인 합일 사상(神人合一思想)이다. 일본에서 천황을 현인신(現人神―アラヒトガミ)이라고 하

---

8) 金元龍,《韓國美術全集》(Ⅰ 原始美術)(1973), 151·152면.
9) M. Eliade, *Shamanism: Archaic Techniques of Ecstasy*, 1964, New York, Pantheon Books, p.503.
10) M. Eliade, ibidem, p. 4.

는 것은 사고(思考)의 기본 구조에 있어서 이러한 샤머니즘과 상통하는 것이다.

다른 종교들은 신이 따로 있고, 사제자가 따로 있고, 신앙하는 민중이 다 따로 있다. 그런데 한국의 무당이 세찬 도무(跳舞)를 하고 신으로 인격 전환을 해서 일인칭(一人稱)의 공수〔神託〕를 내릴 때, 그것은 바로 현인신(現人神)의 정확한 모습을 보여 준다. 여기서는 신과 사제자가 동일체가 되는 것이다. 그래서 일본의 왕실의, 국왕의 징표인 소위 3종의 신기인 검·거울·곡옥도 그것이 선사 시대 이래로 지금껏 샤먼의 신성 제구로 제일 흔하게 사용되는 것들이다. 이렇게 볼 때 그 원초적인 본질을 정확하게 파악할 수 있을 것이다.

이들 3종의 신기에 대해서 각각 일본의 신화는 긴 이야기를 전개하고 있다. 그런 연유로 해서 이것들이 왕가의 3종의 신기가 됐다고 하고 있다. 그러나 3종의 신기는 처음부터 종교 의기(宗敎儀器)였던 것이다. 왕실에서 특히 3종의 의기를 국왕의 징표로 정하게 되니까 이를테면 그것에 권위를 붙이기 위해서 나중에 신화가 발생하게 된 것이다. 그것은 '동해안의 해랑당'에서 보았듯이 풍요 기원(豊饒祈願)을 위한 성기봉납(性器奉納)이 먼저 있었던 것과 마찬가지다. 이것은 설명설화의 하나의 공식(公式)일 수도 있는 일이다. 후세에 와서 성기 봉납의 설명을 다시 붙여서, 상사병(相思病)으로 죽은 처녀의 이야기가 나중에 발생한 것과 같은 하나의 공식적인 순서이다. 언제나 신화가 먼저가 아니고 종교 현상이 먼저다.

(5) 단군 신화와 천부인 3개

단군 신화에 대해서는 지금까지 수많은 발표가 있어 왔다. 그 중에서 지배적인 견해를 추리면, 이 신화는 본질적으로 곰 토템을 주로 한 원초 제정 일치 사회(祭政一致社會)의 반영이다. 그리고 태백산(太白山)은 '한·붉·뫼'로서, 그리스의 올림푸스 산, 인도의 수미산, 일본의 다카치호노미네〔高千穗峰〕 등과 같으며 꼭 어느 산이라고 고정시킬 것은 아니다.[11] 그것은 오로지 단군 조선이 위치했던 지역과 시대에 따라서 좌우될 것이다. 이 지배 세력이 신도(新都) 아사달(阿斯達—九月山 중심의 安岳·症症坪 일대)로 옮긴 이후 이 신화는 낙랑·고구려·고려 시대를 통하여 전승된 오랜 것이며, 단군은 그 제정 일치 사회의 제사장(祭司長)으로 여겨졌다.[12]

지금까지 이 글에서는 제주도 심방의 3명두에 대해서 관심을 기울여 왔다. 그리고 단군 신화의 천부인 3개가 무엇이었겠는가 하는 것을 다루어 왔는데, 그것은 이미 육당(六堂) 선생이 견해를 밝혀 온 대로 검·거울, 그리고 방울·북·관(冠) 중에서 관일 가능성이 큰 것이었다. 이 문제는, 이 이상의 결론은 얻을 수가 없는 문제이다. 다만 그 범위를 더 넓히자면 지금까지 인용했던 고고학의 성과대로 세형동검 외의 무기류, 팔두령·쌍두령·동탁 등의 방울류, 다뉴세문경 그리고 금관식의 시베리아 샤먼의 관 같은 것, 또 더 넓히자면 저 농경문청동기(農耕文靑銅器) 같은 방패형 동기(防牌形銅器)들, 그 외에도 더 많이 있을 것이다.

그리고 그 구체적인 용도는 어떠했을까 하는 데로 다시 관심을 넓히자면, 지금으로서는 제주도 심방의 3명두의 용도와, 그것을 심방들이 모시는 태도로써 유추(類推)하는 수밖에 없다. 그리고 이것은 많은 청동 의기(靑銅儀器)들의 용도나 성격에 대해서도 마찬가지가 될 수 있다. 고고학과 문헌사학·신화학 민속학이 이러한 점에서는 앞으로도

---

11) 崔南善, 앞의 책 53~76면.
  金廷鶴, "檀君神話와 토테미즘", 《歷史學報》 7輯(1954), 273~298면.
12) 李丙燾, 〈韓國史〉(古代篇)(1959), 85면.

더 협력할 여지가 있을지 모른다.

그러니, 그러면 단군은 어떠한 존재이겠는가? 여기에 대해서 전기했듯이 이병도(李丙燾) 박사는 육당 선생의 견해에 크게 찬의를 표명하면서, 단군은 제정 일치 사회의 제사장(祭司長)이라고 하였다. 그렇게 되면 단군은 실재(實在)했던 인물이 된다. 그러나 가령 그리스의 제우스(Zeus)신이건, 일본의 아마테라스 오미카미〔天照大神〕건, 그러한 '신(神)'이라고 하는 존재는 본래 원칙적으로 실재했던 인물들은 아니다.

이것은 가령 터주대감이건 조왕할머니건 삼신할머니건 간에 일찍이 실재했던 인물이 아닌 것과 큰 차이가 없는 것이다. 그러면 단군과 천부인 3개는 무엇인가? 그것은 이 글의 주제였던 제주도의 무조(巫祖)와 3명두와 유사한 존재이다. 이 이치는 이것을 이대로 넓히면 고주몽(高朱蒙)도 박혁거세도 석탈해도 김알지도 모두 원칙적으로 실재 인물이 아니었다는 각도에서 먼저 봐야 한다는 이야기가 된다.

이러한 원칙적인 이야기가 아직 한국 사회에서는 저항을 받을 위험성이 있는 상태에 있다. 구체적인 예를 들면, 국가 원수가 남산에 단군의 동상을 세우고자 하던 일이 있었다. 그리고 이것은 결코 정치가의 견해만이 아니고 학계(學界)에서도 이러한 인식 상태에 있었기 때문이었다고 할 수 있다. 전기했듯이 우선 우리 학계의 2대 태두(泰斗)의 견해가 그러했던 것이다. 그러나 그리스도 제우스 같은 신들을 위해서는 먼저 신전(神殿)들이 있었고, 일본도 아마테라스 오미카미〔天照大神〕를 위해서는 신사(神社)를 세웠었으며 지금도 그러하다.

국가에서 남산에 단군의 동상을 세우고자 하던 뜻을 우리는 모두 이해하고도 남는다. 국민을 하나로 뭉치게 하는 그 결속의 핵심을 삼자는 것이었다. 아마도 그 대신 내세우고 모시게 된 것이 이순신 장군이겠는데, 국민 결속의 핵심 역할을 하는 시조신인 단군을 이순신 장군이 아무리 위대한 장군이라 해도 당할 수는 없을 것이다.

신화란, 특히 신화 줄거리의 이야기는, 그것을 신봉하는 원초사회 민중의 주관에 의하면 신성하고 숭엄한 전적인 사실이지만, 현대인의 과학적인 객관에 의하면 원칙적으로 전적인 비사실이다. 엄연히 존재하고 있었던 것은 단군을 시조신으로 신봉하고 있었던 사제단(司祭團)과, 그 기반을 이루는 고조선의 사회 집단이다. 그리고 우리는 그 신화에 반영되어 있는 그 집단의 문화와 사상을 더 많이 연구 이해해야 할 것이다.

특히 본고의 주제였던 사제단들의 신성 제구는, 제주도의 3명두나 본토의 3무구는 비교가 되지 못할 만큼 그 옛날의 청동 의기들이 훨씬 더 정교하며 세련미까지 보여 주고 있어서, 비록 도판(圖版)이라도, 볼수록 경탄을 금할 수가 없다. 제주도의 심방들은 사사로운 3명두도 다른 무구들과는 달리 각별하게 모시고 있었다. 일본의 3종의 신기도 그 신화의 표현들과, 왕가의 보관에는 각기 각별한 데가 있다. 천부인 3개와 그토록 정교했던 청동 의기들은 어떻게 모셔지고 있었을까?

신라에는 만파식적(萬波息笛) 등을 국보로 보관했다는 천존고(天尊庫)가 있었고, 일본에 간 세오녀(細烏女)가 짜서 보낸 비단을 국보로 보관했다는 귀비고(貴妃庫)가 있었다는 기록들이 〈삼국유사〉에 보인다. 이것은 비록 설화적이기는 하나 같은 무렵 일본 왕가의 보고로 정창원(正倉院)이 현존하고 있으니 보고 자체의 존재는 가능성도 있었을 것이다. 엄연히 실물이 지금껏 남아 있는 청동 의기들은 어떻게 모셔지고 있었을까? 이 점도 또한 다각적인 음미와 비교 검토는 결코 불가능한 것만은 아니고, 매우 필요한 일일 것이다.

11. 화전촌(火田村)의 산멕이기

 강원도 삼척군 도계읍 신리(三陟郡 道溪邑 新里)는 서울-강릉선의 제일 고지(高地)의 정거장인 통리(桶里)에서 들어가는 길가이다. 산등성이 군데군데에는 한낮에도 메밀꽃밭들이 하얗게 환상(幻像)의 세계를 펼쳐놓고 있었다. 버스 길 대로(大路) 가에도 그야말로 옛날 이야기에 나오는 그대로 5리에 집 한 채, 10리에 집이 한 채이다.
 이 집들도 대개가 소나무 목판을 70센티 길이에, 50센티 폭에, 5센티 두께 내외로 톱으로 켜고 도끼로 쪼개서 얹은 '너와지붕'이다. 그것이

삼척군의 너와집

먼 데서 쳐다보면 팔작(八作) 지붕 형으로 멋을 부린 것이 고색(古色)이 창연해서 말할 수 없는 산의 정취를 돋우고 있었다.

(1) 산의 문화와 산의 얼

차창(車窓)으로 하얀 메밀꽃밭들을 쳐다보던 상념(想念)은 어느덧 이효석(李孝石)의 〈메밀꽃 필 무렵〉의 그 주옥(珠玉) 같은 서정 세계의 글줄들을 더듬고 있었다. 그러한 상념(想念)은 또 자기도 모르는 사이에, 5리나 10리에 불 하나가 깜박거렸다던 옛 나그네나 호랑이 이야기들의 민담(民譚) 세계를 헤매고 있다가, 혼자 웃고 있는 자신을 발견하게 하기도 했다. 그러한 혼돈의 상념 세계는 또 불현듯 카메라 백을 뒤져서 덜커덩거리는 차창 밖으로 셔터를 누르기에 여념이 없게도 했다.

바로 이것이 청전(靑田) 이상범 화백(故李象範畵伯)의 그 현묘한 화폭의 세계라는 생각이 들어서 그것을 카메라에 담으려는 헛된 수작을 정신없이 되풀이하게 해본 것이었다. 효석은 이러한 고장에서 자랐으니 '메밀꽃'과 '산'들을 써서 독자들을 시적(詩的)인 세계로 끌어들여서 감격시킬 수 있었겠고, 청전도 이러한 세계를 마음속에 소화시키고 있었기 때문에 참다운 그의 '한국화'를 원숙시켰음에 틀림이 없다.

이래서 신리에 들어설 때 필자는 이 산의 문화, 산의 참다운 얼을 잡아 보겠다고 다짐했었다. 그것은 지금까지도 잊혀지지 않는 한동안의 감격이었고, 하나의 행복이었다.

신리의 면적은 다른 도(道)의 면(面)보다도 넓지만 인구는 102호에 717명뿐이다. 다행히 40여 년의 긴 역사를 가진 국민학교가 하나 있었고, 그 옆의 삼거리가 신리의 중심지여서 여기에는 가게도 두어 집이 있다. 그러나 신리에는 의사도 없고, 약국도 없고, 이발소조차도 없다. 물론 전기도 없고 교회도 없고, 절도 없고 무당도 없다. 서해 도서 지대에서도 보았으나, 이렇게 의사도 약국도 절도 교회도 무당도 없는 섬이나 두메산골 마을이 아직도 우리 나라에는 꽤 있다. 이렇게 되면 필연적인 수요(需要)로 의사 구실과 사제자(司祭者) 구실과 점복 예언자(占卜豫言者) 구실을 종합한 누구인가가 생겨 있게 마련이다.

서해 도서 지대에서는 아기들이 아프면 5,60대 할머니들이 양푼을 엎어놓고 반주하며 주문(呪文)을 외며 정화수와 쌀을 소반 위에 놓고 기원을 한다. 섬마을 가게들에는 더러 활명수나 소화제 정도의 상비약은 있지만, 그것이 모든 병에 다 효과를 나타낼 수는 없으니까, 이렇게 무엇인가 신적 존재(神的 存在)를 모신 것으로 여기고, 거기에 의지하게 되는 수밖에 없다.

할머니들은 그것이 전업(專業)이 아니고, 큰 효과를 내거나 큰 밑천이 드는 기술도 아니니까 정식 보수라고는 없고, 다만 인사가 있을 따름이어서 상 위에 놓았던 쌀이나 드리는 것이다. 그러한 할머니들을 '선거리'라 부르고 있었는데, 이 선거리 할머니들을 모셔다가 안택(安宅)도 하고, 부득이하면 푸닥거리도 해야 안심이 되었고, 그런대로 겸허(謙虛)한 성품을 가지고 살아 왔다. 이것이 이런대로 섬의 문화 구조의 한 요소로서 꽉 자리가 잡혀서 섬의 생활을 어느 정도 안정을 시켜 주는 구실을 해온 것이다.

여기 신리에는 선거리에 맞먹는 것으로 '복재'라고 불리는 사람들이 있었다. '복재'란 아마도 '卜者'의 와음(訛音)이 아닌가 생각되었는데, 신리에는 모두 6명이 있었고, 이들 6명이 남자이며, 직업은 모두 농업으로 4,50대 연령으로서, 이러한 복재란 말은 삼척군 일대에는 흔히 있는 말이라고 한다. 복재들은 안택도 하고 서낭제나 여기 산멕이기의 사제자역(司祭者役)도 다 한다. 한 노인은 말하기를 "촌에서 급하이, 답답해서 죽을 지경인데, 밥이라도 던져서 낫으면" 하는 판이니 복재들의 존재가 도움이 된다고 한다. "집의 식구 중에 입이 좀 있으면 죄 끼는 사람은 죄낀다"지만 죄낄 입도 없으니, 복재를 모셔오는 것이 낫다고 생각하게 돼 있는 것이다.

(2) 제일 큰 행사는 도서낭제〔都城隍祭〕

그래서 복재들은 사제자 역할에다가 '경낙'이라는 가느다란 침도 놓고, 급병에는 푸닥거리도 해서 의사 역할도 겸한다. 또 복재들은 민중의 궁금증에 의해서 육괘점(六卦占)도 친다. 이들에게도 정식 보수라고는 없고, 무료로는 미안하니까 담배값이나 드리든지, 상에 놓았던 음식 대접이나 한다. 시베리아 샤먼(shaman)의 사회적인 3기능이 사제자 역할, 의사 역할, 점복 예언자 역할이라고 했지만[1] 문명의 혜택이 미치지 못한 데서는 어디나 유사할 것으로서, 여기 복재들도 그러한 기능들을 겸하고 있는 셈이다.

신리의 특색은 다른 지방에는 없는 산멕이기와 산당(山堂)에도 있지만, 서낭제도 신리다운 것의 하나이다. 여기에는 6개의 반이 있고 반마다 동(洞)서낭이 있다. 그리고 신리 전체의 도서낭이 있으며 또 가정에 따라서는 개인 서낭도 있다. 동서낭 이상은 대개 조그만 너와집의 당이 있으나, 도서낭은 기와지붕이고, 가정의 서낭은 커다란 자연목만을 그저 신목으로 정하고 필요에 따라서 기원을 올린다. 산골짝마다 한 채씩 흩어져 있는 102호의 신리에서 제일 큰 행사는 도서낭제이다.

도서낭제는 음력 정월 대보름 자정에 지내며, 이장이 헌관(獻官)이 되고, 복재 3명이 '비는 사람'이 된다. 마을 전체의 안녕을 기원하는 도소지(都燒紙)를 올리고 나면 제관들을 위한 소지를 올리고, 각호의 소지 102매를 호주 연령에 따라서 고령자로부터 호주의 생년월일을 적어 복재들이 올리는 것이다. 여기에 제물을 준비한 당주(堂主)와 반

---

1) M. A. Czaplicha, *Aboriginal Siberia: A Study in Social Anthropology*, 1914, p.191.

장·유지·이장 들이 참가하되 부정한 사람들은 스스로 빠진다. 제사 비용은 1회에 1만 원 정도이고 서낭답〔城隍畓〕 130여 평의 소출(所出)로 비용에 충당하며 개인들이 내는 비용은 없다.

그 1만 원으로 돼지머리와 술·과일·포에 메밥들을 제물로 차려서 젯상에 올렸다가 15일 아침이 되면 최소로 잡아도 남자들만 1백여 명이 모여들어서 음복을 하고, 이어서 반서낭제들을 올린다. 16일부터는 3일 정도 농악놀이를 벌이는데 이 농악놀이는 대개 먼저 도서낭에 와서 한바탕씩 울리고 모시고 나서 집집을 돌며 걸립(乞粒)도 한다. 이상 서낭제들은 지연(地緣)을 같이하는 사람들끼리 화합을 다짐하는 즐거운 축제이며 경건한 제의이다.

(3) 산멕이기는 심산 유곡(深山幽谷)에서

이와는 달리 산멕이기는 보통 같은 동족원들끼리 모여서 하는 것이다. 동족원 외에도 참가한다는 사람이 있었으나 "남이 산멕이는 데 뭣하러 가느냐? 오라고도 않고 가려고도 않는다"고 하는 것이 지배적이다. 그래서 유교적인 동족의 모임인가 했더니, 남녀가 다 흰옷으로 단장하고 모인다고 하니 색다르다. 시기는 나무 눈에 꽃이 피고 풀잎이 성하기 시작할 때에 택일을 하되, 흔히는 4월 초파일 전후 해서 벌이는 행사라 한다. 그렇다고 불교적인 행사도 아니다. 절은 50리 밖, 황지(黃池)에 가야 있어서 아기 못 낳는, 정히 안타까운 여자나 간다고 한다. 더구나 그 대상 신격을 보면 어디까지나 산이 대상이다.

개중에는 군웅산장군(軍雄山將軍)을 위하는 문중도 있는데, 군웅산장군은 나라사람〔官僚〕이 죽어서 그 집안 조상귀신이 된 것이라고 한다. 그러나 응봉산(鷹峰山-신리 북쪽, 1267미터)을 위하는 집안도 있고, 사금산(四金山-동쪽, 1092미터), 육백산(六百山-북쪽, 1293미터)을 위하는 집안도 있다고 하니, 아직 인격화가 되지 않은 산악 숭배로서, 요컨대는 산 자체를 위하는 것이다. 1천 미터 이상의 우람한 산들이 주위를 둘러싸고 있는 자연 환경이 그대로 솔직하게 반영되어 있는 종교 형태이다.

신리에는 20가지 성씨가 살고 있으며, 10호 이상의 성씨는 경주 김씨(慶州金氏, 18호) 김해 김씨(金海金氏, 12호), 남양 홍씨(南陽洪氏, 11호), 전주 이씨(全州李氏, 11호)이고, 다음에 경주 이씨(7호), 삼척 김씨(6호), 선성 김씨(6호) 순이고, 그 밖에는 다 3호 이내이다. 이러한 동족 성원들이 모이는 산멕이기에는 산당(山堂)이 각각 필요하다. 이 산당은 대개 심산유곡 또는 산꼭대기에, 동족들이 살고 있는 근거리에 조그만 당 건물을 짓는데 신리에는 3개가 있다. 그리고 건물은 없어도 산 위 큰 소나무들을 지정해서 해마다 산멕이기를 하기 때문에 왼새끼 금줄·종이·베끈 들이 매달려 있어서, 보면 곧 알 수가 있다.

기원(祈願)은 동족 성원들의 1년 내내의 평안, 가축의 무병 성장(無病成長) 들을 한다. 산멕이기는 동족의 합동 행사이지만 특히 필요하면 아무때나 개인으로도 한다. 이때도 어린이들의 평안이나, 군에 입대한 자식들의 평안 등을 기원하기도 하나 대개 산당은 소를 위하는 것이라고도 한다. 신리는 현재 정부의 보조가 없어도 된다는 '자립(自立) 마을'로 지정되어 있다. 그리고 농수산부의 농산 특별 회계 사업의 하나인 한우 단지(韓牛團地)로서 335마리의 한우가 있다. 호당 3.3두가 있는 셈인데, 이것은 두당 평균 15만 원이 나간다고 하니, 소가 주요한 재산이며, 소를 기르는 것이 주요한 생업인 셈도 된다. 산전(山田)의 주산물은 감자·조·보리 등이나 수확이 적어서, 소가 가장 중요한 재산이 돼 있는 것이다.

제사에는 보통, 2, 30명 정도가 모인다. 그날 아침이면 늦은 조반을 해먹고, 음식을 다 해가지고 가나, 더러 밥은 '새옹밥'이라고 해서 솥뚜껑을 열어보지 않고 현장에서 지어 바치기도 한다. 일동이 산당에

도착하면 소나무 가지들에 널판을 걸쳐서 젯상을 마련하고, 집안 남녀들이 음식을 차려놓는다. 복재는 싸리나무에 한지를 오려서 끼운 대를 잡고 젯상 주변에 술들을 뿌리고 잡귀를 물리친다. 그리고 징이나 꽹과리에 북을 치면서 독경을 하고 본격적인 사제(司祭)에 들어간다.

중간중간에는 쉬기도 하고, 술도 한 잔씩 마시며 독경과 축원은 3시간 이상이 걸린다. 집안의 평안과 가축의 무사·번식을 빌며 복재는 제주들에게 덕담(德談)도 섞어가면서 제사를 끝내면 일동은 그 자리에서 음복을 하고 음식을 나누어 먹고 내려와서 헤어진다. 집에 내려와서 남은 음식을 다 먹고 담소하다가 헤어지기도 한다. 이렇게 봐가면, 산맥이기란 종교적인 행사이기는 하되 아무런 심각성이 없고 낙천적인 민중의 심성이 반영된 동족의 친목 소풍이라고 할 만도 하다.

그것은, 4월 초파일 전후라는 날짜와 독경들로 봐서는 불교 색채도 약간은 있는 듯하고, 동족원들끼리만 모인다는 점에서는 유교적인 영향도 풍기다 마는 듯하고, 남녀 동족원의 봄철을 맞은 즐거운 친목 소풍이기도 하여, 새로운 말을 쓰자면 하이킹에 피크닉도 겸한 것이다. 다만 그것이 산을 중심으로 한 종교 행사라는 데에 핵심을 두고 있는 점이 특이하다.

화전 지대는 토질이 박해서 수확량이 적어, 이곳의 부(富)에는 한계가 있다. 그래서 부해지기만 하면, 교통이나 교육면 등에서 불편이 심하다는 것을 새삼스럽게 절감하며 이곳을 떠나는 예가 많다. 따라서 평지보다는 연면한 가계(家系)의 계승이라는 것이 적고, 모든 행사의 전통성이라는 것이 의심스럽기도 하다. 그러나 전통성이야 의심스럽건 말건 산맥이기는 참으로 두메 산 속의 문화답게 주변의 온갖 자연과 문화들을 그 비중의 비례대로 골고루 섭취하고 있으면서도 잘 조화를 시키고 있으며 다목적 행사라는 느낌이 여실하다. 그리고 이러한 산맥이기는 신리만의 현상은 아니고 삼척군 일대의 공통적인 현상이라고 하는데, 그 분포 한계나 역사성에 대해서는 아직 알 길이 없다.

(4) 시원(始源)에의 향수(鄕愁)

　화전(火田)의 경작법이라는 것은 신석기 시대(新石器時代) 이래의 전세계적으로 보편화된 농경법으로 간주되고 있으며, 현재까지도 아프리카와 남·북미 대륙 및 아시아 대륙의 각 지방에 분포하여 잔존하는데, 그 인구는 지금도 약 2억은 되리라고 한다. 최근까지 북유럽 문명국들에도, 한·중·일 동양 각국에도 다 있었다.[2] 그러나 이제 한국 내에는 순수한 이른바 화전민이라는 것은 보이지 않는다. 섣불리 신리(新里) 같은 데서도 '화전민'이라는 말을 쓰면 노인들은 화를 내기도 한다. 그러나 아직도 옛날의 화전 경작법에 대해서는 회고(回顧)의 정으로 설명이나 담화가 많이 나오기도 한다.

　그리고 여기 신리에는 가옥을 비롯해서 각종 생활 도구, 특히 대소의 그릇들 가운데는 아직도 화전을 경작하던 당시의 유습이나 유물들이 적지않게 잔존한다. 신리내에서만도 너와집은 6,70채나 되며 서낭당·산당들은 전기한 바와 같다. 멧돼지를 잡는 철창(鐵槍)은 거의 집집마다 다 있다. 여기는 겨울에 눈이 많이 쌓이면 2미터까지도 되어, 멧돼지들은 발이 빠져서 잘 걷지 못하고 행동이 둔해빠진다. 이때 철창들을 들고, '설피'라는 눈신을 신고, '주루막'이라는 나무껍질이나 짚으로 엮은 배낭을 짊어지고 도시락을 넣고 20여 명이 나가서 몰아서, 하루에 열 마리나 멧돼지를 잡아와서 먹고 남아 처치에 곤란했던 일도 있었다고 한다.

　부엌에 불씨를 담아서 보존하는 '화티'도 반 이상의 가정이 가지고 있다. 불은 신성스러운 것이고, 더구나 발화법(發火法)이 불편하던 옛날에는 불씨의 보존이 며느리의 가장 중요한 임무였다. 그리고 아랫목

---

2) 李光奎·金光彦, "火田部落의 家屋 및 民具", 《民俗資料 調査報告書》(1971) 35號, 3~16면.

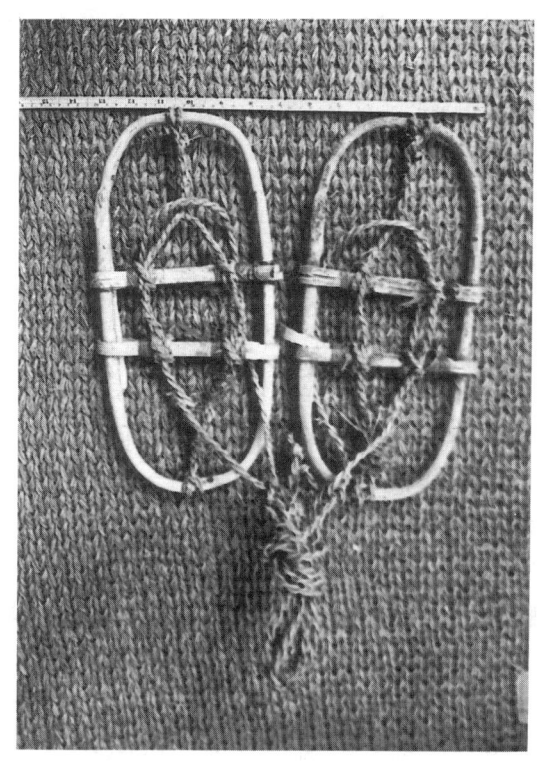

눈이 많이 내렸을 때 신발에 매는 설피

구석에 관솔불을 피워서 조명을 하는 '코클'을 보존한 집들도 있다. 이것은 연기가 위에서 부엌으로 빠지게 돼 있고, 관솔불을 피우면 은은한 불빛과 더불어 온 방 안에 그윽한 향기가 감돌며, 아이들은 여기에 밤이나 고구마들을 넣어서 구워먹기도 한다. 그것이 익기를 기다리는 동안 아이들은 할아버지·할머니들에게 옛날 이야기를 조르며 환상의 날개를 편 채 꿈나라에 잠겨 들어가기도 하던 것이다.

여기 김칫독은 지름 70여 센티 미터, 높이 150센티 미터 정도의 피나무 속을 파내서 쓰며 이것은 극한(極寒)에도 평온을 유지하고 김치 맛

방안의 조명장치 코클

을 변하지 않게 한다. 또 싸릿가지를 엮어서 종이를 바르고 잡곡을 담는 '채독'도 반 정도의 가정이 가지고 있다. 큰 독들은 우선 운반이 어렵고 사기도 힘들어서 못 쓰므로, 대개 이곳에 흔한 나무로 만든 목기(木器)로 대용된다.

 디딜방아·물레방아에 통방아라는 것도 있다. 통방아라는 것은 길이 5,6미터, 지름 4,50센티의 통나무 뒤끝을 함지처럼 파내는데, 여기를 '물받이'라고 한다. 나무 물홈에서 쏟아지는 물이 물받이에 가득 차면 그 무게로 뒤가 내려앉으면서 물받이의 물이 쏟아진다. 쏟아지는 동시에 이 물받이 부분인 뒤끝이 가벼워지면서 다시 올라가게 되는데, 이때에 앞끝에 박힌 통방아 공이가 확 속을 내리찧는다. 이 앞의 공이 부분은 확과 같이 통방앗간 안에 있고, 뒤끝의 물받이 부분은 통방앗간 밖에 삐져나와 있다.

이 통방아는 강우량과 수량(水量)이 많을 때는 동작이 빨라지고, 갈수기 때에는 멎는 수도 있다. 마을 사람들은 때로 아침에 일하러 나갈 때 곡식을 여기 확에다 넣고 나가면 통방아가 혼자서 정미나 제분을 다 해치워 주는 수도 있다. 저녁에 집에 돌아올 때 그냥 퍼내 가기만 하면 되기도 한다. 또 짐승들이 내려와서 성가실 때에는 이 앞의 공이 윗부분에 빈 깡통 같은 것을 매달고 그 속에 작은 돌멩이를 넣어두면 요란스런 소리를 내어서 짐승들을 쫓아 주는 구실도 한다. 그래서 이 통방아는 무인(無人) 다목적 자동 정미·제분기이며, 소박의 극치를 이루는 방아이다.

(5) 환경의 정밀한 반영

고고학상(考古學上)으로는 신석기 시대(新石器時代)니 철기 시대(鐵器時代)니 하는 말에 무토기 문화 시대(無土器文化時代, 기원전 4천년대)라는 말도 있다. 여기 신리의 생활 문화도 지금까지 소개한 그 화전적(火田的)인 유습이나 기구들로 보아서는 고고학상의 어떤 시대에 갖다붙일 만도 하다. 그리고 여기에는 아직 독이나 항아리들은 적으니 무토기 문화 사회라고 말할 만도 하다.

고고학은 땅 속에 묻혔던 유물만을 보는데, 사실 석기 시대나 철기 시대에도, 지금은 모든 유적에서 부식되고 소멸되어 버렸지만 위에서 본 바와 같은 목기들을 더 많이 썼을 것이고, 생활 관습도 위에서 소개한 바와 같은 면들이 없지 않았을 것이다. 그래서 여기 신리의 생활은, 어떻게 보면 살아 있는 고고학상의 목기 시대(木器時代?)를 배회하고 있다는 느낌도 드는데, 이러한 상황은 고고학측에서도 일단 살펴둘 필요가 확실히 있을 것으로 생각된다.

사실 디딜방아는 이미 동수묘(冬壽墓, 4세기)에 그림이 나오고 있지만, 신라의 백결 선생(百結先生)은 디딜방아노래, 즉 대악(碓樂)으로 유명했는데, 신리에는 그보다 훨씬 더 소박한 통방아가 있다. 신라 성시(盛時)의 서라벌에는 기와집이 즐비했다는데, 여기에는 아직도 너와집이 대부분이다. 거기에 신석기 시대의 전세계적인 농경법이었던 화전법이 최근까지도 실행되었고, 지금도 노인들에게서 그 자세한 경험담과 그 방법들을 들 수가 있다. 또 지금도 아주 깊은 산 속에 들어가면 화전이 완전히 없어진 것은 아닌 모양이다. 그 밖의 많은 목기들과 생활 관습들은 다 위에서 소개한 바와 같다.

그러나 지금은 여기에도 군사 도로가 생겼고 몇 년 전부터 급작스럽게 하루에 5회의 버스가 들이닥치고 근래에 수력 터빈의 정미소가 들어섰다. 우선 물레방아·통방아들의 운명이 풍전등화격이 돼버렸다. 아직 많은 집들이 가지고 있는 디딜방아도 점차 사라져갈 것이다. 돌연히 20세기의 철기 문화가 난데없는 산업 혁명을 몰고 물밀듯이 밀어닥치니, 이 두메산골의 목기 시대도 사라질 수밖에 없겠고, 산의 문화도 산의 얼도 다 변질되고 사라져 갈 수밖에 없게 되었다.

어디서나 그 물질 문화·정신 문화 그리고 그 자연들은 결코 서로 무관할 수는 없는 것들이다. 필자가 신리를 찾은 것은 신리의 풍부한 민속 자료를 보고 여기를 집단적인 민속 자료 보호 구역으로서 지정·보존코자 하는 문화재 보존 사업의 예비 조사차로 간 것이었다. 그리고 성격은 반대로 반촌(班村)이어서 전혀 상반되는 곳이었지만, 경북의 하회(河回) 마을이나 양동(月城郡 江東面 良洞里) 마을들도 같은 각도에서 같이 살펴보았었다.

하회나 양동의 지세(地勢)·위치, 그리고 그 양반 가옥·사당(祠堂)들의 자연 환경이나 물질 문화는 결코 허울만의 존재일 수는 없었다. 지금도 조선조적인 유교 정신, 두터운 조상 숭배의 정신, 애친 경장(愛親敬長)하는 기풍들이 여기에는 견지되어 있었다. 신리도 그 지세나 자연, 그 물질 문화나 정신 생활들이 결코 서로 동떨어진 별개의 존재들일 수가 없었다. 민중은 언제나 주어진 환경 속에서 민감한 주변 요소들의 섭취와 조화로 최대의 슬기를 발휘해서 생활 구조체를 이룩해 왔었다.

그리고 당연히 그 문화는 이 깊은 산간에서도 이제부터는 하루에 버스가 5회나 지나다니니 더욱 민감하고 재빠르게 변화해 가는 생명체가 되어갈 것이다. 우선 영림서(營林署)의 엄중한 단속으로 목재를 얻을 수가 없어서 너와지붕들이 슬레이트 지붕으로 급격한 변화를 거듭하고 있다. 나무김치독도 이제는 만들 수가 없고 오지그릇 김치독들이 들어온다. 코클은 이제 보유한 집이 몇 집 되지 않는다. 그래서 신리 전체를 민속 보호 구역으로 지정은 했었으나 그 실효를 거두기가 여기서는 어려워서, 몇몇 가옥과 민속품들만을 '중요 민속 자료'로서 다시 지정하기에 이르렀다.

12. 단골과 광대(廣大)

경복궁의 민속관(民俗館) 초입에 3매의 무신도(巫神圖)와 장승 한 쌍이 전시돼 있다. 잇달아서 들어서는 일본인 관광객들에게 한국인 여성 안내원들은 이 무신도를 가지고, "이것은 미신이며, 서울 시내에도 아직 미신이 있습니다" 하고 나서 돌아서면 장승이 우뚝 서 있으니까 "이것도 미신이며……" 하고 미신타령부터 퍼붓고 있었다. 일본인 관광객들의 표정은 어리둥절할 수밖에 없다. 그들에게 있어서는 민간 신앙과 그들의 국가 종교가 거의 직결되며, 신앙이라면 하나하나가 소중하고 경건한 것이다. 그러나 한국인에게 있어서는 그것은 다 민간 신앙이며, '민간 신앙' 하면 곧 반사적으로 '미신'과 '타파'라는 말이 튀어나오도록 한국인에게는 체질화되어 있는 것이다.

(1) 민간 신앙과 미신 타파

'미신 타파'라는 개념은 개화기(開化期)의 한 유행어였다. 일본에서 19세기 말 메이지 시대(明治時代)에 한동안 성했던 것이고, 중국에서는 신해 혁명(辛亥革命, 1911)에서 5·4 운동(1919) 무렵에 벌어지던 개화 운동의 한 부분이었다.[1] 본래 종교란 이성(理性)이나 이치만으로는 따질 수가 없는 것이고, 어느 나라 고급 종교에도 미신적인 요소는 없을

---

1) 崔吉城, "迷信打破에 대한 一考察", 《韓國民俗學》 7號(1947), 39~40면.

수가 없다. '미신'이란 개념은 규정을 짓기도 어려운 19세기의 유물 같은 한 시대의 개념이었다.

그러나 한국에서는 구한말(舊韓末)의 신문학 운동 이래로 지금껏 한국 문화의 바탕에 강하게 깔려 있는 유교적인 합리주의 사고와 결부되어 지금도 미신 타파라는 관념은 강하다. 이른바 신소설(新小說)의 주세에는 미신 타파가 한 부분을 이루어서 성황을 이루기도 했다. 그리고 지금도 한국인들, 특히 남성들은 어떤 신앙 관련의 이야기를 할 때면 흔히 '우리는 본래 미신을 믿지 않지만……' 하는 전제를 하고 나서야 이야기를 시작하는 수가 많다. 또 시골에 가서 한학(漢學)을 한 노인들에게 신앙 관계 민속 조사의 질문을 하면 "우리는 그런 미신은 모른다"고 결연히 고개를 가로젓고 외면한다. 국민학교 학생들부터 '민간 신앙' 하면 '미신'이라고 경원하는 눈초리가 되게끔 지금도 교육이 되고 있다.

그리고 관에서도 '신생활 운동'이나 '새마을 운동' 등 무슨 새로운 일을 시작할 때면 우선 사회 표면에 눈에 띄는 서낭당 타파 운동이 먼저 벌어지는 경우가 많다. 결국 민간 신앙이란 한국에서는 송충이같이 늘 경원과 타파의 대상으로 생리화되어 왔다. 그런데 일본에서는 신앙이라면 모두 거룩한 것, 소중한 것으로 경건하게 대하게 되어 있어서, 여기 동양의 가까운 이웃 나라 사람들이지만 한국인과 일본인들 사이에는 근본적인 차이가 있다. 따라서 한국인 안내원으로서는 미신타령을 퍼붓는 것이 당연한 일일지 모르고, 그것을 듣는 일본인이 어리둥절해지는 것도 또한 당연한 일일지 모른다.

아무리 자기네의 민속이지만, 무신도나 장승에 대해서, 안내원이라 하더라도 별도 교육을 받지 않는 한 그 설명이 어려울 것은 당연하다. 관혼 상제(冠婚喪祭)의 본질이나 세시 풍속의 설명도 다 어려운 것이 한국인 일반의 실정이다. 도대체 학교 교육이, 서양의 음악이나 미술 등은 가르쳤어도 한국의 음악이나 미술에 대해서는 가르치지도 않고 돌보지도 않았던 것이 우리의 실정이었다. 지금까지 한국 근대화의 특징은 서구화에 있었고, 한국 문화 정책에는 한동안 주체 의식이 결여되어 있었다.

여기서 잠깐 한일(韓日) 양국의 종교 구조의 차이를 살핌으로써 한국 종교 구조의 본질을 이해하는 한 도움으로 삼기로 한다. 일본 문화청(文化廳)의 〈종교연감(宗敎年鑑, 1968년도)〉에는 인구 1억에 종교 인구는 1억 8천만으로 기록되어 있었다. 여기서는 신토계 신자〔神道系信者〕 8,346만 명, 불교계 신자 8,328만 명, 기독교계 신자 83만 명, 기타 몇백만 명의 종교 인구들을 보이고 있다. 각 가정들이 신단(神壇)에다 불단(佛壇)도 모셔서 그런지 종교 인구가 실제 인구의 근 2배가 되어 있었다.[2]

한편 한국 문화 공보부의 종교 통계(72년도)는 불교계 8백여 만 명, 신·구 기독교계 4백여 만 명에 민간 신앙에 대해서는 일체 언급이 없다.[3] 그래서 오히려 서양인 학자들이 이 통계는 믿지 못하겠다고 주장하고 있다.[4] 종교 구조에 있어서 한일 양국은 완전히 별개이다. 그리고 저쪽은 기독교 신자가 1억 인구에 83만 명뿐인데, 이쪽은 3천3백만 인구에 기독교 신자가 4백여 만 명이나 된다. 한편 한국 불교 신자는 8백여 만 명이며, 실제로 농촌에서는 4월 초파일 석가탄일(釋迦誕日)에는 일손을 쉬고 하루를 노는데도 불교측의 공휴일 요청은 오래 무시되어 왔고, 한편 크리스마스는 공휴일로 되어 있었다.

이것은 소수를 위한 민주주의였던가 이해가 안 가는 일이었다. 그리고 필자가 별도로 알아본 바, 무당·점쟁이들은, 그들의 단체인 경신

---

2) 日本文化廳,〈宗敎年鑑〉(1970), 73면.
3) 文化公報部,〈韓國의 宗敎〉(1972), 429면.
4) A. Guillemoz, "韓國人의 宗敎心性"(韓國人의 再發見 9回, 西歌人이 본 韓國人), 月刊《對話》34號(1973), 37~40면.

회(敬信會)의 숫자 파악에 의하면 20만 명을 상회하고 있었다.[5] 이들도 승려나 목사들처럼 종교·신앙에 전업으로 종사한다는 점에서는 마찬가지이다. 그런데 목사와 승려 등 이른바 고급 종교의 성직자는 도합 5만여 명 정도인데, 이들의 숫자는 20만 명이라는 것이다. 이 20만 명은 한국인이 아니었을까? 그 숫자는 파악할 필요도 전혀 없었던 것일까? 문제는 그 수가 20만이나 된다는 냉철한 이 현실에 있는 것이고, 이 현실은 좋든 나쁘든 무시될 수가 없다.

그러니 불교·기독교계 도합 1천2백만 명 신자에 성직자는 5만 명이라는데, 이 20만 명의 무당·점쟁이들에 딸리는 민간 신앙의 신봉자는 얼마나 많을 것인가? 교단 조직(敎團組織)도, 성직자에 대한 특별한 교육도, 경전(經典)도, 교리(敎理)도, 다 거의 없는 것이 민간 신앙이기는 하지만, 이 민간 신앙은 우리 민족의 발생과 때를 같이해서 유구한 원초 이래로 광범한 민중에게 신봉되어 온 것이다. 사실상 파악하기도 어려운 것이 그 신봉자 숫자이기도 하지만, 이러한 종교 현상이나 그 20만 명에 달하는 교직자들의 숫자는, 당장 종교 정책상으로도 결코 도외시되어서는 안 될 것이다.

(2) 민족 예술과 민족 결속(結束)의 기반

한국의 무속(巫俗)은 조선조의 유학자·위정자들에게 억업당하고 천시되기 이전에는 그런대로 종교적인 기능을 수행하고 있었던 것이 역사상에 뚜렷하게 보이고 있다. 더구나 고대 종교의 기능은 인간 심성(心性)의 안정 외에도 국민 예술의 산출, 국민의 통합과 결속, 국가의 질서 유지 등에 이바지한다.

---

5) 大韓勝共敬信聯合會 中央本部, '1973年度 現況', 8면.

한 예로, 찬란한 신라 금관의 조형(祖型)은 시베리아 샤먼(shaman)의 관이며, "우리는 이 금관을 통해서 고(古)신라 제왕들의 샤먼 교황적(敎皇的)인 면모를 본다"고 김원룡 교수는 말하고 있다.[6] 이것은 신라 2대 임금 남해차차웅(南解次次雄)의, '차차웅'이 왕호이며 동시에 무격(巫覡)과 존장자(尊長者)의 칭호였다는 〈삼국유사〉의 기록과도 부합된다. 무왕(巫王)의 권위를 위해서 녹각숭배(鹿角崇拜)와 수목숭배(樹木崇拜)의 사상이 형상화되었던 것이, 고신라에서는 기하학적(幾何學的)인 문양화(文樣化)로, 훌륭한 공예 작품으로서 예술품 산출의 기반이 되고 있는 것이다.

또 〈삼국사기〉에 의하면, 고구려의 요동성(遼東城)은, 수(隋)나라의 양제(煬帝)가 수십만의 친정군(親征軍)까지 이끌고 왔다가 패퇴(敗退)하여 대수(大隋)제국으로 하여금 30년 만에 멸망을 하게 하는 결정적인 타격을 준 당시의 세계적인 웅성(雄城)이었다. 뒤를 이어서 당나라 태종도 친정군을 이끌고 왔는데, 전후 5,6차 연 1백만 대군의 인해전술(人海戰術)에 의한 공격을 이 성은 모두 무찔러 냈었다.[7] 여기 "성 안에 주몽의 사당이 있고, 사당 안에는 갑옷과 날카로운 칼이 있었는데, 포위가 바야흐로 급해지자 미녀를 장식하여서 신부로 삼고는, 신령스런 무당이 말하기를, 주몽이 기뻐하여서 지켜주겠기 때문에 성이 반드시 안전하리라 했다"는 것이다.[8]

이 〈삼국사기〉의 기록으로 보아서 당시의 무속은 지금처럼 단순한 기복(祈福)·치병(治病)을 주로 하는 가정적인 종교가 아니고, 국가 수호를 기원하는 국가적 종교였다는 것을 알 수가 있다. 현대 국가 원수가 서울 남산 위에 시조 단군의 동상을 세워서 국민 결속의 핵심으로

---

[6] 金元龍, 〈韓國考古學槪說〉(1973), 151면.
[7] 李丙燾, 〈韓國史〉 古代篇(1959), 491면.
[8] 〈三國史記〉 高句麗本紀 寶藏王 4年條.

삼자던 일이 있었는데, 실은 먼저 여기 고구려의 요동성에서 시조 주몽을 수호신으로 모시고 그렇게 했던 것이다. 그리하여 성안의 장병과 민중이 일치 단결하여 초인적인 분전을 하는 사기(士氣)의 고무와 결속에, 무교(巫敎)와 시조신 주몽이 핵심적인 역할을 했음을 알 수가 있다.

그런데 조선조는 건국 당초의 〈경국대전(經國大典)〉에서부터 '사대부(士大夫) 부녀들의 성황・묘우(廟宇)・산천 기도를 장일백(杖一百)'으로 규제했고, 승려・무격・광대・기생・상여군・백정・공장(工匠)・노비들을 이른바 8천(賤)으로 규정했다.[9] 그래서 고대의 제왕격이던 무격, 고려말까지의 귀족층이던 승려들은 다 모두 천민으로 전락을 하고 말았다. 즉 여타의 모든 종교를 억압하고, 유교 제례만을 숭상시켰으나, 그 유교 제례는 형식(形式)에 너무 치중한 감이 적지 않았고, 또 혈연유대(血緣紐帶)의 지나친 강화로 종파성(宗派性)을 조장해 온 면이 적지 않았다.

더구나 이 유교 제례는 지나친 가부장권(家父長權)과, 남성 본위로 치우쳐서 여기서 제외된 부녀층은 반상(班常)을 불문하고 무속으로 기울어질 수밖에 없는 한국 농촌 사회의 특수 문제를 형성시키기에 이르렀다.[10] 결과적으로, 부녀층으로 하여금 무속에 기울게 한 책임이나, 또는 그래서 무속으로 하여금 부녀층의 가정적・기복적(祈福的)인 종교로 타락하게 한 원인은 모두 조선조 정책의 결과에 있었다 할 것이다. 그래서 고유 종교는 5백 년간의 강압으로 이른바 미신화로 줄달음질쳐 왔고, 그러면서도 그 강압 속에서도 불사조처럼 무점업자(巫占業者)들은 증가 일로를 걸어왔던 것을 역사가 증명한다. 그리고 그것은 계속 부녀층 위주로 가정 속으로 침잠(沈潛)하며, 저질화(低質化)하면

---

9) 〈經國大典〉, 〈大典會通〉 刑典 禁制條.
10) 金斗憲, 〈韓國家族制度硏究〉(1948), 122면.

서 숫자만은 증가하는 길을 걸어온 것이다.

(3) 무형 문화재 보존에의 역행(逆行)

앞의 '제주도의 본풀이'에서 보았듯이, 중국은 변문(變文)·보권(寶卷)·제궁조(諸宮調)·고사(鼓詞)·탄사(彈詞)·설경(說經)·설참청(說參請)·강사(講史)·소설(小說) 등등으로, 또 일본은 전쟁 설화(戰記物語)·신사·사찰연기설화, 옛말책(お伽草紙)·고죠루리(古淨瑠離)·노가쿠(能樂)·가부키(歌舞伎)·가구라(神樂) 등등으로 각기 요란 착종의 꽃동산 같은 다양한 예술의 세계들을 그 종교 바탕에서 직접·간접으로 산출시켜 왔다. 그러나 우리에게는 무엇이 있었던가?

하나 있는 광대의 판소리는 우리에게도 민족 오페라가 있었다는 것을 증명해 주기는 하나, 밑바닥에서 천대를 받아온 전라도의 단골(巫女)들과 같이 천대를 받으며 충분한 발전을 보지 못했다. 정노식(鄭魯湜) 씨는 그의 〈조선창극사(朝鮮唱劇史)〉에서 "근래에는 라디오 방송으로 전 사회가 밤낮없이 조선 음악과 창극조(唱劇調)로 오락을 유지하면서도, 서양 음악만 숭상하고, 광대(廣大)의 인격을 천시한다"고 분개하고 있다.[11] 과거에 창극의 팬이었고 광대의 패트런이었던 양반들도 이제는 다 신식 인텔리가 되어서 서양 음악에만 관심을 돌리고, 우리의 것은 돌보지 않았던 것이다.

또 그는 "무녀의 굿조(調)와 광대의 창조가 상사(相似)한 것"을 지적하고, "과거 명창(名唱) 중 수명의 비가비(閑良廣大)를 제외한 나머지의 광대는 모두 쟁인(才人)·무인 계급에 한하여서만 출생했다"고 했다. 그러나 90여 명의 명창들을 고향·시대·창조별로 약전(略傳)들을 적

---

11) 鄭魯湜, 〈朝鮮唱劇史〉(1940), 4면.

으면서도 그 가계(家系)에 대해서는 전혀 언급이 없다. 알고도 적을 수가 없었던 것은 너무나 분명하다.

이웃 일본에서는 이러한 예인(藝人)들의 가계는 사회적으로 명예스러운 것으로 애중되지만, 우리의 경우 그들은 철저한 천민이기 때문에 그 가계들까지를 만일 밝혔더라면 정노식 씨는 매를 맞아 죽었을 것이라는 것이 현 고령자 명창들이 하는 이야기였다. 그렇지 않아도 정노식 씨를 고소하려고 한 일이 있었다는 노명창도 있었다.

그런데 이 90명의 열전에서 그 출신도를 통계하여 보면 전라도 55명, 충청도 24명, 경상도 7명, 경기도 3명이며, 여기 경상도·경기도의 명창들은 대개 후대의 명창들이다. 그래서 판소리라는 것은 호남 지방에서 발생한 우리의 민족 오페라였다는 것은 더욱 분명해진다. 그리고 판소리가 무악(巫樂)에서 발생했다는 것은 10여 명의 사계(斯界) 학자들 견해를 다 추려보아도 하나 예외없는 확실한 정설(定說)로 되어 있었다.[12]

또한 예부터 지금까지 국악계에서 광대는 거의 모두가 무가계(巫家系)의 남성들이라는 이야기만은 상식처럼 되어 있지만, 확실한 기록 자료나 조사 보고는 아직껏 한 건도 없었다. 말하자면 그 가계의 천명은 하나의 터부였던 것이다. 그러나 후세를 위해서는 광대의 무가(巫家) 출신 계보는 학술 자료로서 남겨져야 한다고 벼르다가, 1968년도에 거문도(巨文島)에서 하나를 구할 수 있었다.

결국 무속 연구도 그 문학적 측면은, 제주도에서는 신화가 중심이 되며, 신화(서사무가)와 종교 의례와의 유기적인 관련성이 특히 문제가 될 수 있지만, 전라·충청 양도에서는 특히 판소리가 한 중심이 되며, 판소리와 무악(巫樂)·조선 소설들과의 상호 영향 관계가 문제의 초점이 된다. 다음에 제시된 도표는 거문도(巨文島)에서 파악된 것으로

---

12) 李杜鉉·張籌根·李光奎 共著,《韓國民俗學槪說》(1974), 374면.

서 김태삼(金泰三, 78세) 노인을 중심한 무가계 출신 예능인들의 계보이다.

(4) 무녀와 광대, 무악(巫樂)과 판소리

김태삼 노인을 비롯한 동네 사람들의 담화를 요약한 이 도표에 의하면, 우선 김노인의 부친 고 김달천 옹(故金達川翁)은 고종 황제의 어전에서 창을 하고 참봉(參奉) 벼슬을 하사받았던 명창이었다. 김태삼 노인의 매부(妹夫)도 명창이었지만, 매부의 부친은 대원군(大院君)에게서 홍패(紅牌)를 하사받은 명창이었고, 그 매부의 자제분은 현재 판소리의 무형문화재 기능 보유자(技能保有者)로 지정되어 있는 이른바 인간 문화재이다. 그분의 이름을 밝히는 것은 그 가계를 밝히는 결과가 되어서, 그것이 절대 금물이라는 현실이 여기서도 안타깝기가 그지없다.

김태삼 노인은 본래 전남 고흥(高興) 사람이며 두 번 상처를 했으나 둘이 다 단골〔巫女〕이었고, 같이 굿을 하고 다녔다. 홀아비로 있는 동안, 굿을 할 수가 없었을 때에는 사당패의 유랑 예인(流浪藝人)으로 다니면서 3남 김윤동(金允同) 씨를 농악의 삼무동(三舞童)으로 어깨 위에 올려세우고 재주를 부리기도 했다. 그러나 그 장남은 단골 자식으로서 천대받고 고향에서 살기가 싫어서 50이 훨씬 넘은 지금껏 떠돌이 선원(船員) 생활을 계속하고 있다.

홀아비로 굿을 하지 못하던 시절의 김태삼 노인은 사당패로도 다녔지만, 고기잡이배의 소리꾼으로도 다녔다. 어로 작업 때에는 선소리꾼, 심심할 때에는 그냥 노래만을 불러주며 다녔지만, 며느리(朴小德氏, 56세)를 맞고 나서는 다시 굿을 하기도 했다. 며느리 박소덕 씨도 그 부모는 단골 가문이었지만 일체 굿은 안하고 농사만 짓고 지냈는데, 그 조부모가 단골 가문이라는 것을 알고 며느리로 맞았던 것이다.

따라서 며느리도 굿을 아니하려고 했으나, 김노인은 며느리를 달래서 같이 굿을 하기도 했다.

　김노인은 말하기를, 자기 큰아들은 좀 멍청이이기도 하지만 며느리는 영리하고 효성도 지극하다고 칭찬을 했다. 먹고 살기 위해서 굿을 해야 할 것이 아니냐 하니까 부모대부터 그렇게 마다던 굿을 하려고 따라나섰고, 조금 가르치니 금방 음악이나 굿의 절차들을 익혀서 잘했다고 한다. 평생을 천대받으며 가난 속에서 오로지 예도(藝道)로 살다가 이제 귀도 퍽 멀어진 이 노인의 표정에는, 며느리도 고생을 시켜 왔기에 딱했다는 자애(慈愛)가 번지고 있었다.

　먼저 김태삼 노인을 상대로 한참 이러한 조사를 하고 있는데 출타했던 며느리 박소덕 씨가 돌아왔다. 그녀는 한참 장면을 살피고 있더니, 시아버지의 이야기를 제지하기 시작했다. 단골 생활 이야기야 하면 할수록 집안 창피만 더해지지, 그 신물나던 이야기를 더 되풀이해서 무엇하느냐는 것이었다. 그것은 사실 그녀들의 입장으로서는 현명하고 타당한 이야기였다. 그러나 다행하게도 김노인은, 먼 길을 온 손님들이 묻는데 어떻게 대답을 않느냐고 며느리를 나무라기도 했으나, 며느리는 끝까지 그 자리를 뜨지 않았고, 피차 신경이 날카로워지겠기에 끝내는 필자들이 물러나올 수밖에 없었다.

　다시 동네 사람들과 이 두 사람에게서 들은 이야기를 추리면 다음과 같다.

　박소덕 씨에게는 지금 아들만 다섯이 있다. 위아들들은 고등 학교에 다니는데 교우들에게 단골집 자식이라고 수모를 받는 일이 없지 않다. 그러나 그 아들들은 주먹이 세서 합세하여 모욕하는 상대를 두들겨 주고, 집에 돌아와서는 무서(巫書)들을 불사르고 울며 만류해서, 지금은 굿을 하지 못하며 결국 이 무가계는 김노인 손자대에서는 단절될 수밖에 없는 것이 현재의 실정이다.

　한편 김태삼 노인의 백씨(伯氏)는 사당패로서 별명을 '솔방울'이라

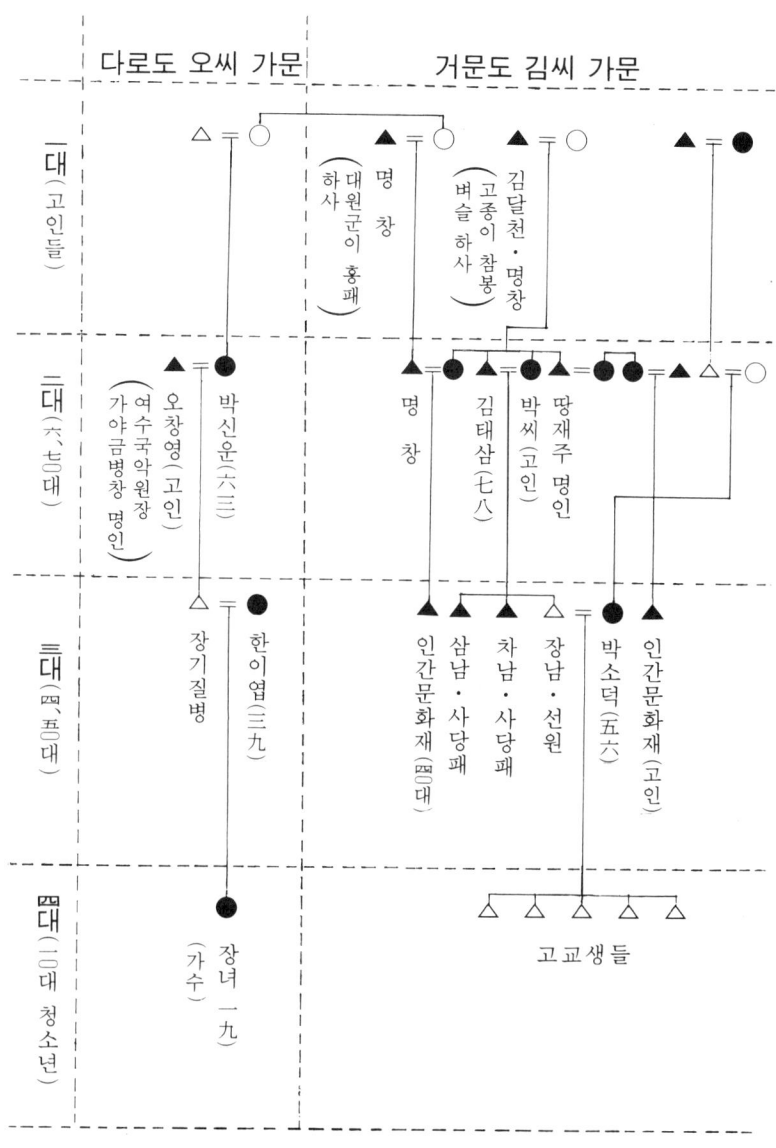

12. 단골과 광대(廣大) 169

부를 만큼 땅재주의 명인이었고 그 부인의 언니의 아들은 70년대에 들어서 사망했으나, 인간 문화재들 중에서도 아주 이름 높은 명창이었다. 구한말의 황실에서 벼슬들을 하사받은 2명의 명창과, 현재 중요 지정 문화재(重要指定文化財) 판소리의 기능 보유자 2명과, 사당패 참가자 3명을 우리는 이 무가계에서 파악한 셈이었다. 그것은 단골(巫女)과 광대(廣大), 즉 무속과 판소리의 밀접한 상관 관계를 밝혀 주는 귀중한 자료였다. 그리고 여기에 포함되었던 3명의 이른바 사당패는 주지하다시피 덧보기(가면극)・덜미(인형극)・풍물(농악)・어름(줄타기)・버나(사발돌리기)・살판(땅재주) 등 여섯 종목으로 전국을 유랑하고 다니던 지난날의 민중 사회 연희(演戱)의 전담자(專擔者)들이었다.

(5) 씨가 따로 있다는 단골

중부 이북의 강신무(降神巫)들의 현재 무계 계승(巫系繼承)은 신(神)이 지핀 새 무녀인 신(神)딸과, 그 신딸을 가르치는 큰무당인 신어머니 사이의 사제 계승제(師弟繼承制)이다. 이에 비해서 전라도의 단골은 부가계내(父家系內)의 고부 계승제(姑婦繼承制)이다. 시어머니・며느리 등 여자가 무녀로서 가무 사제(歌舞司祭)를 하면 남편들은 북・장고 등의 음악 반주를 한다. 결국 세습적으로 그 식구들은 모두 무업에 종사를 하게 되니, 단골은 씨가 따로 있다고 해서 더욱 천시를 받게 된다.

단골 가문의 한 처녀가 사범 학교를 졸업하고, 타향에 가서 가문을 감추고 교편을 잡았는데도 학생들에게 그 가계가 알려지고, 뒷손가락질을 해서 교원 근무도 불가능한 사례가 있었다고 한다. 단골 가문의 처녀는 보통 가정 남자들에게는 결혼에서 경원을 당하니, 이른바 계급 내혼(階級內婚)으로 단골집으로 출가해서 단골이 되든지, 그렇지 않으면 기생이 되는 수밖에 없다고까지 한다. 기생이 되는 경우, 가무(歌

舞)의 습득은 그 환경과 유전으로 해서 다른 여자들보다 몇 갑절이 빠르고 능숙해진다고 한다.

　이러한 천대 속에서도 한국의 민족 오페라를 창조해 내고, 지금까지 보존해 온 이들에게 민족적인 영예를 돌려주어야 하겠다는 것이, 사실은 우리 조사의 한 의도이기도 했다. 그래서 지금 기능 보유자들에게는 50세 이상이면 월 3만 원, 이하이면 1년에 15만 원, 그 기능의 전수생(傳受生)에게도 월 1만 원씩의 생계 보조비가 국가에서 지급된다. 이 때 강사료는 월 2만 원이 지급되는 것이니 기능 보유자는 월 5만 원을 받는다. 이 밖에 질병 때의 의료 혜택과, 사망했을 때에는 장례비도 지급된다. 사실 국가적인 대우는 하는데도 국민의 천대하는 사회 풍조는 가시지 않는다.

　이 계보(系譜) 자료는 이것이 섣불리 공개되면 본인들의 사회 생활에 지장이 올 수 있다. 특히 혼인 관계에는 지장이 생길 것을 고려해서, 아직은 특히 인간 문화재의 성명은 익명으로 하였다. 그런데 1968년 수집 당시에 모 신문에 누설 게재되어서 본인들이 사실과 다르다든가, 고소를 하겠다든가로 말썽까지 있었다. 그것을 여기에 다시 익명으로 제시하는 것은, 이런 상황 속에서야 어떻게 민족 예술이 꽃필 수가 있겠으며, 무형 문화재 보존의 구호도 공염불이 아니겠느냐 하는 안타까움에서 다 같이 명심해 보자는 까닭에서이다.

　상황이 이러하니 씨가 따로 있다는 단골도 씨가 말라들어 가고 만다. 거문도에는 결과적으로 현역 단골은 한 명도 없는 셈이어서 전라도식 굿은 볼 길이 없었다. 아쉬워하는 우리에게 김태삼 노인은, 나로도(羅老島)라는 섬에 가면 자기 진외가(陳外家)의 단골 가문이 있다는 것을 일러주어서, 여기에서 시어머니 박신운(朴信雲, 63세) 씨와 며느리 한이엽(韓二葉, 39세) 씨의 고부간(姑婦間)에게 굿을 청탁해서 녹음과 촬영과 관찰을 할 수가 있었다.

　전기했듯이 고부 계승제인 전라도 무속에는, 사제 계승제인 중부 이

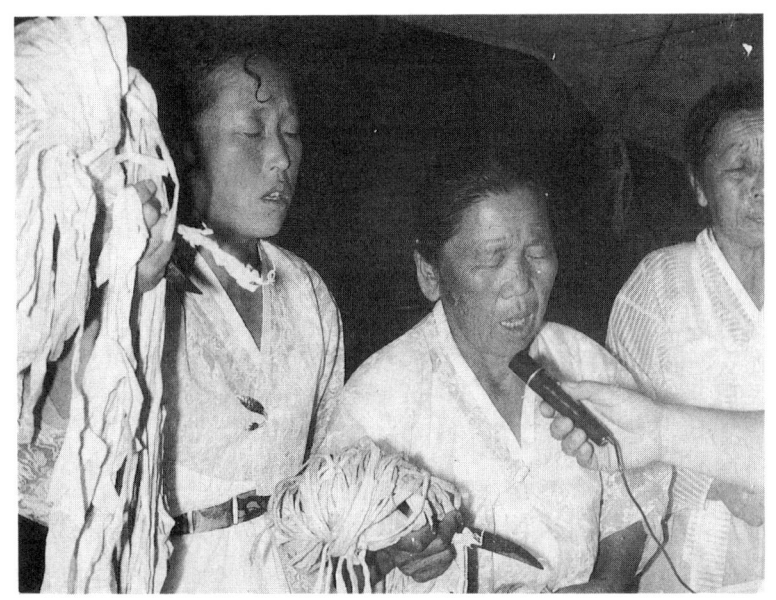
시어머니, 며느리가 같이 사제하는 나로도 단골의 씻김굿(1967년)

북과는 달라서 무당이 될 때에 이른바 무병(巫病)이나 강신(降神) 현상이 없다. 동시에 굿을 할 때에도 중부 이북 무당처럼 뛰는 춤을 추고 신이 들려서 신(神)으로 인격 전환(人格轉換)을 하고, 신의 입장이 되어서 일인칭으로 하는 공수〔神託〕도 없다. 이른바 샤머니즘(shamanism)에서의 샤먼의 가장 핵심적인 본질로 일컬어지는 빙신 상태(憑神狀態 -ecstasy)[13]가 중부 이북에서는 뚜렷한데 여기에는 없는 것이다. 그래서 두 지방의 무속이나 굿은 본질면에서는 결정적인 차이가 있는 것이고, 중부 이북의 무당이 신들리는 샤먼(ecstatic shaman)이라면, 호남의 단골은 점잖은 사제자(priest)이다.

---

13) M. Eliade, Shamanism : *Archaic Techniques of Ecstasy*, 1964. New York, Pantheon Books, p.4.

그리고 여기 나로도의 단골 가문도 역시 단골 가문다운 음악적인 재능을 보여 준 동시에 또한 여기서도 그 따로 있는 씨는 말라가는 것이 아닌가 여겨졌다. 박신운 씨의 남편 고 오창영(吳昌永) 씨는 가야금 병창의 명인으로서 여수 국악원장을 지냈었다. 그리고 한이엽 씨 남편은 허약한 장기 질환자(長期疾患者)로서 놀고 지내고 있었으나, 이들에게는 19세 난 딸이 하나 있는데, 그녀도 음악적인 소질을 나타내어 지금은 서울 모 방송국의 신인 가수로 나서고 있다는 것이었다.

이리하여 두 섬, 두 집의 단골들은 이제 광대도 사당패도 다 같이 4대에서는 완전히 단절될 수밖에 없게 되었다. 그래서 종교면이나 예술면에 아울러서 가치가 있는 단골은 씨가 말라들어 가고, 그나마도 고향을 뜨고 가계와 종적을 감추어 간다. 그 대신 늘어나는 것은 가문도 예술성도 없이 안방에서 은밀히 방울이나 흔들며 신이 들렸다고 횡설수설하는 뜨내기 여자 점쟁이들이다. 이들의 수가 증가하는 것은 수요가 없이 증가할 리는 만무한 것이고, 부녀자들의 종교 욕구에 따르는 것인데, 결국 그것은 한국 무속의 저질화를 의미하는 것뿐이다.

(6) 씨가 마르는 단골

1972년도에 필자는 몇 차례 충남 일대를 조사하여 보았다. 여기도 단골은 없지 않았던 곳이어서 열심히 단골 가문을 탐색하고 다녔으나 그것은 이미 없어진 지 오래고, 다만 70객 노인들의 기억 속에서나 가물거리는 존재였다. 충청도의 특색은 '앉은굿'이라는 말로 상징된다. 그것은 눈뜬 남자 법사(法師)들이 북과 징을 두드리면서 경문을 외는 것이다. 그나마 이 법사들도 해방 이후로는 새로 생긴 일이 거의 없다는 것이 각군 경신회(敬信會) 간부들의 환한 실정 파악에서 나오는 답변들이었다.

충청도 법사의 앉은굿

　해방 후 인구는 2배가 는 셈인데, 법사는 줄어가는 대신에 여성 점쟁이는 10배는 늘었을 것이라는 이야기들이었다. 이들은 흔히 '보살(菩薩)'이라고 불리는데 이들만이 늘어나는 이유는 다음과 같은 것으로 이야기되었다. 굿은 간략해지고, 어지간한 굿은 보살로서도 해넘길 수가 있는데, 실제 무점업자들을 찾아나서고 준비를 하고 하는 것은 가정주부들이다. 이들은 먼저 같은 여성끼리인 보살들을 찾아가고, 이 선에서 다 얼버무려지니 법사의 필요나 일거리가 줄어든다는 것이다.
　보살들은 안방에서 염주·엽전·쌀 들을 가지고 점을 치며, 점 결과에 따라서 여러 가지 굿을 하기도 하는데, 근래 부쩍 늘어나는 굿의 종류에 거리제(街祭)라는 것이 있었다. 이것은 차(車) 사고로 사망자가 생겼을 경우 그 위령(慰靈)이나, 또는 차사고가 생기지 않기를 기원하는 뜻에서, 또는 차사업의 번창을 기원하며 운전사·운수업자들 자신이나 흔히는 그 부인들이 지내는 것이다.

비용이래야 5백 원에서 천 원이고 무사고를 명심하자는 것인데 이런 신앙성을 띤 일이라면 무조건 미신으로만 생각하려는 생각은 버려야 할 것이다. 오히려 이런 신앙성이라도 가지고 운수업에 종사하려는 사람이면 난폭성이나 뺑소니 사건들을 덜 것으로 여겨서 환영해야 할 것이다. 이 거리제는 대개 그 부인들이 지내는 것인데, 한국의 남성들은 세계에서도 유례가 드물 만큼 신앙심이 없는 것을 오히려 한탄해야 할 것으로 안다.

단골은 충청남도에서, 각군의 경신회 지부들을 돌면서 겨우 단 두 사람밖에 찾을 수가 없었다. 그나마 한 사람만의 현역은 부여군의 이(李)어린이 할머니(80세)였으며 그는 이미 은산별신(恩山別神)굿의 인간문화재로 지정된 사람이었다. 그녀는 담화중에 왕년의 명창 이동백 옹(李東伯翁)이 자기 6촌 오라버니라는 말을 해주어서, 그러한 명창도 역시 단골 가문 출신이라는 자료를 얻은 셈이었다. 〈조선창극사〉에도 이동백은 충남 출생으로 돼 있다. 이동백은 아마도 한국 창극사상 제일 가는 인기와 관록을 자랑삼을 수 있는 사람일 것이다. 그는 여러 차례 궁중에 불려가서 어전 명창으로 알려졌고, 특히 고종 황제의 총애를 받아서 정3품 당상관인 통정대부(通政大夫)의 벼슬을 받았던 사람이다. 당시만 해도 판소리는, 위로 왕실에서 아래로는 국민 대중들에게까지 조야(朝野)에 인기를 얻고 있었다. 가령 순종(純宗) 임금은 원각사(圓覺社)에서 창극을 할 때에는 늘 전화통에 귀를 대고 애청했다고도 한다.

그래서 단골 가문의 남성들은 명창 광대가 되기 위해서 피나는 노력과 수련을 했었다. 그러나 불행히 성대가 나빠서 그것이 도저히 불가능하면 잽이(鼓手)가 되었다. 옛날 장마당이나 양반 대가댁에 불려가서 창을 할 때 광대와 잽이의 보수는 10대 1 정도의 비율이고, 광대는 가마를 타도 잽이는 북을 메고 걸어서 따라다녀야 하는 처지여서 더욱 더 누구나 일단은 광대가 되기 위하여 노력했다. 그러나 성대도 나쁘고,

음감(音感)도 둔해서 광대도 잽이도 못 되는 경우는 도리없이 땅재주나 줄타기를 익혀서 재주꾼이 되었다. 그런데 그도 저도 다 안 되는 경우도 있으니, 그런 경우는 일행의 잔심부름이나 하고 다니는 방석화랭이가 되었다고 한다.

(7) 종교에서 예술로

　판소리는 그러는 가운데서 성장하며 열두 마당의 레퍼토리를 갖추었고, 신재효(申在孝·1912~1984) 같은 비가비[閑良]가 나와서 '춘향전'·'심청전' 등 여섯 마당을 다듬어 놓았다. 그는 이 판소리들을 남창(男唱)·여창(女唱)·동창(童唱) 들로 인물·역할 들을 분담해서 창을 하게 해놓았다. 말하자면 그것은 독창하던 판소리를 연극적으로 대본화한 것으로서, 판소리의 한국적 오페라에의 발돋움이었다는 점에서 주목할 만한 일이었다.
　신재효를 흔히 한국의 셰익스피어라고 일컫는다. 사실 셰익스피어도 창작을 한 사람은 아니었고, 북유럽의 전승 설화를 각색했다는 점에서 두 사람은 서로 유사하다. 그러나 민중 세력·시민 세력은 문화 생성(生成)의 한 바탕인데 우리의 경우 그것이 약해서, 광대의 판소리가 인기는 얻었어도 거기에는 극장이 형성될 만큼의 재력이 생기지 못했다. 극장이 형성되지 못하니 전업 희곡 작가(專業戱曲作家)도 생길 수가 없었던 점이 셰익스피어와 신재효의 차이점을 이루어 놓았다. 일본 가부키[歌舞伎]의 작가 지카마쓰 몬자에몬[近松門左衛門]을 그들이 역시 일본의 셰익스피어라고 하니, 극장이 생기고 전업 작가로 있었다는 점에서 지카마츠는 셰익스피어와 조금 더 흡사해진 존재라 할 것이다.
　그러다가 판소리는 드디어 창극(唱劇)으로 승격을 했다. 이인직(李人稙)이 소위 신극 운동(新劇運動)을 벌이기 위해서 1908년에 원각사(圓覺

社)를 마련했는데 미처 연극 준비가 안 된 틈을 창극으로 메운 것이었고 무리는 있었던 대로 그것은 인기를 얻었다.[14] 이것을 기점으로 여기에 용기를 얻어서 원각사 폐지 후 일제 시대까지도 창극 운동은 광대들의 모임으로 꾸준히 전개되었다. 협률사(協律社)니 연흥사(延興社)니 해서 그 이름도 많았고, 물론 우여곡절도 많았다. 이동백이 여기 힘을 기울이고 열광적인 인기를 얻은 것도 이때부터 1939년 그의 은퇴 공연 때까지의 일이었다.

일제(日帝)의 강압(強壓)에서 해방이 되자 창극은 스스로 국극(國劇)이라 일컫고 더욱 그 활동에 박차를 가했다. 그러나 현전(現傳) 여섯 마당 외에 허다한 신작(新作) 창극을 쏟아내어 질에 있어서는 저하되고 말았다. 그나마 6·25 사변의 타격을 받는 가운데서 한동안 좀 흥행이 된다 싶자 우후죽순격으로 20여 개의 이른바 여성 국극단(女性國劇團)이 생겨났다. 그리고 좁은 국토에서 고객은 한정되어 있는데 같은 날짜에 같은 도시에서 여러 단체가 비조직적 공연으로써 경쟁을 벌이다가 끝내는 서로 잡아먹는 격으로 다 자멸(自滅)하고 말았다.[15]

1962년에 국립 극장이 부활되고 전속 국립 국극단이 생겼으나 예산 관계로 연 1회의 공연을 했다니 창극의 발전이란 생각할 수가 없고, 기성 창극인들도 50대를 다 넘고 보니 장차 창극이란 한낱 전설이 되고 말 듯했다. 이제 남산에 다시 큰 국립 극장이 마련되고, 여기에 소극장이 늘 제공된다고는 하나, 아직도 창극은 국민의 인기를 상실해 가는 실정이 아닌가 생각되어 그 장래가 염려되는 형편에 있다.

---

14) 李杜鉉, 〈韓國演劇史〉(1973), 138~146면.
15) 朴晃, "唱劇70年의 回顧", 《月刊文化財》(1972) 8·9月號, 42면.

(8) 자기 문화 천대의 한(恨)

1973년도에 충청남도를 수소문해서, 필자가 찾을 수 있었던 현역 단골은 전기한 대로 왕년의 명창 이동백(李東伯) 옹의 6촌 누이동생인 이어린이(80세) 할머니 한 분뿐이었다. 그리고 또 한 사람은 원산도(元山島)의 김인준(金仁俊, 55세) 씨였는데 그는 단골 가문이었지만, 이젠 완전히 그 길에는 등을 돌린 반농 반어(半農半漁)의 일꾼이었다. 그의 부친 김만환 씨, 증조부 김석조(金錫祚) 씨 등이 모두 명창이었다. 김인준 씨 자신도 지금껏 소리를 잘하며 한동안은 국극 운동에 참여했었다고 스스로 말을 했다.

동네 노인들을 통해서 그 일가의, 이미 고인들이 된 웃대의 단골들·광대들의 종교와 예술적인 바탕이 이미 밝힐 만큼 밝혀졌는데도 김인준 씨 자신은 12세에서 30대 때까지 고향을 떠나 있어서 고향 사정에는 어둡다고 일체 단골 관계에 대해서는 입을 열지 않았다. 다만 30대 이후 고향에 돌아와 있을 때에는 그에게 국극 운동의 옛 동지들이 국극의 부흥을 꾀하여, 참여를 요청해 온 일이 있었다는 이야기들은 하였다. 그러나 그때마다 그는 "사지가 멀쩡한 놈들이 왜 천대를 받으며 빌어먹고 다니려고 하느냐"고 욕을 해서 돌려보내곤 했다고 한다.

그는 지금 반농 반어의 일꾼인 동시에 동네에 긴급 환자들이 생기면 침으로 많은 도움을 주고 있는데, 이것도 단골 가문 사람들에게 본래 그런 속성들이 있었던 때문이라는 동네 사람들의 이야기였다. 그러나 단골 관계에는 일체 함구 무언이던 그가 마지막에 필자에게 거듭 되풀이하던 말은 그에게는 깊이 마음에 맺혀 있었던 말이고, 필자에게는 지금껏 잊혀지지 않는 여운이 긴 말이었다. "이렇게 자기 것을 천대하는 백성들에게는 민족 예술이란 있을 수가 없습니다."

13. 동제(洞祭)와 묘제(墓祭)

현재 한국의 묘제(墓祭·또는 時享)는 대개 음력 10월, 벼가을들을 마치고 거행한다. 이때는 더위는 다 가시고 추위는 아직 오지 않고, 산에는 단풍이 곱게 물들고, 맑은 하늘에는 좀처럼 구름 한 점 끼지 않는 좋은 날씨만이 계속되는 계절이다. 숭조 보근(崇祖報根)의 정신으로 묘 앞에 경건히 머리 숙이는 동족 성원(同族成員)들의 마음은 한결같다. 제를 마치고 난 다음, 잔디밭 위에서의 음복(飮福)의 자리는 다 같은 한 핏줄기를 이어받은 동족원들의 가을 소풍 같아서 더할 나위 없는 화락(和樂)한 분위기가 되어 버린다.

(1) 숭조 보근(崇祖報根)의 정신

필자는 이러한 묘제의 상황을 두세 차례 조사하고 다닌 일이 있었는데, 이 시기의 삽상한 자연과 동족원의 화목한 분위기와, 그리고 음복의 자리에서 이야기를 나누며 얻어마시던 한두 잔의 술에 아울러 취해서, 이들을 구가(謳歌)하고 싶은 마음에 가득 찼던 일을 기억한다. 이 숭조 보근의 윤리와 질서는 조선조 5백 년의 치국 이념(治國理念)이었고, 사회를 바로잡아 온 기강(紀綱)이었으며, 한국인의 이른바 미풍 양속(美風良俗)이었다.

경북 성주군(星州郡) 월항면(月恒面) 안포동(安浦洞)은 약 3백 호에 묘제의 재실(齋室)이 무려 20채나 있었다. 그들의 주택은 다 초가인데 재실들은 다 훌륭한 기와집들이다. 그 중에도 경산 이씨(京山李氏)만이 150호가 있었는데, 그들의 재실은 15채로서 그 재실의 수효는 단연 전국 제일일 것으로 자랑하고 있었다. 10호당 재실 하나씩이라는 비율이 되는데, 여기서는 지금도 동족들이 경제적인 여유가 생기기만 하면 계(契)를 모아서 재실을 지으려는 움직임들이 있다고 한다. 그리고 성주는 추로지향(鄒魯之鄕, 孟子·孔子의 고장)이라 일컬어지며 '좌안동(左安東)·우성주(右星州)'로 꼽는다고 자랑을 삼고 있었다.

비가 내려서 재실에서 지내는 시제

그러나 유색(儒色)이 강하기로는 역시 안동군이 제일이다. 그리고 여기 안동군에서는 풍천면(豊川面)의 서애 유성룡(西厓 柳成龍)의 후손 하회 유씨들과 도산면(陶山面)의 퇴계 이황(退溪 李滉)의 후손 진성 이씨들은 여기의 쌍웅(雙雄)이다. 퇴계 선생 종손댁(宗孫宅)에는 82세의 종손과 62세인 자제분이 있지만 그 장손 이근필(李根必・43세・陶山國民學校長) 씨가 32위의 묘제를 모시는데, 해마다 최소한 15일은 소비가 된다고 한다.

여기에 불천지위(不遷之位)인 퇴계 선생과 두 부인을 합해서 사대봉사(四代奉祀)의 기제사(忌祭祀)가 연 14회, 거기에 다시 정조(正朝)・칠석・추석・중구(重九)의 차사(茶祀)가 있다. 이때마다 종가에는 지손(支孫)들이 모여들고, 종가(宗家)는 문중의 숙소가 되며, 종부(宗婦)는 많은 손님들의 숙식(宿食)에 신경이 쓰인다. 조선 시대에는 원대(遠代) 묘제는 중단하라는 봉산령(封山令)이나 있었지만 지금은 정말 감당하기 어렵다고 한다. 그리고 이근필 씨는 호주머니 속의 결혼 청첩장들을 내보이며, 자기에게는 이런 것도 많이 와서 바쁘다면서 웃었다.

진성 이씨(퇴계 선생 후손) 종가
왼쪽이 살림집, 가운데는 사당, 오른쪽은 제청

숭조 보근(崇祖報根)의 윤리는 그만 과례(過禮)로써 사람을 구속하기에 이르렀다. 뿐만 아니라 부가계(父家系) 혈연의 지나친 강화와, 사회적인 위세의 과시는 같은 한 마을 안에 유력한 두 씨족이 공존하는 경우 흔히 종파주의적(宗派主義的)인 대립·갈등을 일으켰으니, 한 예를 들자면, 지난날의 경북 월성군(月城郡) 강동면(江東面) 양동(良洞)을 들 수가 있다.

여기는 해동공자(海東孔子)의 칭이 있는 추증(追贈) 영의정, 회재 이언적(晦齋 李彦迪)의 후손 여강 이씨(驪江李氏)들과, 적개공신(敵愾功臣) 손소(孫昭)의 후손인 월성 손씨(月城孫氏)들이 세거(世居)하며, 현재 전국 제일가는 반가고옥(班家古屋)들이 모여 있는 마을이며 또 그만큼 지금도 유교적인 예절이 강한 반촌(班村)이다. 일례로 여기 월성 손씨 종손은 묘제[時享]에 지금도 한 달이 꼬박 소비된다고 하는 것이다.

여기서는 130년 전부터 10여 년 전까지에 5,6차나 두 동족간에 큰 싸움들이 있었고, 때로는 대량 집단 폭행으로 유혈(流血), 사망 사건으로, 때로는 수십 명의 구류·징역 사건들이 있었다. 동기는 각기의 조상·중심 인물들 사이의 학문의 우열론(優劣論), 피차 영향의 수수론(授受論) 등의 명분 관계였고, 또 직접적으로는 묘소(墓所) 관계에서 일어나는 시비들이 많았다.[1]

(2) 유교의 공죄론(功罪論)

이상 여러 가지 예는 유명한 반촌(班村)들에서 들었지만, 정도의 차이이지 그것이 이 반촌들에만 국한되지 않는다는 것은 우리들이 주지

---

1) 呂英夫, "韓國同族集團 葛藤에 관한 社會的 硏究", 高大《社會學論叢》2輯(1970), 5~31면.

하는 바이다. 이상의 조상 제례들은 누구나 꼭 그렇게 실행하지는 못하지만 그렇게 실행하는 것이 옳은 것이라고 한국 사람들은 생각을 한다는 것이 중요하며, 말하자면 그것은 한국적인 이념형(理念型, ideal type)이라고 할 것이다. 또 그 반면에 있었던 동족 상호간의 갈등·대립 같은 것도 한국 사회의 처처에 간간이 보이던 것이며, 그러한 잠재적(潛在的)인 감정들이, 가령 6·25 사변 같은 돌발적인 사건에 부딪쳤을 때 엉뚱하게 나타나는 사례(事例)들도 적지않게 들 수가 있었다.

이러한 문제들을 매듭짓기 위해서, 여기서는 현상윤(玄相允) 선생이 그의 〈조선유학사(朝鮮儒學史)〉 첫머리에 제시했던 유교의 공죄론을 인용하기로 한다. 선생은 유교가 한국 문화에 미친 공으로 다음 세 가지를 들고, 죄로는 여덟 가지를 들었다.

먼저 그 공을 들어보면 다음과 같다.[2]

① 유학의 면려로 동방예의지국을 이루고, 수다한 인격의 광채(光彩)를 낳은 점.

② 인륜 도덕을 숭상해서 사회의 질서와 남녀의 풍기를 바로잡은 일.

③ 청렴·절의의 존중으로 절개(節介)를 지키게 한 점 등이다.

다음으로 죄를 들어 보면 다음과 같다.

① 모화 사상(慕華思想) —— 스스로 소중화(小中華)라 일컫고, 자주 정신을 버렸으며, 글자도 그 좋은 한글을 언문(諺文)이라고 하고는 돌보지 않고, 한자만을 진서(眞書)라 해 사용한 것도 그 하나이지만, 이것을 논하자면 한이 없고, 그 죄가 막중하다.

② 당쟁(黨爭) —— 이것은 태반이 유교의 책임이라 했다.

③ 가족주의의 폐해 —— 유교는 특히 가족을 지상으로 여기고 국가

---

[2] 玄相允, 〈朝鮮儒學史〉(1954), 4~10면.

를 2차시했다.

④ 계급 사상 —— 이것도 태반이 유교의 책임이라 했다.

⑤ 문약(文弱) —— 숭문 천무(崇文賤武)의 문치주의(文治主義)로 3국 이래의 무사 정신을 상실시키고 외환(外患)들을 겪었다.

⑥ 산업 능력의 저하 —— 양반은 일을 하지 않으려 했고, 노동을 천시함으로써 국가 경제를 약화시켰다.

⑦ 상명주의(尙名主義) —— 한 번 벼슬을 하면 종신 그 직함을 사용하며, 헛된 명예만을 숭상해서 소회사(小會社)에도 상무·전무·과장·사장 등 중역 이름들을 남용하고, 앞장서서 일하려는 봉사 정신을 없이했다.

⑧ 복고주의(復古主義) —— 언필칭(言必稱) 요(堯)·순(舜) 시대라 하여 진취의 기상을 상실시켰다.

그런데 이상의 공과 죄는 물론 전적으로 그것이 모두 유교만의 공죄는 아니다. 유교가 없던 사회·국가 들에서도 예절이나 청렴이나 또는 계급 사상과 파쟁들은 있을 수가 있었으니까 말이다. 그리고 특히 국민 대중의 편에 서는 필자 같은 민속학적인 입장에 서서 명확하게 더 따져 나가자면 다시 여러 가지를 더 보태고 싶은 것이 적지 않다.

그리고 이러한 공죄, 좋은 점, 나쁜 점 들은 결코 이제 다 지나간 일이라고만 생각할 것은 아니다. 그 장단점들 중에는 지금이라도 명확히 이것을 인식하고 고쳐나가야 할 것들도 많기 때문이다. 그러나 한편으로 그것은 조선조 5백 년간을 철저하게 지배해 왔던 이념인 만큼 사회 구조의 구석구석에까지 스며들어 가서 그 핵(核)은 좀처럼 개변되지 않으며 지금도 한국인의 성품을 이루는 기반이 되어 있다. 한국인의 사고 방식이나 행동 양식은 한국인이 스스로 의식하지 못하지만, 태반이 여기에서 우러나오고 있다.

그래서 지금도 한국인은 숭조 보근의 정신면에서는 세계에 드물 만큼 두터운 바가 있으려니와 그 정신이 거기에서만 그칠 까닭이 없어서

웃어른을 공경하는 행동면에서도 우리는 두드러지는 국민이다. 뿐만 아니라 '내외(內外)'라는 특수 어휘를 소유하고 남녀간에 깍듯이 구별을 짓고 예절이 바르기로도 우리는 세계에서 드문 민족인데, 다만 우리 스스로는 거기에 젖어서 그것을 의식하지 못하고 있을 따름이다.

예부터 있어 오던 '동방예의지국(東方禮儀之國)'이란 말은 결코 헛된 허울만이 아니고, 우리 한국은 사실 오늘날 문란한 윤리의 물결이 세계를 휩쓸어도 그 마지막 보루가 될 가능성이 충분히 있는 나라이다. 조선조 5백 년 동안, 한국의 지도자·지성인 들은 특히 그 점은 공을 들여서 다져 왔고, 그 뿌리는 지금도 결코 빠져 있는 것이 아니기 때문이다. 그러나 그 반면에 묘제(墓祭)·기제(忌祭)·차례(茶禮) 등으로 혈연 유대(血緣紐帶)를 결속시켜 오던 바탕 때문인지 지금도 국가보다는 집안을 중요시하고, 국가적으로는 뭉치지 못하는 점도 우리가 다 같이 공감하고 있는 사실이다.

실은 이러한 사회 구조가 굳어 오던 한편에서도 이미 2백여 년 전에 그 모순점들을 발견하고 이것을 부수기에 실학파(實學派) 학자들은 전력을 다하고 있었다. 특히 홍대용(洪大容)·박지원(朴趾源) 같은 이들은 열화(烈火)같이 외쳤지만 별반 큰 성과를 거두지 못했다. 근 백 년 전, 1880년대 개화당(開化黨)의 사건도 그 정신을 계승하고 실현하려 했던 획기적인 사건이었다. 개화당의 막후(幕後) 사상가(思想家) 유대치(劉大致)는 '조선 학사들이 의례(儀禮)에는 능하면서도 도념(道念)에는 관심이 적음을 개탄하여 김옥균(金玉均)에게 불교를 연구케 하고' 김옥균도 이에 심복(心服)해서 유교 지상주의(儒敎至上主義) 정치 체제(政治體制)에 등을 돌리고[3] 끝내는 무력 행사까지 했으나 그 갑신 정변(甲申政變)도 3일천하로 끝나고 말았었다.

획기적인 일들만 시대순으로 추려볼 때, 내려와서 1970년대 의례 준

---

3) 李光麟, 〈開化黨硏究〉(1973), 74면.

칙(儀禮準則)도 하나의 법령으로 시행되어 온 범국민적인 과업이었다. 그러나 이것도 예컨대 그 중에서 결혼식 경우만을 들어보아도 청첩장을 내지 못하게 되어 있었지만, 1년이 채 못 되어서 결혼식장은 다시 초만원이 되는 구태(舊態)를 재현하기 시작했다. 가족주의의 폐해면이 여기에도 나타나서 한국의 결혼은 아직도 가문 대 가문의 계약이라는 관념이 강하고, 결코 결혼 당사자들의 개인간의 계약으로는 끝나지 못하고 있다. 결혼식장에서라도 쌍방의 집안들은 서로 만나야 하는 것이다. 도대체 결혼식장이라는 영업과, 거대한 건물의 형성이 한국 특유의 풍경이라는 것도 일간지상(日刊紙上)에서까지 수차 논의된 바 있었다.

 그 뿌리는 시골의 반촌(班村)에 가면 아주 뚜렷이 나타난다. 여기서는 아직 결혼이 가문 대 가문의 계약 정도가 아니라 동족 대 동족의 계약이라는 성격을 선명하게 나타내는 경우도 있다. 신부측에 보내는 신랑측의 사주(四柱)를 가장(家長) 명의로 보내는 것이 일반적이기는 하지만, 이것을 동족의 문장(門長) 명의로 보내는 예가 조사 보고되어 있는 것이 그것이다.[4]

 그리고 결혼 당사자들의 문벌(門閥)을 따져서 자기네보다 지체가 높은 상대이면 '앙혼(仰婚)'이라고 해서 환영하지만, 반대로 자기네보다 지체가 낮은 상대이면 '낙혼(落婚)'이니 '강혼(降婚)'이니 하는 말들이 사용되고 문중의 노인들이 반대하는 사례는 지금도 반촌에 가면 그렇게 드문 것이 아니다. 그리고 이런 유사한 관념이 다소간은 현대 도회인들에게도 있다는 것을 우리가 다 아는 바이니, 문제는 그 정도에 있다고 할 것이다.

---

4) 崔在錫, 〈韓國家族硏究〉(1966).

(3) 묘제는 중국 전래(傳來)의 관습

앞의 '영남의 골맥이 동제당'에서 언급했지만 벨라(R. Bellah)는 그의 일본의 종교 연구를 부각시키기 위해서 간간이 중국의 종교 현상과 비교를 했다. 그는 중국과 일본은 다 같이 충(忠)과 효(孝)를 크게 강조했지만, 일본은 충, 즉 국가를 앞세웠고, 중국은 효, 즉 가족을 앞세웠다고 한다. 중국인이 관리가 되는 목적은 면세(免稅)와 부(富)의 취득에 있었고, 재임중에 친족을 보호하는 의무를 다하면 그들은 은퇴를 이상으로 생각한다. 사회적 명성을 즐기며 살찌고 행복하면 그뿐이었고, 금의환향(錦衣還鄕)은 그들의 선망사(羨望事)라 했다.[5]

여기 그려진 중국인의 인간상(人間像)은 때로 그것이 한국인의 이야기가 아닌가 착각이 일어난 때가 있다. 중국에는 청대(淸代) 이전, 언제인가부터 풍수설(風水說)과 묘지 문제가 밀착했고, 이로 인한 동족 싸움은 관병(官兵)의 무력으로도 해결이 불가능할 만큼 규모가 큰 전쟁으로 되어 있었다. 수백 수천을 헤아리는 창·칼·총포의 싸움이 꼬리를 물고 일어나서 어쩔 도리가 없는 일대 사회의 암이 되어 있었다.

여기서 전사하는 것은 동족 사회의 의리요 명예로 여겨졌고, 동족은 그 공동 재산으로써 유족을 부양했다. 때로는 이 싸움에 고용되는 부랑배 싸움패들도 적지 않았고, 그들은 그 목숨값에다 유족의 부양비까지도 동족 재산에서 지불받고 고용되었었다. 관병이 파견되어 나와도 그것을 어떻게 할 도리가 없었던 까닭은, 동족들의 병력이 하도 많았고 세력이 강했던 데에다, 뿌리가 깊어서 얽히고 설킨 관계에 명쾌한 결말을 지을 수가 없었고, 동족의 싸움은 결사적이며 또한 관병의 매수 공작에도 전통성이 있었던 때문이다.[6]

---

5) R. Bellah, *Tokugawa Religion*, 1955(堀一郞·池田昭 譯, 〈日本近代化와 宗敎倫理〉(1968), 268~279면.
6) 仁井田陞, 〈中國의 農村家族〉(1966), 357~394면.

이리하여 1919년 우리의 3·1 운동에 뒤이어서 일어났던 5·4 운동은 북경 대학생(北京大學生)들에 의해서 도화선이 끊어진 일본 제국주의와 자본주의 침략에 대한 반대 운동이었지만, 그것은 곧 오랜 중국 자체의 이상과 같은 문제들을 해결하려는 사회 운동으로서 전국적으로 삽시간에 번져나갔다. 여기서 그들이 내세웠던 큰 구호(口號)는 '공자류(孔子流)의 타도〔打孔家店〕'와 그 '가족주의의 타파'였다. 끝내 원천지(源泉地)인 중국에서 먼저 공자류의 망국성(亡國性) 타파의 구호가 치켜세워졌던 것이다.

본래 유교 제례와 풍수설과는 서로 관계가 없는 별개 계열의 것이지만, 이 양자는 중국에서와 같이 한국에서도 아주 밀착되어 왔었고, 싸움의 규모만 작았다는 것뿐이지 한국에서도 묘터는 동족간 싸움의 제일 많은 불씨가 되어 왔다. 그래서 정다산(丁茶山)도 "묘지의 다툼은 지금은 좋지 못한 풍속이 되어 있고, 때리고 죽이는 싸움이 반은 여기에 말미암아서 일어난다(墓地之訟 今爲弊俗 鬪毆之殺 半由此起)"[7]라고 개탄하고 있다.

또한 묘제와 같이 유교 제례를 이루는 기제(忌祭)의 사대봉사는, 앞에서도 다소 언급되었지만, 이것도 중국에서는 오히려 사대부(士大夫)들만이 지내는 것인데 한국으로서는 너무나 지나친 일이었다. 고려말에 처음으로 〈문공가례(文公家禮)〉를 받아들여서 올렸던 정몽주(鄭夢周)의 건의가 본래 사대부 이상 3대, 6품 이상 2대, 7품 이하 서인까지 1대로 되어 있었고, 인종(仁宗) 이전까지도 6품 이상 3대, 7품 이하 2대, 서인은 부모만으로 되어 있었다. 그러다가 명종(明宗) 이래로는 중국에서도 사대부만의 사대통제가 이상하게도 한국에서는 서민층에게까지 고루 시행되어 왔었다.[8] 그런데 본바닥 중국에서는 1919년 5·4

---

7) 丁若鏞, 〈牧民心書〉 肅訟條.
8) 金斗憲, 〈韓國家族制度硏究〉(1948), 403~408면.

운동 당시부터 지금 중국에서까지 계속 타도의 대상이 되어 왔다.

(4) 동제는 유구한 우리의 전통

동제는 이상과 같은 유교적인 사회 구조나 묘제와는 근본부터 그 차원을 달리한다. 현행 묘제는 조선조 5백 년간에 굳어진 중국 전래의 관습인 데 반해서, 동제는 원초 이래의 유구한 한국의 전통이다. 묘제가 혈연 유대(血緣紐帶)를 굳히는 종파성(宗派性)을 내포하는 제의인 데 반해서, 동제는 지연 집단(地緣集團)의 협동을 다짐하는 농민들의 즐거운 축제이다. 또 묘제는 양반층 위주의 행사인 데 반해서, 동제는 일하는 농어민들의 제의이다. 동제에 대해서는 지금까지 다각적인 언급이 있어 왔기에 여기서는 이상과 같은 묘제와의 비교하에서 이제 마무리를 짓기로 한다.

동제는 고구려의 동맹(東盟)을 비롯한 이른바 고대 부락 국가들의 제천 의식 이래의 전통이었다. 우선 동맹의 동굴(洞窟) 제당 형태가 지금도 있는 것이고, 그 여신의 목신상(木神像)도 지금은 남녀의 신상으로 돼 있는 것이 적잖이 보고되고 있다. 앞의 '영남의 골맥이 동제당'에서 보았듯이, 그것은 우선 고(古)신라에서부터 궁중제식(宮中祭式)으로 승화(昇華)했었다. 계림(鷄林)에서 신라 김씨 왕가의 조상 제사와, 농경의 풍요, 국가 태평의 기원(祈願)으로서 실행됐었을 것이며, 그것이 김알지 신화 산출의 기반을 이루었다.

내려와서 고려 5백 년간은 고구려의 동맹이 팔관회(八關會)라는 국왕 임석하의 국가 대제전으로 승격하기도 했으니, 이것은 다시 후기(後記)하겠다. 또 '제주도의 본향당'에서 보았듯이, 그것은 제주도 3성 시조 신화 형성의 기반을 이루기도 했었다. 그리고 '동해안의 별신굿' 등 지금까지의 기타의 모든 이야기들이 오늘날까지의 동제의 중간 과정들을 다각적으로 설명해 주는 자료 구실을 해왔다.

오늘날 그 명칭은 산신당 또는 산제당(경기·충청)·서낭당(강원·경기)·당산(영남·호남)·본향당(제주도) 등으로 흔히 호칭된다. 당(堂)의 형태는 신목(神木)만의 원초 형태가 절대 다수이고 더러 옆에 당 건물이 부설되지만 암석인 경우도 있고, 동굴당이 특히 제주도에 10여 개가 확인되었다. 신격(神格)은 약 6천 마을 중에서 7할 가량이 아직도 여신(女神)이었다. 제일(祭日)도 3할 이상 절대 다수가 정월 대보름이고, 다음이 정초·10월·5월·3월 등의 순으로 내려간다. 이 정월 대보름의 주류성(主流性)은 캘린더가 없던 태고 이래의 태음력(太陰曆)의 전통으로 볼 수 있으며, 이러한 달·여신·대지의 일련의 음성 원리(陰性原理)는 농경의 오랜 풍요 기원의 원리이기도 하다.

이 종교적 기반은 농민들의 즐거운 축제이기도 했고 한국 민중 예술

시흥군 포1리의 동제당

을 산출시키기도 했으니, 한국 가면극의 시원(始源)이 여기 있다는 주장들이 대두했으며, 하회(河回) 별신굿이나 국보 가면의 탄생, 강릉 단오굿과 가면극 등은 그 유력한 증거로 인용된다. 제관은 제주도의 본향당굿과 동해안의 별신굿이 지금껏 무당의 사제(司祭)로 되고 있으나, 그 외에는 거의 다 동민 중에서 선출이 된다. 선출된 제관들은 금줄을 치고 목욕 재계하며 엄격히 신전(神前)의 정결을 기한다. 제사 비용은 1968년도의 약 6천 개 마을의 평균이 호당 50원 정도였는데, 이 1년간 농가 1호의 종교 비용은 도회지의 국민학교 한 학생의 1주일분 연보돈 정도였다. 그것은 검약의 극치이고, 한 푼의 낭비도 없는 것이다.

역시 '영남의 골맥이 동제당'에서 전기했듯이, 이상으로 그들은 매년 초의 새 출발에서 신성 제의를 올리고 제물의 음복으로 화목과 단합의 기능을 이루며, 신년의 축제 기능과 농어촌다운 정치적 기능을 다 발휘해 왔다.

조선조는 건국 당초부터 〈경국대전(經國大典)〉에서 사대부층의 성황(城隍)·묘우(廟宇)·산천 기도 등을 모두 장벌(杖罰)로써 규제하고 유교 이념으로 관혼상제례(冠婚喪祭禮)를 보급시켜 왔다. 그러나 지금 묘제와 동제로 범위를 좁혀서 그 기능을 비교해 볼 때, 우리에게 바람직한 것은 묘제의 혈연성 강조보다는 동제의 지연성(地緣性)이었다. 그러나 지금도 시골 양반 노인들에게 동제에 대해서 물으면 "우리는 그런 미신은 모른다"고 고개를 가로 젓는다. 대부분 우리 한국인은 일반적으로 아직도 이런 시골 양반 노인들과 관념상 별반 차이가 없다.

그런데 일제(日帝) 총독부의 식민지 통치를 위한 정책 자료를 위해서 민간 신앙을 전면적으로 광범하게 조사하고 6권의 책을 정리해 냈던 무라야마 지준[村山智順]은 670여 페이지에 달하는 〈부락제(部落祭)〉란 보고서의 결어(結語)로서 다음과 같은 7개 항목을 제시하여 우리를 놀라게 하고 있다.[9]

① 그는 한국 동제와 일본 부락제의 유사성을 다각적으로 지적했다.

물론 일본 신토(神道)에의 선도적인 역할에 대해서는 외면하고, 다만 "……신역(神域)과 마을에 금줄을 치는 일들은 전혀 공통의 신사(神事)가 아닌가" 하는 식으로 맺었다.

② 한국의 부락제가 고대의 모습들을 보존하고 있다는 점.

③ 지방적 특이성이 적고 전국이 대동 소이하다는 점.

④ 신의 인격화가 적고 양재 초복적(禳災招福的)인 성격만이 강하다는 점.

⑤ 인간이 신과 같이 음복하고 노는 신인 합일성(神人合一性)이 민중의 심성 개발상 중요하다는 점.

⑥ 공동 사회적 친목성과 향토 오락의 제 1 위적 행사라고 동제의 사회적 의의를 높이 평가했다.

"동제에 관심 많은 부락이 대개 건전한 생활을 하고 있는 것도 이 때문이리라" 했다. 또 "특히 동족 결합이 강한 조선에서는 그 성족(姓族)을 초월하고 친목을 도모하는 것이 부락제의 음복(飮福)과 신악(神樂)"이라고도 했다. 그리고 "여기에는 적당한 지도와 통제(統制)가 필요하나, 근년 그 현저한 쇠퇴가 온 것은, 이 지도와 통제가 소홀했던 때문이 아닐까?" 하고 있기도 하다.

⑦ "끝으로 흥미 있는 것은 부락제가 춘추(春秋)로 2회 거행되며 계절적인 청결법을 실시하는 점"이라고 하면서 그는 계속해서 말한다. "신은 부정(不淨)을 싫어하니까 제관 집은 물론, 신역(神域)과 부락 전체의 공동 청소, 각호의 대청소에다 엄격한 재계(齋戒)까지도 하니, 완전히 마음속부터의 위생 주간이다."

그가 "부락제의 이름에 의해서 위생 주간이 이처럼 엄격히 준수되는 것을 당국자는 결코 등한시해서는 안 된다" 한 것을 보면, 그들이 동제를 위생 행정(衛生行政)에 이용했던 것인지, 아니면 일제 시대의 춘추 2

---

9) 村山智順, 〈部落祭〉(1937), 475면.

회의 대청소를 동제 때에 마을 사람들이 했던 것인지 알 수가 없다.
　그는 "이상 여러 점이 내가 느낀 바이나, 이 외에도 부락제에는 중요한 사항들이 많이 포함돼 있음에 틀림없다. 조선의 부락제는 금후 충분히 검토돼야 할 대상"이라고 맺고 있다. 그의 머릿속에는 일본 신토〔神道〕관념이 잠재해 있는 것을 우리는 느낀다. 그렇지만 우리는 우리대로, 지금까지 동제의 본질・기능들을 다각적으로 검토해 왔었다.

(5) 아쉬운 선도(善導)와 활용

　어떻든 일제 총독부의 조사자조차도 한국 동제의 본질을 이해하면서 선도와 활용을 주장했었다. 그런데 우리네 행정의 일각에서는 진부한 기성 관념으로 미신이니 타파하라고, 최근의 새마을 사업에서도 지시하였었다. 이미 문화공보부에서는 그 일부를 '중요 민속자료'로 지정하고 보존중인데도 그런 것이다. 이것은 "그런 미신은 우리는 모른다"는 시골의 옹고집 양반 노인들보다도 더 답답한 일이 아니었을까?
　동제는 농어민들의 최대한의 검약이며, 기쁨이며, 건전한 질서의 바탕이다. 무식하다, 몽매하다 하고, 그 내용은 털끝만큼도 알아보려는 노력도 없이 그들에게서 이것마저도 빼앗으려고는 하지 말아야 할 것이며, 그들의 생활을 메마르게 하지 말아야 한다. 덩달아서 지금은 농악(農樂)도 없어져 가고 있다. 유교적인 제례(祭禮)의 종파성・양반성과는 달리 여기에는 참다운 민주주의가 있고, 민중의 총화의 바탕이 있는 것이다.
　새마을 사업의 기본 정신은 근면(勤勉)・자조(自助)・협동(協同)이다. 그런데 동제의 본질이야말로 일하는 농어민들이 스스로 도우며 서로 한마음으로 뭉치려는, 바로 그러한 유구한 우리의 전통이던 것이다. 이러한 민족의 유구한 전통의 심지에 불을 질러서 그 바탕을 선도

하고 키워나갈 때, 새마을 사업은 더욱 우리의 감정에 밀착된 사업으로 커갈 수 있지 않을까?

　동제와 묘제의 가치 평가의 기준은 언젠가는 우리 한국인들이 전도시켜야 할 일이겠는데, 아직도 그것을 과감하게 전개해 나갈 때는 되지 못했다는 것일까?

14. 신화의 전승의 현장

"〈일리아드(*Iliad*)〉는 15,000행이고, 〈오디세이(*Odyssey*)〉는 12,000행이어서 확실히 외우기에는 너무나 길다"고 그 연구자들은 말한다.[1] 제주도 서사무가(敍事巫歌)의 전승 분량도 별로 그에 못지않고, 현재도 많은 심방(巫)들에 의해서 가창되고 있다. 4,5백 페이지의 한 권의 책이 되고도 남을 이 방대한 분량의 서사무가들을 제주도 심방들은 어떻게 외우고 가창하는가? 그 학습 과정은 과연 어떠한가?

그 가창의 실제와 종교 의례와의 관계는 어떠한가? 더 나아가서 고금의 음송시인(吟誦詩人)과 심방과의 유사성과 차이점은 무엇인가? 또 본풀이의 문학사적 위상은 어떠한 것인가? 여기서는 이러한 문제들을 제주도 무속사회 현장의 관찰과 자료들로 분석해보기로 하겠다. 서사무가는 본토에도 전승한다. 그러나 그 전승 분량과 전승자인 심방(巫)이 제주도에 훨씬 많고, 또한 가창 형태면에서도 종교 의례의 원모습을 제주도가 더 잘 갖추고 있어서 그러한 측면들을 본토 서사무가의 전승 현장과도 비교하면서 살펴나가기로 하겠다.

(1) 서사무가의 상투적 표현

제주도의 서사무가인 본풀이의 전승에서는 먼저 표현 형식에서 두드

---

1) Ruth Finnegan, *Oral Poetry*, Cambrige University Press, 1977, p. 58.

러지게 눈에 띄는 것이 상투적인 표현 어구가 대단히 많은 점이다. 그리고 그 속에 다시 대구, 반복, 과장들로서 점층적 강세 표현법이 자주 되풀이되는 점들도 눈에 띈다. 10여 편을 헤아리는 장편 서사무가들인 일반신본풀이에 많으나, 처음에 부부간에 늙도록 자식이 없어서 한탄할 때에는 으레 다음과 같은 표현들이 장고의 리듬에 맞추어서 공식적으로 흘러나온다.

    강답(畓)이는 강나록과 차답이는 차나록을 싱거 먹으며 사는 것이, 천하거부로 살아지되 20은 스물, 30은 서른, 40은 마흔, 50은 쉰은격이 근당하되 남녀간이 생불(生佛)없어 무이이화 하옵대다.
                              (초공본풀이, 고대중 구송, 장주근 채록)

여기에 중이 나타나서 기자불공(祈子佛供)을 권하는데 이것도 다 유사한 상투적 표현들로 가창 진행된다.

    황금산 도단땅 절간이 大서직헌 小서중이
    하늘같는 금송낙을 둘러쓰고
    地애같는 굴장삼을 둘러입고
    목에는 단주를 걸고 손에는 木덕을 치어……

    아방 먹던 금백미, 어멍 먹던 매백미
    백근장대 저울이고
    밤이는 춘이슬을 맞히고, 낮이는 춘벳을 맞혀
    사흘 앞서는 단단의복 개주심을 하고
    마바리에 실러아정 우리 법당 원불수륙(願佛水陸)드리레 도옵소서.

이 뒷부분은 그래서 중년 부부가 불공을 드리러 갈 때에도 똑같이 되풀이해서 또다시 그대로 가창되는데 다만 끝줄은 '마바리에 실러아전 황금산 절간으로 나고가는고!'하고 현재형의 강세종지형(強勢終止形)으로 가창된다. 이리하여 절에 가서 소승을 부르고, 안내를 받고, 대사를 만나고, 기자불공을 드리는 대목들이 10여 편의 일반신본풀이 중 4, 5편에 공통되게 거의 정해져 있는 공식적 표현 어구들로 가창된다. 그리고 집에 돌아와서는

   부부간이 천상배필을 무엇더니
   아방 몸에는 석달 열흘 뼈를 빌고
   어멍 몸에는 술을 얻고
   일곱돌에 예치기상을 그리고
   아홉달 열돌 과만준삭 채오시고
   예궁예아기씨 탄생하고……

이렇게 기자불공으로 점지된 태아의 탄생 과정도 어디서나 같은 공식적 표현이다. 그렇게 해서 탄생된 아들 딸들이 주인공이 되는 셈인데, 그것이 일반신본풀이 10여 편 중 4, 5편이 다 유사하고 약간씩의 차이를 보여서 일반신본풀이의 강한 불교 색채를 보여 주기도 한다. 이 남녀 주인공의 각자 나름대로 전개되는 생애의 대목들에도 상투 어구들은 늘 공식적으로 따라다닌다. 주인공이 장애에 부딪치면 크게 슬프건, 약간 외롭건 간에 다음과 같은 표현도 하나의 공식 어구이다.

   광주청 눈물은 쥐웅아반 연주 지듯
   비새같이 울면서 나고가는고!

또 당신본풀이에는 당신의 직능으로서 다음과 같은 표현들도 자주 보인다. 이것은 한 알음이 버거운 장부책과 한줌이 넘는 붓대로 마을

주민들의 생사를 관장한다는 당신의 구실을 표현한 관용 어구들인데, 그 오랜 관용에서 연마된 제주도 서사무가 특유의 세련미를 느끼게 해 주는 상투적 표현의 하나이다.

　안은 버운 금책, 좀이 버운 금붓대,
　삼천장 베릿돌에 일천장 먹을 글려
　올라 옥황 문세, ᄂ려 이승 문세
　호적 문세 장적(帳籍) 문세
　낳는 날은 생산 잡고
　죽은 날은 물고 낙점(落點) ᄎ지ᄒ던 천ᄌ또
　　　　　　（구죄면 세화리 본향본풀이, 고대중 구송, 장주근 채록）

로드(A. Lord)는 〈일리아드〉에서 본보기로 15행을 옮겨놓고 그 90%는 상투 어구로 구성된 점에 주목할 것이며, 그 상투 어구의 테크닉이 완벽함을 칭찬했는데, 제주도 서사무가도 마찬가지로 나름대로의 원숙성을 보여 주고 있다. 위에 그 상투적 표현의 몇 대목을 먼저 인용해 보였는데, 여기에는 처처에 대구, 반복, 과장과 점층적 강세표현법들이 적절히 조화된 상투적 표현 단위들이 보인다. 이러한 표현 단위들은 모두 그대로, 또는 신축(伸縮)된 변화형으로도 전체 서사무가의 여기저기에 3,4회에서 10여 회까지도 공식적으로 사용되고 있는 것이 보인다.

(2) 로드(A. Lord)의 구전 상투 어구론

여기서 잠깐 로드(Albert Lord)의 구전 상투 어구론(oral formulaic theory)과 한국에서의 그 적용 연구들을 살피기로 하겠다. 로드의 〈이야기의 가객⟩(*The Singer of Tales*, 1973)은 그의 스승 패리(Millman Parry)가 1930년대에 유고슬라비아의 음송 시인들과 그 서사시를 현지 조사한 결과를 계승 발전시킨 구비서사시의 이론 체계를 제시한 책이다. 여기서 중요한 것은 formula와 theme이라는 술어의 개념이다.

로드는 formula란 '하나의 주어진 핵심적인 생각을 표현하기 위하여 동일한 운율 조건하에서 규칙적으로 사용되는 단어군'이라는 패리의 정의를 인용했다. 그리고 '상투적 표현'(formulaic expression)이라는 말은 '상투 어구들의 패턴 위에 구성된 한 줄 또는 반 줄을 의미한다'고 부연하고 있다. 이것을 한국에서는 학자에 따라서 '상투 어구', '상투적 표현', '투식 어구', '공식적 표현구' 들로 번역 사용해 오고 있다.

한편 theme에 대해서는 로드는 '노래들 속의 반복된 사건들이나 묘사적 대목들'을 가리키는 것이라고 그 책의 서두에서 formula와 같이 두 낱말의 정의를 일단 제시해 놓고 있다. 그는 formula보다 더 큰 formula의 그룹이 theme이라고도 설명하고 있다.[2] 그래서 번역하기 어려운 이 말이 내포하는 뜻에 따라서 '핵심적 개념'이라고 한 이도 있었다. 그러나 요컨대 그것은 판소리의 '삽입 가요'에 해당하는 것이며, 생경한 theme이라는 용어를 쓸 필요 없이 '삽입 가요'로 사용하는 것이 좋겠다는 의견들이 많았다.

판소리에 대해서는 theme에 해당하는 이 '삽입 가요'의 연구가 지금까지 많이 쌓여 왔다. 이 삽입 가요들은 이미 형성되어 있는 기존 가요로서 독립적으로도 가창될 수 있으며 예컨대 권주가, 농부가, 창부타령 같은 것들을 들을 수가 있다. 이것들은 이대로 하나의 독립 가요이며, 무가, 탈춤, 판소리 들에도 그대로 삽입되는 경우도 있고, 또는 사랑가, 노정기, 천자 뒷풀이들처럼 각 판소리의 문맥에 맞게 부분적으로 변형 삽입되는 경우도 있다. 예컨대 춘향전의 경우 이 삽입 가요는

---

2) Albert Lord, *The Singer of Tales*, Harvard University Press, 1960, p. 4.

적재 적소에 허다하게 삽입, 가감되고 있으며, 그 암송 구연을 쉽게 하고 있다는 연구도 있었다.[3]

사실 로드의 구전 상투 어구론은 같은 구비서사시인 판소리에 더 알맞고, 그래서 흥행 예술로 연마된 판소리에 적용시킨 연구 사례가 더 많다. 위 춘향전의 삽입 가요(theme)의 적용은 그 좋은 예가 되겠다. 서사무가도 구비서사시이기는 하나 그것은 흥행 예술은 아니고 우선 삽입 가요가 적다. 서사무가는 살아 있는 신화여서 판소리와는 다른 성격들도 보이는데 이에 대해서는 뒤에 더 언급해 나가기로 하겠다.

서사무가와 상투 어구론에 관해서는 서대석이 처음으로 다음과 같이 언급한 바가 있었다.

    서사무가를 구성하는 언어도 우리가 알고 사용하는 말임에는 틀림없다. 그러나 무가로서의 투식(套式)이 있다. 예컨대 '시위를 하소사', '대활례로 놀으소사', '부자되게 도와주마, 장자되게 도와주마' 등등의 어구이다. 이러한 투식 어구(formula)는 지역에 따라 무풍(巫風)에 따라 차이가 있다. 이러한 투식 어구는 축원이나 공수 등 서사무가가 아닌 일반 무가에도 많이 사용된다. 그리고 이처럼 암기된 일반 무가의 단위들은 서사무가를 구연할 때 적절하게 서사구조 속에 안배된다.

    무당들이 학습하는 것은 투식 어구만이 아니다. 무경(巫經), 민요, 잡가, 유행가에 이르기까지 세속 가요 전반을 공부하고 그 모든 단위가 서사무가 구연에 이용되는 것이다. 서사무가의 줄거리는 설화와 같아서 그 기억은 큰 문제가 되지 않는다. 문제는 어떤 장면의 묘사에 동원된 구체적 사설에 있다. 그런데 그 사설은 대체로 이미 학습한 구비문학 단위라는 사실이다. 따라서 서사무가 구연자는 작품

---

3) 전경욱, 〈춘향전 작품군 가요의 형성과 기능〉, 고려대학교 대학원, 1988.

의 줄거리와 그 속에 안배된 삽입 단위(theme)의 종류와 순서를 기억하면 구연시에 서사무가의 구연본을 조직할 수 있다.[4]

이상으로 이제 서사무가에서의 상투 어구(formula)와 삽입 가요(theme)의 성격은 일단 설명된 것으로 여겨진다. 이것을 위에서 예로 들었던 제주도 본풀이에 적용시켜 보면,

'안은 버운 금책, 좀이 버운 금붓대'

'아방 먹던 금백미, 어멍 먹던 매백미'

'강답이는 강나록과, 차답이는 차나록을 싱거먹으며'

등은 상투 어구들의 공식적인 안배가 되겠다. 또

'아방 몸에는 석달 열흘 뼈를 빌고
어멍 몸에는 슬을 얻고
일곱들에 예치기상을 그리고
아홉달 열들 과만준삭 채오시고'

같은 묘사 어구의 그룹은 이 초공본풀이를 떠나서도 독자적으로 전승되는 삼신할머니나 기자(祈子) 신앙의 잉태 과정 사설의 단위로서 삽입 가요(theme)에 해당되는 것이라고 하겠다. 삽입 가요는 인기 본위의 흥행 예술인 판소리에 많고, 서사무가에서는 상투 어구가 주종을 이루고 있다.

---

4) 서대석,〈한국무가의 연구〉, 문학사상사, 1980, p. 140.

(3) 서사무가의 표현 문체(文體)

　다음에 일단 서사무가의 문체를 살피고 정리를 해보기로 하겠다. 본풀이의 서술 진행에서 하나 더 눈에 띄는 것에 잦은 대화 형식이 있다. 이것은 현대 소설의 대화보다도 더 잦아서 희곡과의 중간 정도로 여겨지는 경우들도 있다. 우선 예를 하나 들기로 한다.

　'은장아가 은장아가, 너는 누구 덕에 밥을 먹고,
　은대영에 싯술 ᄒ고 놋대영에 시수를 ᄒ느냐?'
　'아바님도 덕입네다. 어머님도 덕입네다.'
　'나 똘애기 착실하다. 내(네) 방으로 들어가라'
　놋장애길 불러내고 '놋장아가 놋장아가,
　너는 누구 덕에 밥을 먹고 놋대영에 싯술 ᄒ고
　은대영에 싯술 ᄒ느냐?'
　'아바님도 덕입네다. 어머님도 덕입네다.'
　'나 똘애기 착실하다. 네 방으로 들어가라.'
　감은장애길 불러내고……　　　　(삼공본풀이, 고대중 구송)

　또 같은 대화를 되풀이하는데, 이렇듯 지문은 거의 없고, 대화만으로 사건을 전개시켜 나가는 경우들이 적지 않아서 대화가 많은 것도 한 특성을 이루고 있다. 그래서 본풀이의 표현 형식과 그 문체의 특성을 여기서 일단 종합 정리하면 다음과 같이 될 수가 있다.

　① 운문이라는 점
　② 상투 어구가 많은 점
　③ 대화 형식이 많은 점
　④ 대구, 반복, 과장 등의 점층적 강세 표현이 많은 점

⑤ 현재형 서술이 많고, 강세 또는 감탄 종지형이 많은 점. 이것은 위에 그 예들이 보였듯이 '울면서 나고가는고!', '출려아전 나고가는고!'로 눈앞에 신이 현현(顯現)하고 행동하는 듯한 현재형 강세 표현들이 주목된다.

이러한 본풀이의 문체에 대해서는 일찍이 현용준도 다음과 같이 이것을 간결 명료하게 정리한 바가 있었다.[5]

① 문체의 운율성
② 현재형 서술
③ 대화의 형식
④ 상투적 표현
⑤ 반복, 대구, 과장 등의 수사법

이러한 문체는 물론 굿의 현장에서 오랜 세월을 가창하며 구전되는 사이에 연마된 특유의 문체이다. 이렇듯 상투 용어나 대화가 많은 문체들은 본토의 서사무가에도 공통점이 보인다. 그리고 또 〈월인석보〉(月印釋譜)의 불전설화들에도 이와 유사한 문체와 표현 형식들이 보여서 흥미로운 바가 있다. 사재동(史在東)이 안락국태자경의 문체를 요약 정리한 바를 그대로 인용하면 다음과 같다.[6]

① 고대 소설이 한자 숙어들을 주로 사용한 데 반해서 순 우리말을 잘 골라쓰고 있는 점.

---

[5] 현용준, 〈무속신화와 문헌신화〉, 집문당, 1992, pp. 51~55.
[6] 사재동, "안락국 태자경 연구" 〈어문연구〉 5집, 대전어문연구회, 1967, pp. 118~120.

② 희곡의 대화법과도 유사하게, 당시의 실제 회화와 유사하게 언문 일치적인 대화 형식이 많은 점.
③ 고사 숙어를 나열한 화려한 문장이 아니고 구상적 표현을 한 점.
④ 실속 없는 화려체가 아니고, 간결체 문장을 이루고 있는 점.
⑤ 각 장면에 설명을 삼가고, 묘사를 주로 해서 실감이 있게 한 점.
⑥ 문체의 기교면에서 대조법, 점층법, 강세법, 비유법 등이 사용되고 있는 점.

여기서 특히 ① 순 우리말 ② 언문 일치적 대화 형식 ⑥ 대조, 점층, 강세, 비유법 등이 지적되고 있는 점들은 그 문체에 서사무가와 상통되는 점이 많다. 그리고 지금은 국문학계 일각에서〈월인석보〉의 불전 설화들도 화청(和請)으로 간주하고 있다. 또 화청은 범패(梵唄)와는 달리 순 우리말의 불교 의식 가요이면서 포교 가요로서 멀리 신라의 원효(元曉)의 무애가(無㝵歌) 이래로 유구한 전통을 계승해 온 것으로도 간주하고 있다.

그것은〈월인천강지곡〉(月印千江之曲)이나〈석보상절〉들도 요컨대는 중국에서 당(唐)대 이래로 성행하던 석가모니의〈팔상성도변문〉(八相成道變文) 등 불교 보급을 위했던 강창문학(講唱文學)과 같은 것이다. 강창과 화청은 같은 불교 보급 문예로서 상호간에 밀접한 영향 관계를 가져왔다. 화청의 그러한 유구한 역사적 흐름이 있었기에 조선 초기에 한글이 창제되자 위의 모든 불전(佛典)들은 곧 순 우리말의 연마된 문체로서 기록 정착될 수 있었던 것으로 보아야 할 것이다.

그런데 그〈월인석보〉속의 예컨대 '안락국태자경'과 같은 내용이 제주도 서사무가 '이공본풀이'로, 또 경남에서는 '악양국왕자노래'로 가창 전승되어 오던 것이 채록되고 있다. 또 이것은〈안락국전〉이라는 고소설로도 존재하였다. 이러한 옛 화청-서사무가-고소설이 상통 계승된 사례는 이〈안락국전〉계열 외에〈양산백전〉계열,〈당태종전〉계

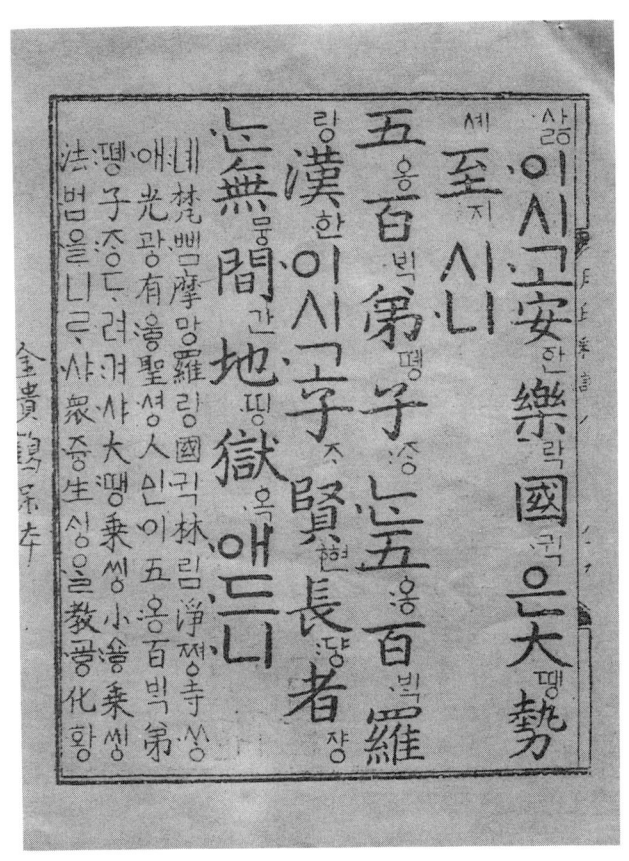

〈월인석보〉의 안락국태자경의 한 장

열이 더 있어서 화청(또는 강창)-서사무가-고소설의 상관성이나 문학사적 전통에도 앞으로 더 면밀한 검토와 연구가 요청되고 있다.

그리고 이러한 상투 어구나 대화 형식들은 판소리에도 '아니리'나 창에 두루 보이고 있다. 또 그러한 상투 어구나 대화 형식은 오디세이를 비롯한 고대 그리스의 서사시에도 보이고, 현대의 유고슬라비아 등 남부 슬라브의 서사시들도 상투 어구의 테크닉을 같은 원리로 똑같이 운영하고 있다고 로드(A. Lord)는 거듭 강조하고 있다.

(4) 풀이의 서사 법칙(敍事法則)

올릭(Axel Olrik)은 구비전승물들에는 그것을 구성하는 일반적인 법칙이 있음을 지적하고, 그것을 서사시 법칙(epic law)이라고 명명한 바가 있다. 거기에는 개화(開話)의 법칙, 종결의 법칙, 반복의 법칙, 3의 법칙, 한 장면 2인의 법칙, 대조의 법칙 등 10여 가지가 있다고 나열 설명을 하고 있다.[7] 본풀이에도 본풀이 나름으로 유사한 서사적 법칙이 보이니 이것을 대충 정리해 보면 다음과 같다.

먼저 개화의 법칙에서 본풀이는 살아 있는 신화답게 신을 강림시키려는 언어 주술성을 보인다. 제주도 속담에 '귀신은 본을 풀면 신나락 만나락하고, 생인은 본을 풀면 백년 원수가 진다'는 말이 있다. 이것은 인간은 결점이 많으니 근본을 캐내면 원수가 될 수밖에 없으나, 신은 훌륭하니 근본을 풀이하면 찬양을 받게 되어 의기양양해서 거동 강림한다는 것인데, 이 속담이 그대로 직접 서두에서 가창되는 일이 적지 않다.

    일뢰한집〔七日堂神〕 난수생(본풀이) 올립니다.
    본산국데레 과광성 신풀어사옵소서(降神하옵소서).
    생인은 본을 풀어 백년 원수집니다.
    구신은 본을 풀면 과광성 신풀어삽니다.
    일뢰또한집 어멍국은 웃손당 백주님

---

7) Axel Olrik, *Epic Laws of Folk Narrative*, Alan Dundes ed., *The Study of Folklore*, Prentice-Hall, 1965, pp. 129~141.

아바님은 알손당 소천국하르바님
하나, 두개, 시개, 늬게, 다서, 여스, 일고차 아들입니다.
　　　(토산웃당〔龍女神, 疾病神〕본풀이, 고대중 구송, 장주근 채록)

이러한 강신 주술성에는 전기한 '울면서 나고가는고!' '흘려아전 나고가는고!' 등 눈앞에 신이 현현(顯現)하고 생동하는 듯한 현재형 강세 표현이 가세한다고 할 수도 있겠다. 또 개화의 법칙에서는 역시 신화답게 첫머리에 먼저 본풀이를 올린다는 인사를 드리고 나서, 등장하는 신의 계보와 신학(神學)의 체계를 전제하는 것이 일반적이다.

초공본풀이 아룁니다.
초공하르바님 성하르방〔親祖父〕은 석하여리
성하르망〔親祖母〕은 석카모니
외하르방은 천에 올라 임정국대감님
외할마님은 지에 나려 지애김진국부인님
초공 아방은 황금산 주접선생
초공 어멍은 노가단풍 자지명왕애기씨
　　　　　　　(초공본풀이, 고대중 구송, 장주근 채록)

안사인(安仕仁) 구송본(현용준 채록)도 이와 거의 같은데 박봉춘본(秋葉隆 수집)은 다음과 같이 간략하게 개화의 법칙을 지키며 본풀이의 내용으로 들어가고 있다.

임정국 천하문장, 금정국 지하문장
황금산 주자(朱子)선생, 로계단풍 태역단풍 자지명왕아기씨
초공이 이궁이 삼궁이 본풀이 아룁니다.
무슨 본풀이냐 하옵거든

천하문장과 지하문장의 양두부처가 임정국에 사옵는데.

이렇듯 본풀이의 개화의 법칙은 신에게 본풀이를 올린다는 신고와 함께 언어적 주술성으로 신을 강림시키는 한편 신들의 계보를 나열해서 신학적인 상호 관계를 밝히고 주인공의 활동으로 이끌어나가는 방식이라고 할 수가 있나. 다음에 여기서는 역시 본풀이의 신화적 성격으로서 종결의 법칙을 먼저 살펴두기로 하겠다. 본풀이는 신화가 가지는 원초적 설명성으로 그 끝을 맺는 경우가 대단히 많다.

> 그 법으로 노일저댄(厠神) 동토(동티)지신
> 토조나라 토조부인은 조왕할망
> 남명북당 남선빈 문전하르방
> 큰아들은 저 올래〔入口〕의 주먹대신〔柱木大神〕
> 남은 여숫 성젠 큰성 혼정을 빼앗안
> 하늘에 올라간 북두칠성으로 들어샀수다.
> 　　　　　　　　(문전본풀이, 이춘아 구송, 진성기 채록)

> 그 법으로 금시상에 어멍은 죽으민
> 머구낭 방장대(상주지팡이)를 짚은곡
> 아방은 죽으민 왕대〔王竹〕로 방장댈 흐영 짚으곡
> 또시 동싱은 죽으민 두건도 망건 우이 씨곡
> 동싱은 옷 우이 브름이라, 동싱 죽음은 거름이라 홉네다.
> 금시상 기일 제사법이 그 때에 김칫골 원님이 낸 법이우다.
> 　　　　　　　　(차사본풀이, 김해준 구송, 진성기 채록)

이상의 두 인용문은 각기 그 본풀이의 끝부분인데, 이와 같이 그 결말을 본풀이에 등장했던 신들이 신의 직분을 맡아서 신격으로 좌정하게 된 연유를 설명하고 있다. 또는 자연 현상(여기서는 북두칠성)이나 인문 현상(장례법)의 연원을 설명하려는 의식도 많이 작용하고 있다는 것을 알 수가 있다. 이것이 당신본풀이 결말에서는 '한집님이 나려사 상받읍서', '어진 한집님 축하올립니다' 등으로 본풀이가 끝난 것을 아뢰고 기원의 말로 넘어가는 것이 일반적이다.

올릭의 서사시 법칙에서 본풀이의 신화적 특성을 잘 보여 주는 것은 특히 이상과 같이 개화와 종결의 법칙에서 뚜렷하다. 그 밖에 가령 반복의 법칙 같은 것은 3회가 많고, 3이 법칙으로서 3은 신화, 전설, 민담들에 두루 믿을 수 없을 만큼 많이 나오며, 호머(Homer)의 서사시에도 고대 아이슬란드의 에다(Edda)들에도 있는 것이라고 지적하고 있다. 제주도의 본풀이에도 3회의 반복은 너무나 많이 나온다.

한 예로, 이미 위 본풀이에 대화가 많다는 예문에서 삼공본풀이 서두의 부모가 세 딸에게 누구 덕에 잘 사느냐고 반복 질문하는 대목을 보았다. 그리고 쫓겨난 감은장아기는 가다가 마퉁이를 만나는데 이 마퉁이도 3형제이다. 그래서 와당탕와당탕 그들 3형제가 굴러들어오는 상황의 3회 되풀이, 들어와서 감은장아기를 보고 하는 수작의 3회 되풀이, 각자 마를 삶아먹고 나머지를 나누어주는 3형제의 되풀이, 감은장아기가 지어주는 쌀밥에 대한 반응의 3형제의 되풀이, 잠자리 발막는 일에의 3형제 반응의 되풀이 등 주요한 것만 실로 3회의 되풀이가 5회나 거듭된다.

올릭은 인도처럼 종교 관념에 따라서는 예외로 4가 중요할 수도 있으나, 그 밖에 7, 12도 있다고 했는데, 제주도 본풀이에도 실제로 12회까지의 똑같은 되풀이도 보인다.

저정비 난이 일어 세변〔事變〕 도원시〔都元師〕 막을 때에
머리 하나 돋은 장수 목을 베어 신전 내올리고
머리 둘 돋은 장수 목을 베어 신전 내올리고

(머리 3, 4, 5, 6, 7, 8, 9, 10 돈은 장수 목을 베어 神前에 올리고)
머리 열하나 돈은 장수 신전에 올리고
머리 열둘 돈은 장수 신전에 올리고
　　　　　　　　　(세화리 본향본풀이, 고대중 구송, 장주근 채록)

이 밖에 가령 올릭이 제시한 대조의 법칙은 선과 악, 빈과 부, 대와 소, 인간과 괴물, 청년과 노인의 대립으로 이것을 서사물의 기본율이라고 했는데, 이러한 대립들은 오히려 민담에 더 많은 것이 아닐까 생각된다. 본풀이는 신화로서 위와 같이 개화의 법칙이나 결말의 법칙에서 민담과는 다른 신화적 특성을 많이 나타내고 있는 것으로 보인다. 이것은 구연의 형태면에서 다른 서사물들이 청중을 향해서 하는 데 반해서 본풀이는 오히려 청중은 뒤에 두고 제상을 향하며, 곧 신을 향해서 구연한다는 구연 형태면과도 아울러서 생각할 때에 더욱 그 신화적 성격은 뚜렷하게 나타내는 것이라고 할 수가 있겠다.

(5) 본풀이의 구성

1) 당신본풀이의 구성

당신본풀이는 지금까지 7~80편 정도가 수집되어 있는데, 그것은 한라산과 바다 등 그 지리성을 많이 반영해서 토착적인 자생 신화의 성격을 잘 보여 주고 있다. 그리고 그것은 결코 무원칙한 신화소들의 결합이 아니고, 그 자연 환경과 종교 관념이 구조적으로 체계를 이룬 결합으로 되어 있다. 그 기본 구성은 대충 다음과 같은 6개의 신화소들의 연결로 이루어지는 4개의 유형으로 귀납 요약할 수가 있다.

(1) 기원형 : ① 남신의 용출 또는 ② 여신의 입도만으로 형성된 단

편들이 많다.

　　남신은 산에서 솟아나고, 사냥 육식의 토착 수렵 문화성을 보이고, 여신은 용왕국, 강남천자국, 서울 등에서 어떤 신술(神術) 내지는 농경 문화성을 가지고 입도한다. 이때 남신에게는 대개 산악 숭배성, 여신에게는 해양 숭배성이 따른다.

(2) **기본형** : ① 남신의 용출-③ 좌정 경위담, 또는 ② 여신의 입도-③ 좌정 경위담이 연결된 단편들도 많다.

　　남신의 좌정 경위담에는 역시 사시복지(射矢卜地)의 경우가 많고, 그 밖에 흉험(凶驗)을 주어서 백성들에게 좌정을 알리고 백성들의 제물을 받아먹고 신도 존재할 수 있다는 것이 기본 사고이다.

(3) **성장형** : ①-②-③↔④ 남녀 신의 결혼으로 연결된 성장된 형태들도 적지 않다.

　　이때 ③ 좌정 경위담과 ④ 남녀 신의 결혼은 순서가 바뀌는 수도 많다. 그리고 제주도의 삼성시조신화도 바로 이러한 유형의 하나가 기록 정착된 문헌 신화로 여겨지고 있다.

(4) **완성형** : ①-②-③-④-⑤ 남녀 신의 식성(食性)의 갈등과 별거-⑥ 추방된 아들신의 해중 무용담들이 연결된 장편들.

　　⑤ 남녀 신의 육식(肉食)과 미식(米食)의 식성의 갈등과 별거 속에서 ⑥ 추방된 아들신이 해중 무용담을 전개함으로써 당신본풀이도 영웅 서사시성을 띠어서 문예학적으로도 주목을 끌게 된다. 이 유형은 5,6페이지 이상의 장편 신화를 형성하는데 도내의 유명한 큰 당의 본풀이가 6편 정도가 여기 해당된다.[8]

---

8) 장주근, "제주도 당신신화의 구조와 의미" 〈한국신화의 민속학적 연구〉 집문당, 1995, pp. 122~142.

2) 일반신본풀이의 구성

일반신본풀이들에는 당신본풀이와는 달리 제주도의 지리성도 지명들도 보이지 않는다. 주년국, 서천국(이공본풀이), 남방국(삼승할망본), 노성생이노성땅(초공, 세경본), 동계남은중절(이공, 세경, 차사, 칠성본풀이) 등으로 다 가상의 국명, 지명, 절 이름들이 발단에서부터 거명된다. 그리고 10편이 다 장편인 일반신본풀이는 6,7편이 본토의 서사무가들과 내용, 줄거리가 공통되고 있다. 그래서 당신본풀이들이 토착적 자생 신화인 데 반해서 이들은 본토에서 유입된 것으로서 그 형성 근원이 다르다는 점을 전제할 수가 있다. 일반신본풀이들이 주인공의 전기적(傳記的) 구성으로 되어 있다는 것은 논자들의 공통된 의견인데, 현용준은 그것을 다음과 같이 풀이한 바가 있다.[9]

```
발단부 ── 기(起) ── 출생
경과부 ── 승(承) ── 고행 또는 결연
       ── 전(轉) ── 회운(回運) 또는 파탄
결말부 ── 결(結) ── 좌정(座定)
```

발단부의 주인공들의 출생은 부모가 늦도록 자식이 없어서 절에 기자(祈子)불공을 드린 결과로 탄생하는 경우가 많다(이공, 세경, 차사, 칠성본풀이 들). 그리고 무조신화인 초공 3형제는 중의 아들로 태어나고, 삼승할망을 생불(生佛)할망으로 부르며, 그 굿거리는 불도(佛道)맞이라 부르고, 삼공은 전생인연신(前生因緣神)이라고 하는 등 일반신들에는 불교 색조가 짙은 것이 하나의 특색이다.

승단(承段)에서는 재주는 뛰어나나 중의 아들이라는 신분 때문에 과거에 합격하고도 벼슬길이 막혀서 울분하거나(초공본), 상자의 모진 학

---
9) 현용준, 위의 책, p. 56.

대에 모자가 고생하다가 끝내 모친은 살해를 당하거나(이공본), 부모에게 추방되어 유랑길을 떠나거나(삼공본, 세경본), 결연 후에 소식 없는 낭군을 찾아서 헤매이거나(세경본), 중의 자식을 잉태하여 쫓겨나거나(초공본, 칠성본), 처자를 위하여 장사길에 나섰다가 거지 신세가 되거나(문전본풀이) 해서 고생이 계속된다.

전단(轉段)에서는 고생 끝에 소망은 이루어지나 반드시 행복해지지는 못하고 결국은 신으로서 좌정하게 된다. 과거에는 급제하나 중의 자식이기 때문에 벼슬은 못하고 부친에게 무구(巫具)를 얻고 무조가 된다던가(초공본), 장자를 죽이고 모친을 소생시켜 꽃감관이 된다던가(이공본) 하는데, 부모를 거지잔치에서 개안시키고 행복하게 끝맺는 경우도 있다(삼공본). 그 중에서 그리던 낭군을 만나 결혼 생활에 들어가나 결국 파탄되고 실망하여 인간 세계에 하강해서 농신으로 좌정하는 세경할망본풀이는 하나의 전형이 된다.

(6) 심방과 본풀이 전승의 현장

1) 심방의 본풀이 인식

이중춘(1992년, 62세 때)은 오현중학교 출신으로, 성품은 까다로우나 학식과 조리가 있는 원로 심방으로서, 제주도 무형문화재 '영감놀이'의 기능보유자이다. 그는 필자와의 담론 중에서 그 많은 본풀이의 분량에 대해서는 '외어야지요, 노력해야지요', '무가 사설들은 굿마다 달라서 사실 어려운 것'이라고 하는 자세였다.

김윤수(1993년 47세 때)는 오현중학교 1년 중퇴의 학력이나 과묵하고 침착한 성품이며, 중요무형문화재 '영등굿'의 기능보유자 후보로, 그 보존회 회장으로서 신망을 받고 있는 지도자적 위치의 심방이다. 그는 음악 장단이나 악기를 익히기는 어렵지 않으나 본풀이를 익히는 일은 심방 각자 나름으로 쉽지는 않은 일이라고 한다. 스승이 그것을 구송할 때 정신을 집중시켜서 익혀야 하는데 북군 관내 50여 명의 심방 중에서 열두 본풀이를 다하는 심방은 30여 명 정도일 것이라고도 했다. 또 단골 할머니들이 내용을 다 훤히 알고 있기 때문에 함부로 신축할 수도 없는 것이라는 말도 했다.

강치옥(1982년 45세 때) 무녀는 4·3사건으로 국민학교에 입학만 해봤던 것이 학력의 전부이나 매우 영리한 성품이었다. 그녀도 부친이 유명한 큰심방이었다고 하지만, 위 두 사람도 모계나 부계에 다 심방 내력들은 있다. 따라서 그들 스스로가 무업에 나서고, 세월만 다소 지나면 무가의 이른바 상투 어구(formula)들은 이미 몸에 익어 있는 것이기도 해서 습득이 어렵지 않으리라는 것은 쉽게 생각할 수가 있다.

강씨는 한밤중에 최장편인 세경본풀이 구송을 끝냈을 때에 "그 긴 것을 어떻게 외웠느냐?" 하는 필자의 질문에 "당신도 TV 드라마를 보고 그 줄거리를 옮길 수 있지 않느냐? 그것과 마찬가지다"고 간단 명료하게 적절한 비유를 해준 것이 지금껏 기억에 인상적으로 남아 있다. 줄거리 외우기가 이렇듯 별문제가 되지 않는다면, 나머지는 상투 어구(formula)와 서사시 법칙(epic law) 등이 적절하게 공식적으로 작용해 줄 것이니, 방대한 본풀이 분량의 암송 전승의 문제는 그녀의 이 한마디로 사실상 다 해결이 되는 셈이다. 무심코 순간에 한 마디 던져준 간단한 답변이었으나, 워낙 영리했던 그녀의 이 한 마디는 천금의 값어치가 있는 명답이었다.

그리고 제주도 민속 사회에서는 긴 본풀이의 줄거리를 옛날이야기로 할머니들이 손자녀들에게 들려주는 일은 매우 흔하다. 강씨는 옛날이야기로는 들은 일이 없었으나, 역시 장편인 차사본풀이를 본풀이로 한 번 들었을 뿐이었는데, 하라고 해서 못한다고 했으나, 하도 강요를 당해서 첫번째는 많이 더듬거리기는 했지만 두번째부터는 잘 되더라고 했다. 그러나 몇십 년을 가도 굿에서 본풀이의 가창을 못하는 심방도 없지는 않다는 말도 했다.

2) 본풀이 구송의 개인차

구비시인들은 그 구연에 많은 자유와 신축성을 가지며 그들의 전통적인 스타일에도 개성이 작용해서, 그들은 전통적이지만 창조적인 예술가도 된다. 본풀이의 구송도 각자가 다 똑같을 수는 없고 각자 나름의 상투 어구 체계와 표현들을 가지고 있다. 여기서는 중간의 에로문학적 표현 대목들에서 개인차의 실상을 약간만 살펴두기로 하겠다. 동서고금의 신화에 에로티시즘이 등장하는 것은 결코 드문 일이 아니다.

그리스의 여신 데메테르(Demeter)의 분노를 풀기 위해서 시녀가 성기를 노출하는 대목이, 일본의 天照大神의 화를 풀기 위해서 天細女命이 성기를 노출하고 웃음판을 벌이는 점과 신통하게 같다고 비교 신화학적 측면에서 吉田敦彦는 지적한 바도 있다.[10] 한국의 굿은 지난날 여성 사회의 전유물이다시피 되어 있었고, 특히 제주도의 경우, 한밤중에 적이 농도 짙은 에로티시즘을 본풀이에서 노정시키는 경우들이 있었던 것은 다 같은 상황이다.

'세경본풀이'에서 자청비가 하인 정수남의 꼬임으로 단 둘이 심산유곡에 들어가게 되고 무더위에 물마시기 등으로 알몸이 되기도 하고, 밤을 새우기도 하는 장면들을 전개한다. 이 대목은 길고 다양하게 전개되는데, 이것을 여러 심방의 구연본과 비교하면 상당한 개인차를 볼 수가 있다. 낮에 산중에서 헤매다 물 마시려는 대목에서 한 부분만 비교해 보이면 다음과 같다.

옷을 우 알막이 확 벗언 드리댓겨두언(내던져 두고)
끅정동(칡덩굴)을 걷어다가 원수님(성기)을 걸레매고

---

10) 吉田敦彦, 〈日本神話의 源流〉, 1976, p. 130.

ᄌ청비ᄀ라 말을 ᄒ되
'상전님 이걸 심엉(잡고) 사십서(서 계십시오).
나 물 먹어가민 물귀신이 날 심엉 둥기여 붑네다(당겨 버립니다).'
(세경본풀이, 강일생[女, 70세] 구송, 진성기 채록)

고대중본에도 남녀간에 알몸이 되어 아기자기하게 물 마시는 대목들은 있으나 이렇듯 걸직하고 직접적인 표현은 없다. 그래서 양자가 큰 줄거리는 다 같으나, 산중에서의 대목들은 그 설정이나 표현과 상투어구 체계들도 각각 다르다. 결국 로드(A. Lord)의 말처럼 이 구비시인들은 전통적인 스타일만 같고, 같은 연희자(performer)이긴 하지만 늘 부분적으로는 서로 다른 독자적인 작시자(composer)이다.
한편 고대중본을 보면 밤새 성적 흥분이 지속된 정수남을 달래잡기 위해서 자청비가 이를 잡아주겠다고 속여서 무릎 위에 눕히고 이를 잡기 시작한다.

정수냄이는 쇠스렁 닮은 손을
자청비 강알래레(가랭이 아래에) 설풋설풋 ᄒ는고!
ᄌ청비는 앙기조침 앙기조침 나앚이면서
오독독이 (이를)죽여가난 무정 눈에 좀이사
소로로ᄒ게 들어가는고.

위 강일생본은 여기서는 사실적 묘사가 없고 다만 이를 잡아준다고 속이고, 잠든 사이에 정수남을 죽이고 자기 몸의 순결을 지키고 빠져나오는 큰 줄거리만은 둘이 다 같다. 이러한 개인차가 더 벌어져서 본풀이의 줄거리인 신들의 근본 내력에까지 차이가 생긴 사례를 서귀리(西歸里) 본향본풀이에서 찾아볼 수가 있다. 서귀리는 앞바다에 섬들이 그림같이 떠 있고, 정방 폭포, 천기연 폭포들이 흘러내리는 한국 최남단의 정서가 넘치는 큰 마을이었다.

그래서 그런지 서귀리본향본풀이는 풍신 인문관바람웃도와 부인 고산국, 처제 지산국 간의 3각 관계가 낭만적으로 얽히는 신화로 형성되어 있다. 그런데 지역마다의 당신본풀이는 그 당맨심방에게서 채록하는 것이 당연한데 그 박생옥 심방은 괄괄하고 성급한 성품이었다. 그에게서 채록한 첫머리 일부를 제시하면 서정적이고 부드러워야 할 내용이 다음과 같이 힘차고 거칠게 나오고 있었다.

　아방국은 홍토나라 홍토 천리
　어멍국은 비우나라 비우 천리
　브름웃님과 고산국 혼연(婚宴) 입장시켰습니다.
　큰부인은 얼굴은 박색이로되 기술은 좋아
　축지법이 좋아지되, 브롬웃님이야 생각이 없어지니
　처아지망〔妻弟〕이 얼굴이 천하 미색이요
　처아지망을 성은 고가를 지가로 변경시켜
　절두 절섬으로 피난 옵니다.
　한로, 영주, 봉래, 방장, 삼신산을 올라사옵시되
　밤도 왁왁 일목공〔暗黑狀〕 낮도 왁왁 일목공 되어 갑니다.

그런데 이 서귀리 본향당에 좌정한 바람웃님과 특히 지산국과는 시앗 사이로 땅가르고 물갈라서 이웃 서홍리 본향당에 좌정한 고산국은 그 근본과 내력이 같기 때문에 두 당굿에서는 같은 본풀이가 구송된다. 그러한 본풀이들을 진성기의 〈제주도 본풀이사전〉은 고루 다 채록했고, 그것도 개인차를 보이게 두루 복수 채록을 하고 있어서 더욱 소중한 가치를 지니고 있다. 그 중에서 서홍리 본향본풀이를 김영식(58세, 남)이 구송한 것은 표현도 부드럽고, 줄거리도 시종이 선명하다. 다만 장황해지겠기 때문에 여기서는 줄거리만을 요약해 보이면 다음과 같다.

　서울의 일문관바람웃도가 중국에 유람가서 대감집에 머물다가 밤에 얼핏 예쁜 처녀를 보고 반했다. 고민과 주저 끝에 그는 대감에게 청혼해서 승낙을 얻고 결혼했는데, 하고 보니 천하의 박색이어서 마음이 돌아선다. 대감이 결혼시킨 처녀는 큰딸이고, 그가 먼저 보았던 미인은 둘째딸로서 처제가 된 셈이었다. 끝내 바람웃도는 미인 처제와 눈이 맞아서 둘이 몰래 제주도로 도망해 오는데, 고산국이 화가 나서 이들을 죽이려고 뒤쫓아 오면서 안개와 구름의 신술 싸움을 벌이다가 결국은 각기 서귀리와 서홍리로 좌정을 하게 된다.[11]

3) 본풀이와 신화와 서사시

　이상으로 이 본풀이들이 풍신 바람웃도와 두 자매간의 3각 관계를 공통의 큰 줄거리로 삼고 있는 신화라는 것을 알 수가 있다. 그런데 박생옥 구송본은 신들의 근본 출처가 모두 가상의 나라로 되어 있고, 한편 秋葉隆이 채록했던 박봉춘 구송본은 '제주싸 설매국에 일문관바람운님이 솟아나니……'[12]해서 그 출처가 제주도로 되어 있다. 그것이 다시 위 김영식 구송본은 '서울 출신의 바람운님과 중국 출신의 자매신'으로 되어 신들의 근본이 서로 달라서 심방들간에는 논란의 소지가 없지 아니하다.

　본풀이는 단순한 서사시는 아니고, 심방도 음송 시인과는 다르다. 본풀이는 신화로서 종교 의례의 한 원리여야 한다. 실제로 굿의 진행 도중에 초공본풀이의 가창이 10여 차례나 중단되더라는 사례가 있었다. 용어나 줄거리, 내용에 대해서 이의를 제기한 큰심방들이 중단을

---

11) 진성기, 〈제주도 무가 본풀이 사전〉, 민속원, 1991, pp. 501～506.
12) 秋葉隆, 〈朝鮮巫俗의 硏究〉上卷, 1937, p. 341.

본풀이 구송 장면

시키고 '어디서 나온 문서냐?', '선생이 누구냐?' 하고 따지기 시작했다는 것이다. 이것은 1992년 9월에 필자가 본풀이 전승에 대해서 이모저모로 한담의 시간을 가져보려고 이중춘 심방댁을 찾아갔을 때에 동행했던 고광민(제주대학 박물관 연구원)이 목격했던 일을 제공해 준 사례였다.

큰심방들이 용어나 내용 문제로 토론 끝에 싸움도 하다가, 이것으로 합의를 보자고 결론을 도출한 후에, 가다가 또 중단시키고 따지기를 10여 차례나 했다는 것이다. 예컨대 무조 3형제가 넘어간 강 이름을 가지고도 논쟁을 했다는 것이다. 이에 대해서 이중춘도 정히 안되겠으면 굿을 하다가 굿거리 도중에서 심방을 교체시킬 수도 있는 것이라고 동조했다. 또 이중춘은 굿의 시원은 잿북이 3형제이지만, 굿을 심방들에게 전한 것은 유정승 따님애기라고 하니, 그것을 가지고도 중단을 하고 논쟁이 있었다고 고광민은 말한 바가 있었다.

　본풀이는 서사시이기도 하지만 신화이며, 그 신학(神學)의 체계와 원리인 동시에 제의의 지침이 되기도 하며, 또 제의의 중요한 구성 요소이기도 하다. 본풀이를 유창하게 잘 부르는 일은 인간을 기쁘게 하며, 그것은 동시에 신도 기쁘게 하고, 제의의 효과를 올리는 일도 되고, 제주를 기쁘게 해서 심방 자신이 더욱 인기를 얻는 일이 되기도 한다. 그런 점에서 그것은 서사시이기도 하지만 신화적인 측면이 더 많은 서사시의 한 원천이기도 하다.

　본풀이는 그 기본적인 구송 형태에서, 청중을 향해서 하지 않고 제상을 향하고, 신을 향해서 구송한다. 본토 무속에서 예컨대 동해안 별신굿의 심청굿 같은 경우 제상을 등지고 청중을 향해서 가창하는 사례들이 있으나 제주도 본풀이는 기본적으로 청중을 등지고 제상을 향해서 가창하는 그 형태도 일단 주목해 둘 필요가 있을 듯하다. 여기에 앞의 서사시 법칙(epic law)에서의 개화의 법칙의 강신 주술성, 신들의 체계화, 결말의 법칙의 신화적 설명성 들을 아울러서 생각할 때에 본풀이는 서사시보다 신화적 성격과 언어 주술성 측면이 더 강하고 많다고 해야 할 것이다.

(7) 맺는 말

　〈일리아드(Iliad)〉는 15,000행이고, 〈오디세이(Odyssey)〉는 12,000행으로 기억하기에는 너무나 길다고 논의되었다. 제주도의 본풀이도 그에 못지않은 방대한 분량인데, 심방들은 그것을 어떻게 외우고 구연하는가? 이 신화와 종교 의례와 그 신학 체계와의 연관성은 어떠한가? 이른바 음송 시인과 심방과의 유사점과 차이점은 무엇이며, 또 본풀이와 서사시의 차이점은 무엇이며, 본풀이의 문학사적 위상은 어떠한가? 여기서는 본풀이 전승의 현장에서 이러한 문제들의 실상을 찾아보고 해답도 구해보려고 했다. 이제 논의된 내용을 간추려 보기로 하겠다.

먼저 본풀이에 상투 어구가 많은 점을 주목하여 이것을 로드(A. Lord)의 구전 상투 어구론(oral formulaic theory)의 시각에서 살펴보았다. 본풀이에도 삽입 가요(theme)는 없지 않으나, 그것은 흥행 예술인 판소리에 더 많고, 본풀이는 주로 상투 어구(formula)들로 형성되어 있었고, 그 문체(文體)를 요약 정리해 보면 다음과 같았다.

① 가창체의 율문성
② 상투적 표현
③ 대화의 형식
④ 대구, 반복, 과장 등의 수사법
⑤ 현재형 강세 표현

이러한 문체론적 특징은 본토의 서사무가, 판소리, 나아가서는 고대 그리스의 서사시나 현대 유고슬라비아의 서사시에도 상당 부분 상통된다. 또 〈월인석보〉의 불전설화들과 지금껏 전승의 맥은 상존하는 불교 가요인 화청(和請)과도 맥이 닿는 바가 있어서 앞으로 그 연구가 더 요청되었다. 또 올릭(A. Olrik)의 서사시 법칙(epic law)에 견주었을 때, 본풀이는 개화의 법칙에서 신을 강림 거동시키는 언어 주술성과, 신학 체계의 제시로 신화적 성격을 강하게 띠고 있었다. 또 종결의 법칙에서도 신격의 좌정 연유와 신화적인 원초과학적 설명성들을 잘 보여 주고 있었다.

다음에 본풀이의 구성에서 당신본풀이는 제주도에서 자생한 토착적 신화로서 지리성을 잘 반영하고 있다. 그에 비하면 일반신본풀이들은 본토 무가들과의 공통성이 많고 그 구성은 전기적(傳記的) 유형이 많았다. 끝으로 본풀이 전승의 현장에서 특히 한 여심방이 TV 드라마를 보고 그 줄거리를 옮길 수 있듯이, 장편 서사무가도 한번 들으면 줄거리의 기억은 문제가 되지 않는다는 비유담은 인상적이었다.

　제주도 심방은 세습성이 많기 때문에 상투 어구의 습득이 용이하므로 이것을 공식적으로 적용만 해가면 본풀이 암송이나 전승은 결코 어려운 일이 아니라는 해답을 쉽게 내릴 수가 있는 셈이었다. 또 심방들은 각자의 상투 어구 체계들을 가졌고, 때로는 개성까지 작용하는 사례도 보여서 심방들의 본풀이 전승의 전통적인 스타일은 동일하나 그들 연희자(performer)는 언제나 작시자(composer)이기도 했다. 로드(A. Lord)의 말대로 그들의 구연과 작시는 언제나 동일 행위의 양측면이기도 했다.

　로드는 고대 그리스의 서사시나 현대 유고슬라비아의 서사시가 다 상투 어구의 테크닉을 같은 원리로 운영하고 있는 같은 서사시임을 거듭 강조했다. 본풀이도 그 전승의 상투 어구론에서는 같은 서사시이다. 그러나 본풀이는 신을 강림 거동시키는 언어 주술성도 지니며, 신학의 체계도 제시하는 종교의 원리로서 생동하고 있는 신화이다. 그것은 서사시이기도 하지만 엄연한 살아 있는 신화이고 그러한 문학 장르로서 지금껏 온존돼 있다는 점에서 더욱 소중한 민속 문화재라고 하지 않을 수가 없는 것이다.

15. 향토 문화제

  근래에 향토 문화제라는 것이 우후죽순격으로 급증 현상을 보이고 있다. 이것은 하나의 유행처럼 전국에 퍼져서 학계에서도 일일이 돌아볼 사이가 없었고, 그 방향이나 성격에 대해서도 많은 의구심을 갖게 하고 있다. 대체로 학계에서는 비판적 견해가 많으나, 아직 본격적으로 논의된 바가 없었고, 견해를 분명히 하지 못하고 있는 실정이다.
  이러한 향토 문화제의 급증 현상은 오늘날의 급변하는 사회적 현상에 다양한 그 요인이 내포되어 있다. 우선 전통 문화가 급격하게 변화하고 소멸하는 데 대한 불안 의식과 그에 따르는 향토민의 일체감 조성의 구심점의 필요성 등은 그 주된 요인으로 지목된다. 재래 농경 사회의 일체감 조성의 구심점을 이루는 전통 문화로서는 우선 마을 단위의 동제와 두레, 품앗이 등의 농경 조직에 농악대들이 있었다.
  그러나 1970년대에는 경운기를 비롯한 기계화 영농의 시발로 농경 조직들은 와해되어 가는데, 농촌 인구의 도시화 현상이 여기에 더욱 부채질을 가한 느낌 또한 크다. 향토 문화제들은 그래서 마을 단위의 행사를 떠나서 그 대부분이 시, 군 단위의 대형화로 자연적인 급변을 보이면서 자리를 잡지 못하고 허둥대고 있는 느낌이 적지 않다. 그래서 여기서는 향토 문화제와 유사했던 행사들의 역사적인 고찰도 시도해서 그 전통에서 지침을 찾아보는 시도도 뒤에 덧붙여 보기로 하겠다.
  이러한 관심에 때마침 신찬균의 '향토 문화제의 현황'이라는 보고가 있었기에 그 요약으로 우선 개황을 먼저 소개하기로 한다. 이 향토 문화제들 중에서 필자가 조사를 할 수 있었던 것은 강릉 단오제, 영산의 3·1 문화제(줄다리기와 나무쇠싸움), 신라 문화제, 기지시(당진) 줄다리기 등이고, 들렀던 길에 볼 수 있었던 것에 한라 문화제, 경산 문화제 등이 있다.

기지시로 가는 버스에서는 생면부지의 한 일본인 관광객과 우연히 동석하고, 그에게서 이 향토 문화제들의 날짜가 고정되어 있지 않은 것이 많아서 찾아다니기가 불편하다는 푸념을 들으면서 참으로 놀랐던 일을 첨기하고 싶다. 그래서 지금도 급증하고 있는 이 향토 문화제들이 더욱 건전한 발전을 거듭해서 뜻 있는 관광객들의 개별적인 유익한 국민 관광의 대상이 되어 주었으면 하는 바람도 아울러서 첨언하고 싶다. 각 지역의 향토 문화제는 각기 그 지역민들의 문화 예술과 기질의 차이들까지도 느끼게 해준다는 점에서 크게 매력 있는 관광 대상으로 여겨지는 것이기 때문이다.

(1) 향토 문화제의 현황

이 신찬균의 보고서는[1] 1977년도에 작성된 것인데 이것을 일람표로 요약하면 다음과 같이 총 77건이 된다. 여기 끝 난의 등급은 문예진흥원에서 선정하여 등급을 매기고 A급(100만 원), B급(70만 원), C급(50만 원), D급(30만 원)으로 나누어서 행사 지원비를 지급한 것이다.

---

1) 申讚均, "鄕土文化祭 現況",《月刊文藝振興》1977년 11월호, pp. 19~28.

향토 문화제 일람표

도별	행사 이름	장소	월일	주최	행사 종목수	역사(횟수)	등급
경기도 (6건)	행주대첩제	행주산성	3.14	고양군			D
	제물포제	인천	6월중				
	화홍 문화제	수원	10.15무렵	수원시			
	강도 문화제	강화	10월중	강화군			
	세종문화 큰잔치	여주	10월	경기도			B
	양주 문화제	양주	10.9	양주군			
강원도 (8건)	개나리 문화제	춘천	5월 단오(음)				
	강릉 단오제	강릉	5월 단오(음)	단오굿 추진위원회	27	11	D
	단종 문화제	영월	4.4~6			15	C
	율곡제	강릉	10.14			11	
	설악제 및 풍어제	설악산, 속초	10.2~4	예총 원주지부			
	군도제(軍都祭)	원주	4월중	횡성군			
	농민제	횡성	11월	삼척군			
	삼척 대보름제	삼척	1.15(음)				
충북 (8건)	난계 예술제	영동	10월중	난계기념사업추진위원회			D
	충북 예술제	청주	10월중	예총 충북지부			B
	우륵 문화제	충주	10월	〃			
	속리 연송제	법주사	10월	〃			
	단양 8경놀이	단양	10월	〃			
	중봉 충렬제		9.10	옥천 문화원			
	단오절 그네대회	청주	6월	예총 충북지부			
	속리산 축제	속리산	10월	보은 문화원			
충남	백제 문화제	부여·공주	10.20~22	충청남도	27	23	B
	단군어천제	서산	3월(음)	단군봉안회			
	연기향토제	연기	4월	연기향토제위원회			
	민속예술제	천원	9월	성환문화원			
	삼거리 단오제	천안	5월(음)	천안시			
	당진 상록제	당진	8월	당진문화원			

15. 향토 문화제 225

(8건)	당진 줄다리기 온양 문화예술제	당진 온양	3월(음) 10월	줄다리기추진위원회 온양 문화원			
경북 (11건)	신라 문화제 안동 민속제전 동해 문화제(포항개항제) 경산 문화제 의성 민속놀이 김천 문화제 예천 문화제 성류 문화제 우산 예술제 가야 문화제 경산향토종합예술제	경주 안동 포항 자인 의성 김천 예천 울진 울릉도 고령 경산	10.17~21 10.21~23 11.3~5 단오(음) 9월중 10월중 10월중 5월중 10월중 4월중 10월중	신라문화선양회 예총 경주지부 포항문화원 경산문화원 김천문화원 추진위원회 울진문화원 울릉문화원 고령군 경산문화원	35 18	18 12	A D D
경남 (16건)	개천 예술제 밀양 아랑제 한산대첩제 울산 공업제 3·1 문화제 군항제 옥포대첩제 함안 천령문화제 고성 광복예술제 마산 문화제 삼천포 한려문화제 거창 아랑예술제 사천 문화제 향토민속 남해 종합 예술제 밀양 종합예술제전 지리산 평화제	진주 밀양 충무 울산 영산 진해 장승포 함양 고성 마산 삼천포 거창 사천 남해 밀양 산청	11.10~15 5.16~20 9.25~27 5.31~6.3 3월중 4월중 5월중 5월중 8월중 10월중 4월중 10월중 10월중 10월중 10월중 11월	 울산문화원 3·1문화향상회 군항제위원회 거제문화원 함양문화원 예총고성지부 예총마산지부 예총삼천포지부 아랑예술위원회 추진위원회 남해문화원 밀양문화원 산청문화원	20 83 29	28 21 16	A D
전	마한 민속제 논개제전	익산 장수	10.8 9.9			12	

북 (8건)	갑오동학혁명기념제	정읍	5.10			47	C
	춘향제	남원	4.8(음)				
	풍남제	전주	단오(음)				
	벽골 문화제	김제	10월중	제전위원회			
	전라 예술제	전주	10월중	예총 전북지부			C
	모양성제	고창	9.9(음)			8	
전 남 (11건)	지리산 약수제	구례	4.20	구례군			
	보림 문화제	장흥	5월중	장흥문화원			
	남도 문화제	광주	10월중	전라남도			A
	목포 예술제	목포	10.1~8	예총 목포지부	16	19	
	팔마 예술제	순천	10.18무렵		8	10	
	전라좌수영 진남제	여수	5.5				D
	옥주 문화제	진도	10월중	진도문화원	4		
	호남 예술제	광주	5월중	전남일보사			
	금성 예술제	나주	10월중	추진위원회			
	해남 예술제	해남	4월중	추진위원회			
	대모성제	순창	10월중	순창문화원			
제주도	한라 문화제	제주	10월중	예총 제주지부		16	A

이상 77개 행사의 통계로 오늘날 향토 문화제들의 성격을 간단히 종합해 보면 다음과 같다.

첫째, 장소가 주로 시, 군 이상의 행정 중심지들이고, 여기에 관광지들이 따르고 있다. 이것은 향토 문화제를 민간 주도적인 상향식과, 관 주도형의 하강식으로 나누어볼 때 관주도성이 보다 강하다는 것을 말해 주는 한 자료가 될 수도 있다. 여기에 다시 관광성이 따른다. 그것은 지금 전국 최대 규모인 신라 문화제를 국제 규모화하라는 상부의 지시가 있었다는 경주 시청의 한 간부의 말에서도 나타났다. 그것이 관광 도시 경주의 일임을 감안할 때에 더욱 선명해진다.

둘째, 시기는 정월이 1건, 3월이 4건, 4월이 9건, 5월이 14건, 6월 2

건, 7월 6건, 8월 2건, 10월 35건, 11월 4건으로서, 집중의 큰 고비는 10월이고, 다음이 5월이 된다. 이것은 옛 부족 국가 시대의 10월 농공 필후(農功畢後)와 5월 하종홀(下種訖)의 국중 대회의 전통과 대체로 맞는 결과가 된다.

셋째, 주최는 시, 군, 도가 직접 하는 경우도 있으나 예총지부, 문화원, 추진위원회들이 많다. 이것은 관주도의 하강성을 지양하고 조금이라도 민간 주도성을 더 많이 띠려는 의도로 보인다. 그러나 예총 지부나 문화원에는 예산이 없으니 관에서 비용을 대주는 경우가 많고, 이럴 때 돈을 대주는 관의 입김은 역시 작용하게 마련이다. 참고로 신라문화제의 주최자인 신라문화선양회는 회장이 경주 시장이었으니 결국 경주 시청이 주최하는 것이었고, 77년도의 그 비용은 3,500만 원이었다.

넷째, 취지 또는 목적은 향토 문화예술의 진흥, 고유 민속의 계승, 역사적 사건들의 기념과 정신의 계승, 애향심과 단결심의 배양, 관광 개발과 산업 진흥 등으로 다양하다. 큰 규모의 경우는 민족 주체성의 확립, 국민 총화와 국토 통일 이념의 구현, 국민 정신 교육에의 기여 등 향토 축제와는 거리가 있는 추상관념이 제시된 경우들도 있었다(신라 문화제 경우).

다섯째, 행사 종목이 언제나 많은 논난 거리가 된다. 대충 빈도순으로 향토색이 짙은 행사들로서 농악, 씨름, 그네, 활쏘기, 민요, 시조 경창 등이 동원되는 것은 매우 바람직스럽다. 그러나 흔히 천편일률이라고 비난받는 것에 남녀 중고교생을 동원하는 가장 행렬, 등불 행렬, 미인 선발 대회, 백일장, 사생 대회, 불꽃놀이, 미술 전시회, 시화전, 웅변 대회, 사진전, 각종 체육 대회 들인데, 그 중에서 대중 가요 경창 대회는 특히 인기도가 높았다. 그러나 향토 문화제로서의 개성을 상실시킨다던가, 개중에 어떤 종목은 가당치도 않다던가, 또는 신라와 백제의 가장이 구분이 안 간다던가 하는 비난들도 받는다.

여섯째, 향토 문화제의 성격 분류에서는 이 모든 행사들을 모두 실제로 돌아본 것이 아니기 때문에 확실성은 적으나 대체로 다음과 같이 분류를 시도할 수는 있다.
① 향토 문화적 성격이 주가 된 것 —— 43개소.
② 역사 기념적 성격이 주가 된 것 —— 22개소.
③ 관광적 성격이 주가 된 것 —— 10개소.
④ 산업 전시적 성격이 주가 된 것 —— 2개소.

다시 이것을 관주도적 하강식과 민간 주도적 상향식으로 구분해 볼 때 ② 역사 기념적인 것들에 관주도성이 많아지고, ① 향토 문화적인 것들에 민간 주도성이 많아진다고 할 수도 있겠다. 그리고 향토 문화제의 역사는 더러 일람표에 보이는 숫자들로써 대체로 그것이 해방 후부터 싹터서 60년대부터 성행되기 시작한 것임을 짐작할 수가 있다. 그러나 개중에 그 연원은 후기할 바와 같이 확실히 더 유구한 근원을 가진 것들도 있다.

이제 필자는 이들 중에서 민간 주도적 상향형으로 강릉 단오제를 들고 여기에 영산의 3·1 문화제를 곁들이기로 하겠다. 관주도적 하강형으로는 신라 문화제를 들고, 여기에 한라 문화제를 곁들이고, 이들을 모델로 해서 더 세부적인 검토와 소개를 해나가기로 하겠다. 그러한 구체적인 검토는 자연히 바람직스러운 향토 문화제의 방향도 제시해 주게 될 것으로 생각한다.

(2) 강릉 단오제가 가지는 의의

1) 향토 문화의 보존

강릉 단오제의 행사 종목들은 서낭제, 별신굿, 가면극, 씨름, 그네, 시조 경창, 농악 들이 주가 된다. 그리고 그 핵심적인 근원은 대관령

남서낭신과 홍제동 여서낭신과의 연 1회의 결합으로 상징되는 성적 풍요 기원에 있다. 이 기원이 '모내기를 마칠 무렵인 5월 단오에 벌어진다. 이것이 5월에 씨뿌리기를 마치고 귀신을 제사한다던 저 고대 부족국가 시대의 제천 의식, 여기서는 예의 무천(舞天)과 같은 국중 대회의 유구한 전통이라는 것은 지금 학계의 공론이라고 할 수가 있겠다. 그 국중 대회는 본래가 농경 의례였고, 연일 음주 가무하는 민중의 축제였다.

별신굿, 가면극을 비롯한 민속 행사들은 쇠퇴나 단절의 위기에서 이 강릉 단오제 행사에 참여하면서 단오제를 더욱 축제답게 하기 위해서 군중 앞에 등장하고 활기 있는 놀이를 전개한다. 물론 여기에도 동원된 남녀 중고교생들의 등불 행렬은 있었고, 또 MBC 강릉지국의 TV 탤런트와 영화 배우 동원도 있었고, 체육 경기들도 있었다. 그러나 그것들은 위 민속 행사들과는 별도의 장소에서 진행되었다.

남대천변의 넓은 벌판에는 굿판, 씨름판, 그네판 기타 행사들이 동시에 연일 전개되고, 여기에 큰 시장이 벌어지며, 휘장을 친 임시 식당들에 잡상인과 속칭 뺑뺑이돌리기라는 사행놀이꾼들이 빽빽이 들어선다. 당연히 서커스단도 들어서서 요란스러운 나팔소리로 구경꾼들을 모으고 있었는데, 그것은 들어가서 구경을 해보니 줄타기와 농악에 〈장화홍련전〉의 여성국극까지도 하고 있었다. 그 이름은 '백구여성농악단'이었는데 결국 서커스단과 현대판 사당패의 절충형 같은 느낌을 주는 것이었다.

여기에 동원되는 5일간의 연인원은 60~70만 명이라는 영동의 일대 축제가 이렇게 전개되며, 여기에는 지금 원초에서부터 현대까지의 온갖 민중 문화들이 자연스럽게 뒤섞여서 1년 주기로 되풀이해서 전승되고 있다. 이들 강릉 단오제에 나타나는 다양한 현상들은 별도의 보고서에 미루기로 한다.[2] 강릉 단오제가 가지는 첫째 의의는 서낭제를 핵심 근원으로 삼는 위 여러 가지 민속의 전통 문화 전승 보존에 있다고 하겠다.

2) 향토민의 일체감 조성

　단오제 추진위원들에 의하면, 전기한 대로 여기 전후 5일간에 모이는 관중은 연 60~70만 명이 된다고 한다. 다만 그것은 추산일 뿐 어떤 정확한 통계 숫자는 못 된다. 추진위원들은 어렸을 때부터 어른들이 단오제 때에는 용돈도 주고 해서 손꼽아 기다리던 큰 명절이었다고 회고 한다. 이날 여기에 모여드는 인근 일대의 농어민들은 다 일단 일손을 쉬고 나온다.

　본래 단오 명절은 한반도 북쪽과 영동에서는 큰 명절이었다. 대신 남쪽은 추석과 백중이 큰 명절이었는데 그것은 농경과 직결되는 현상이었다. 특히 영호남에서는 5월(음력)을 '발등에 오줌 누는 달'이라고 일러왔다. 그것은 모내기와 보리 타작이라는 큰 농사일이 5월에 겹치기 때문에 5월은 눈코 뜰 사이가 없는 달이고, 따라서 단오가 큰 명절이라도 그것을 한가로이 즐길 사정이 되지는 못했던 것이다.

　그러나 북쪽은 모내기도 이른데다가 보리 농사는 짓지 않고 대신 옥수수 농사가 더 많았다. 따라서 단오 무렵은 모내기라는 큰 일손을 일단 마치고 쉴 수 있는 때이기도 했다. 게다가 씨름 대회니 그네 대회니 하는 단오 행사들은 본래가 사람이 많이 모여야 되는 대회 행사들이어서 이를테면 대처에 어울리는 명절이기도 했다. 그것이 영동 대도호부(大都護府)에서 벌어지는 영동 제일의 일대 축제로 대형화된 것이 강릉 단오제라고 할 수가 있다.

　이것이 이곳의 큰 명절인 단오절 행사라는 것이 중요하다. 여기에 하루 일손을 쉬고 모인다는 것은 평소의 물질을 추구하던 세속적 생활

---

2) 張籌根, "강릉 단오굿", 〈전국민속종합조사보고서〉 강원도 편, 1977, pp. 191~209.

에서 일단 떠나고 정신적인 공동의 광장에 모여드는 것을 의미한다. 이른바 속(俗)에서 성(聖)으로의 전환이다. 이것은 전통적인 제의와 민속 행사들을 통해서 다 같이 즐기며 정신적인 일체감을 굳히는 기회가 된다. 명절에 작업복을 정갈하게 한복으로 갈아입고 다 같이 제의에 참가하는 것은 그것의 보다 구체적인 장면들이기도 하다.

여기서는 단순히 집안끼리의 혈연의 유대만을 굳히는 것이 아니라, 전체의 지연적인 유대를 굳히며, 독자적인 지역 문화를 공감하며 즐기는 것이다. 오늘날 많이 쓰는 말로는 이야말로 총화의 다짐이며 바탕이 되는 것이다. 강릉 단오제의 큰 의의의 하나는 이렇듯 명절을 통한 정신적인 총화의 다짐에서 인식이 되어야 하겠다.

3) 경제적 의의

강릉 단오제 추진위원회가 들이는 비용 총액은 일단 350여 만 원으로 되어 있다. 그 수입의 3대 원천과 액수는 다음과 같다.

(1) 관비 지원금 190만 원

이것은 ① 강릉시비 보조 100만 원, ② 명주군비 보조 50만 원, ③ 강원도청 보조 10만 원, ④ 문예진흥원 지원금 30만 원이다.

(2) 수익자 업소들의 기부금 100여 만 원

수익자 순위 ①을 추진위원들은 단연 경월소주회사로 꼽았는데 10만 원밖에 기부를 안 했다고 인색하다며 나무랬다. ②는 음식업협회 15만 원 ③ 여관업협회 15만 원, ④ 강릉여객 12만 원, ⑤ 동원여객 10만 원, ⑥ 동해상사 10만 원, ⑦ 영동관광 2만 원, ⑧ 중앙고속 5만 원 ⑨ 동부고속 5만 원. ⑧⑨업체들도 인색하다고 했고, 이것은 아직 이용업협회, 다방업협회, 의사회들이 있고, 마무리를 지어봐야 알겠시만 100만 원은 넘을 깃이라고 했다.

(3) 남대천 현장 사용료 30~60만 원

이것은 식당, 각종 홍행단, 시장의 허다한 물품 판매 점포, 잡상인들에게 장소 사용료를 평당으로 받아낸다는 금액이다. 역시 끝마무리를 해봐야 확실해진다는 것이다.

이상 합계 350여 만 원의 추진위원회 본부의 수입금은 씨름부, 그네부, 제전부, 시조 경창부 등에 20~30만 원씩 배정된다. 그러나 각부는 그 금액으로는 태부족이니 숙박업협회, 고물상조합, 여관업협회 등이 한 행사 종목씩을 맡고 자체 비용을 보태서 각자의 행사를 치러나간다. 그러니까 전체 단오제의 총비용은 얼마가 드는지 추진위원회에서도 확실히는 모른다. 어떻든 본부에서는 350여 만 원을 들여서 단오제를 치러내는 셈이다(1975년도).

그러나 강릉 지역의 그 수입 혜택은 매우 큰 것으로 생각된다. 갈치 한 마리에 천 원이 넘는 세상에 모여드는 6,70만 관중이 평균 2천 원씩만 써도 60만 명으로 쳐서 12억 원이 떨어진다는 계산이 나온다. 이것이 강릉 일대에 매년 떨어진다면 이것은 지방 경제에 적지 않은 윤활유 구실을 할 것으로 생각된다. 강릉 단오제도 본래는 옛날 별신굿의 대형화이고, 옛날 지방 시장들에서 하던 별신굿은 원래 이런 경제 부흥성이 컸던 점은 다시 후기하겠다.

4) 관광적 의의

1975년도에 강원도 민속 조사에서 인제군 용대리 두메산골 마을의 할머니들이 관광 이야기에 꽃을 피우는 것을 들은 적이 있었다. 인제군이라면 전국에서도 면적은 제일 넓고 인구는 제일 적은 군이라고 하며 그만큼 두메산골이라는 지역의 마을인데도 그랬다. 할머니들에 의하면 이제는 농촌에서도 옛날처럼 길쌈을 안 하는 것은 물론, 바느질도 거의 없어지고, 다림질도 아주 적어졌다고 한다. 나일론 블라우스를 훌훌 빨아서 쥐어짤 것도 없이 빨래줄에 널었다가 걷어 입으면 된다는 것이다.

버선짓기도, 양말꿰매기도 거의 없고, 농사일도 제초제 등으로 김매기가 줄고, 생활에 여가라는 것이 옛날에 비하면 엄청나게 많이 생겼다는 것이다. 게다가 큰길까지만 나가면 완행, 급행, 직행의 각종 버스들이 4통 8달을 하게 되었다. 노인들은 경주도 가보았고, 강릉 단오제도 가보았고, 다음에는 용인 민속촌에 가볼 차례라는 이야기들을 하고 있었다. 이렇게 되어가니 관광은 이제 전국 방방곡곡으로 여기 두메산골까지 미쳐서 전국민적 행사로 확대되고 있다. 그러니 국가적으로도 건전 국민 관광 문제를 생각하지 않을 수가 없게 되어 있다.

바람직한 문화제 행사들은 이래서도 필요하고, 또 문화제 행사들이 성행되는 데에도 이러한 이유도 내재하는 것으로 생각된다. 강릉 단오제는 각종 행사들을 넓은 남대천 갯벌에 벌여서 동시 진행을 시킨다. 씨름에는 남자층, 그네에는 젊은 여자층, 제전부(굿)에는 할머니들로

강릉의 단오굿

각자 자기 기호대로 이것 저것을 구경한다. 따라서 수십만 군중도 다 동시 소화가 될 수 있다.

제전부에서 할머니들은 더러 밤에도 돗자리를 깔고 구경할 자리를 지키며 열성적으로 모여든다. 그들은 동해안 명무녀들이 교대하여 등장하는 굿거리에서 그들의 종교 심성과 서사문학, 음악 감상 들에 여념이 없다. 할머니들에게는 이 굿이 어떤 흥행보다도 체질에 맞는 그들의 종교 예술이며, 여기 동해안 명무들의 올 스타 쇼에 도취하는 것이다. 이것이 한국의 참다운 민속 예술이 유지 전승되고 고무되는 바탕이라는 점도 주목해 두어야 할 일이겠다.

○ 영산의 3·1 문화제의 경우

이곳의 행사는 줄다리기, 나무쇠싸움, 시조 경창, 활쏘기, 닭싸움, 가요 콩쿠르 등이고 거기에 서커스단, 약장수패, 잡상인들이 모여든다. 그리고 그 주종은 줄다리기와 나무쇠싸움인데 그 성격은 농경 의례요 풍요 기원이었다. 줄다리기의 역사도 유구하다. 기록으로서는 중국에서 6세기 중엽의 〈형초세시기(荊楚歲時記)〉에서부터 보이고, 한국에서는 5백 년 전 〈동국여지승람〉에 제주도의 조리희(照里戲) 기록이 보인다. 최근까지도 함경북도를 제외한 전국 분포나[3], 그것이 가지는 원초적 성격 등으로 그 유구한 역사를 짐작할 수가 있다.

여기 줄다리기는 그러한 전통 신앙적 놀이를 향토 문화제화한 것이다. 물론 그것은 삼척 줄다리기 등과 같이 본래는 정월 대보름 명절의 행사였다. 기지시(당진) 줄다리기도 그랬을 것이다. 정월 대보름도 사실은 이러한 대형 민속놀이들이 몰리는 시기이지만, 늦추위가 오히려 심할 수도 있고 종교 심성의 쇠퇴도 작용해서 정월의 향토 문화제는 앞에도 보였듯이 단 1건밖에는 없다.

---

3) 조선총독부, 〈조선의 향토오락〉, 1941, 각도 부분 참조.

전통 민속놀이들이 주종을 이루는 영산의 3·1 문화제도 상향식 민간 주도형이고, 특히 조성국 씨를 비롯한 몇몇 민간 선도자들의 노력이 지대했다. 여기 3·1 문화향상회의 비용은 약 320만 원이다. 그것은 ① 보조금 95만 원(도비 10만 원, 군비 45만 원, 문예진흥원 40만 원) ② 동향 유지들 찬조금 165만 원(서울 55만 원, 부산 37만 원, 영산 40만 원) ③ 두 인간문화재(조성국, 남정국) 생계 보소비 적립금 60만 원 등이다. (1976년도).

  여기서도 2, 3일간에 연 10여 만 명은 동원이 되며, 1인당 2천 원은 쓸 것으로 잡아서 2억 원은 영산면에 떨어지리라고 추정해 볼 수가 있다. 이 3·1 문화제가 가지는 의의도 강릉 단오제와 유사한 것으로 생각되어서 그 설명의 중복은 피하기로 하겠다.

(3) 신라 문화제의 경우

1) 취지와 행사 종목들

  신라 문화제는 위의 향토 문화제들과는 성격이 달랐다. 그것은 역사 복원제이고 종합적인 신라 문화 부흥제라고 표현할 만한 것이었다. 그것은 그 목적 제시에서부터 뚜렷했다.

  ① 고증에 의한 신라 문화의 계승 발전으로 민족 주체성 확립.
  ② 화랑 정신 계승으로 국민 총화와 국토 통일의 이념 구현.
  ③ 민족 정서의 순화로 국민 교육 정신에 기여.
  ④ 찬란했던 문화 유산의 보존으로 문화재 애호심 고취.
  ⑤ 관광 개발 및 선전 효과 거양으로 국내외 관광객 유치 도모.

  이것이 제시된 목적의 전부였고, 주제 제시는 '통일 정신의 계승과 민족 문화 창달'로 되어 있었다. 그 비용이 1977년도에 3,500여 만 원이고, 그 주최는 예총 경주지부와 신라문화선양회로 되어 있는데, 후자

경주의 신라문화제

의 회장은 경주 시장이었고, 실질적으로는 경주시가 주최하는 행사였다. 여기의 행사 35개 종목의 대략은 다음과 같다.
  (1) 제전부에 ① 서제(序祭) ② 파제(罷祭) ③ 쇠벌 향연
  (2) 예술부에 ① 한글 백일장 ② 한시 백일장 ③ 미술 실기 대회 ④ 서예 전시회 ⑤ 국악 경연 대회 ⑥ 시조 경창 대회 ⑦ 음악 발표회 ⑧ 아동극 ⑨ 국제 사진 촬영 대회 ⑩ 사진 전시회
  (3) 불교 문화부에 ① 호국 불교제 ② 범패 ③ 승무 ④ 탑돌이 ⑤ 문화재 해설
  (4) 민속부에 ① 처용무 ② 여원무(女圓舞) ③ 민요창 ④ 가배놀이 ⑤ 차전놀이 ⑥ 줄다리기 ⑦ 활쏘기 ⑧ 농악
  (5) 가장부에 ① 신라 건국 ② 통일왕 행렬 ③ 신라 문화 상징 ④ 호국용 ⑤ 사자 행렬 ⑥ 승리의 행렬
  (6) 축제부에 ① 초롱불 행렬 ② 불꽃놀이 등이 있다.

이 중 (4) 민속부 (5) 가장부의 행사들은 대개 고교생들이 10개 행사에 동원됐고 (2) 예술부의 ①③⑧ (6) 축제부의 ①등도 중고교생 동원으로 합계 14개 행사가 학생 동원이며, 그 밖에도 학생 동원은 많다.

여기에는 경주 지방에 전승하는 향토 문화 발굴의 노력은 보이지 않고, 프로그램에는 씨름, 그네 같은 것도 안 보였다. 당장 눈에 띄는 것으로도 예컨대 여원무는 경산군 자인의 것이고, 차전놀이는 안동의 것을 옮겨온 것이다. 옛 조선총독부의 조사는 경주의 별신굿이 인근 지방민들의 운집으로 그 즐거움을 충족시키고, 시장 번영책으로서의 별신굿의 목적도 달성시키고, 또 시민들에게도 많은 이익을 얻게 해주는 1거3득의 향토제이며, 향토제로서는 제일 가는 것이라고 언급하고 있다.[4] 그러나 지금 신라 문화제는 이제 그런 것을 돌아볼 생각은 하지도 않았을 것이고, 또 할 필요를 느끼지도 않았을 것이다. 대신 손쉬운 학생 동원으로 풍성한 가장 행렬, 등불 행렬, 백일장, 전시회 등 흔히 천편 일률적이라고 비난받는 행사 종목들이 대규모이면서 요란스럽다. 따라서 그 진행 방식도 강릉 단오제와는 대조적이다.

2) 진행 방식

전기한 강릉 단오제나 영산 줄다리기가 현재까지 전승되어 오던 유구한 전통성, 민중성, 종교성에서 민간 주도형을 취하는 데 반해서, 위와 같은 신라 문화제가 하강식 관주도성이 강해지는 것은 당연한 결과일 수밖에 없다. 필자는 경주시 문화관광국에 들른 후, 시내에서 (2) 예술부의 ④ 서예전시회 ⑩ 사진전시회 등을 대충 둘러보고, 황성공원으로 가서 (3) 불교 문화부의 ④ 탑돌이들을 살펴보았다.

황성 공원내 대운동장의 그라운드에서는 (4) 민속부의 ① 처용무, ② 여원무 등등이 프로그램에 의해서 하나씩 진행되고 있었다. 멀리

---

4) 조선총독부,〈釋奠・祈雨・安宅〉, 1938, p. 205.

아득하게 본부석이 바라보였는데, 대운동장은 유난히 넓어보였고, 따라서 처용무들은 멀리서 가물거리기만 했고 도무지 볼 수가 없었다. 경주시 문화관광국의 한 간부는 신라 문화제에는 외래객만 50만 명 정도는 모인다고 했다. 그러니 황성 공원내 운동장 스탠드에도 최소한 10여 만 명은 모였을 터인데, 보이지도 않는 공연을 운동장 한복판에서 한 종목씩 프로그램대로만 진행하고 있었다.

물론 스탠드는 공원내 운동장의 스탠드라서 높지도 않으니 초만원이고, 운동장 트랙 앞도 초만원으로 들어차고 발을 디딜 틈도 날 수가 없었다. 스탠드에 앉은 할머니들은 공연은 보이지 않고 관중만 들어차니 그저 '인간 구경이다!' 하고 진땀을 빼며 푸념들만 하고 있었다. 프로그램대로 일사불란하게 진행시킨다고 했을지는 모르겠으나 필자로서도 견딜 수가 없고 보이지는 않아서, 그래도 관중들은 착하기만 하다고 생각하면서 빠져나올 수밖에 없었다.

이런 점에서도 강릉 단오제는 넓은 남대천 갯가에서 굿판과 씨름판, 그네판, 관노가면극 들을 동시에 진행시키면서 흥행단, 시장, 음식점들도 각기 적소에 배치시키고 있어서 좋았다. 어디에도 잘난 본부석은 없었고 관중은 누구나 각기 기호대로 구경할 것을 하고, 사고 싶은 것은 사고, 먹고 싶은 것도 마음대로 사먹는 식이었다. 거기 무질서에 오히려 질서가 있었고, 자유로운 넉넉함이 있었다.

이상과 같은 신라 문화제의 의의는 그 행사 종목들로 보아서 당연히 ① 전통 문화의 보존면에서 강릉 단오제보다 약할 수밖에 없다. ② 향토민의 일체감 조성면에서도 강릉은 단오명절의 행사인만큼 기본적으로 뿌리가 깊다고 보아야 하겠다. 신라 문화제는 그 목적이 민족 주체성, 통일 이념, 국민 교육 정신 등 매우 고차원적이어서 행사의 성격도 그럴 수밖에 없었겠으나, 그런 고차원적인 관념과 대중이 참여하는 축제는 합치되기가 어려운 모순성이 혼재하는 것이라는 생각이 들기도 했다.

○ 제주 한라 문화제의 경우

 이것은 근 10년 전에 민속 조사차 제주도에 갔다가 마침 전개되는 한라 문화제의 프로그램을 얻어보고 잠깐 들러보았던 것이다. 그 후에 많은 발전이 있었을 것을 전제해야 하겠다. 여기서도 시내 회관에서 민요 경창 같은 것들이 따로 진행되었으나 경주와 같이 공설운동장에서 한 종목씩 프로그램대로 진행하는 방식이었다. 다만 운동장은 제대로 스탠드가 높이 잘 설치된 운동장이어서 경주 황성 공원내의 엉성한 스탠드보다는 가운데가 잘 내려다보이는 시설이었다.

 필자는 그때 프로그램에 '줄다리기'가 있었기에 옛 조리희(照里戱)를 연상하며 제주도의 줄다리기가 어떻게 전개될까 하는 궁금증 같은 느낌으로 찾아갔었다. 〈동국여지승람〉 '제주목 풍속조'에 "매년 8월 15일에 남녀가 모여서 가무하며 좌우로 나누어 무리를 짓고 큰줄 양끝을 당겨서 필히 승부를 결하는데 만약 줄의 중간이 끊어지면 두 무리가 땅에 넘어지고 관중이 크게 웃는데 이를 조리희라 한다"는 간략한 기록이 있다.

 그러나 한라 문화제의 줄다리기는 학교 운동회의 줄다리기와 조금도 다를 바가 없었다. 그것은 각동 대항으로 전원 백색 유니폼에 운동화 운동모를 갖추고, 군대 이상으로 질서 정연하고 절도 있게 몇 차례인가 마니라 로프의 줄다리기를 되풀이하는 것이었다. 제주의 줄다리기가 어떻게 전개될까 하는 기대감 같은 것을 가졌던 자신이 어리석었다고 고소를 했던 기억이 난다. 스탠드 한쪽에는 성화가 타오르고 있었는데, 이것은 문화제가 아니라 체전이로구나 했던 인상도 지금껏 남아 있다.

(4) 한국 향토축제의 역사

1) 고대의 제천 의식들

이제 향토 문화제들의 연원과, 향토 문화제들이 가져야 할 성격과 방향들을 생각해보기 위해서 그 역사적인 전통을 살펴보기로 하겠다. 먼저 부여의 영고(정월)는 신년을 맞고 형벌을 중단하며 죄수들을 풀어 주기도 하는 신년의 제천 의식이었다. 이 영고도, 고구려의 동맹(10월)도, 예의 무천(10월)도 한(韓)의 5월 씨뿌리고 난 후와 10월 농공 필후의 제천 의식도 다 국중 대회이고 연일 음주 가무하는 농경 의례요 연중 행사인 축제였다.

그것은 5개의 사례에 불과하지만, 오늘날 향토 문화제와 같이 10월이 많고, 정월, 5월이 뒤를 잇는다. 또 그 집단적인 농경 의례적 연중 행사나 고구려의 동맹이 풍농 기원의 지모신 신앙을 가지고 있었던 점들은 그것이 오늘날 동제의 원류와 무관하지 않음을 연상시키고 있다. 이 고대 제천 의식들과 향토 문화제의 전통과, 동제들 사이에는 대소의 형태적 차이들은 있지만 그 상호간에는 적지 않은 상관성들이 있었을 것으로 생각되어서 이 점도 유념해서 더 살펴나가기로 하겠다.

2) 고려 이후

하회의 가면은 고려 시대의 제작이라는 판단이 내려지고 있다.[5] 그렇다면 고려 시대의 동제에는 가면극과 별신굿이 이미 전승되고 있었던 확증이 하나 생겨서 그 오랜 역사성이 인식되는 셈이다. 그 별신굿 자체는 근래 부진 상태에 있었으나 오늘날 안동 민속제에 다시 재현된 것은 동제와 향토 문화제의 긴밀한 상관성과 아울러서 그 유구한 역사성도 증명해 주는 한 사례가 된다.

---

5) 李杜鉉, 〈韓國의 假面劇〉, 1969, p. 174.

한편 고대 제천 의식들의 전통은 고려 시대에는 팔관회라는 이름으로 궁중 의식화하고 역사상 가장 성대한 전통 문화제를 형성했던 것으로 보이고 있다. 송사(宋史, 1345년)나 서긍(徐兢)의 〈선화봉사고려도경〉(1124년) 등에는 "그 10월 동맹제는 지금은 그달 보름에 지내며 이것을 팔관재라고 하는데 그 의례가 심히 성대하고 왕과 비빈이 다락에 오르고, 크게 풍악과 연음을 베푼다"고 기록하고 있다.

또 고려 왕조는 중국의 사전(祀典) 체계를 신라보다는 더 본격적으로 도입하여 시조묘, 사직, 명산 대천 등의 제사를 대·중·소사(小祀)로 나누고 국왕 또는 그 대리자가 국가적으로 제사하고 음사(淫祀)라는 이름으로 민간에서 함부로 제사하는 것을 금지하였다. 조선 왕조도 이것을 계승하여 음사 규제는 더욱 강화하고, 팔관회도 곧 폐지하여 버렸다. 그러나 민간의 동제나 산악 숭배는 물론 무풍(巫風)도 음사 규제에도 불구하고 꾸준히 전승되어 왔다.

강릉 단오제 같은 별신굿도 조선 시대에도 내내 계속되어 온 기록들은 적지 않고, 그 유구한 역사성을 짐작시켜 주고 있다.[6] 다만 일제 시대에는 '음사' 규제 대신 일제의 용어이던 '미신' 타파로 식민지 통치 방식이 한층 더 강화되고, 강릉 단오제를 비롯한 많은 민속 제의들이 단절의 비운을 맞게 된다. 그리고 해방 후의 문화재 보호 정책과 그 지정의 손길이 미쳐서 부활된 대표적인 몇몇 사례들 이외는 그대로 단절의 피안으로 사라지고 말았다고 할 것이다. 이제 다시 그 일제 시대의 개황을 살피기로 한다.

3) 20세기 이후

현재 동해안에서 하는 마을굿들을 흔히 별신굿이라고 부른다. 그러나 정작 동해안의 민속에 익숙한 노무(老巫)들은 그것이 사실은 그릇

---

6) 崔喆, 〈嶺東民俗誌〉, 1972, pp. 107~114.

사용되고 있는 관용어라고 한다. 마을에서 하는 대동굿은 서낭굿이다. 이에 대해서 별신굿은 시장에서 하는 시장굿이고, 시장 경기의 번영을 위하던 굿이며, 강릉 단오제도 그러한 시장 번영을 위하는 굿이 대처인만큼 자연히 대형화되었던 것이라고 한다.

이러한 관념은 1930년대의 일제 총독부의 조사 자료에도 자세히 나와 있고, 그와 합치된다. 거기에는 시장제가 별신제이고 그 주최자는 시장 관계자이며, 제사 기간은 3일에서 7일간 무당굿과 여흥들이 벌어지고 도박판이 묵인되며, 음식점, 시장 상인의 점포들이 들어서고 민중이 운집하여 밤낮이 없는 성황을 이룬다. 그것은 지방마다 꼭 일정치는 않아서 동제가 대형화한 것도 있고(강릉 단오제), 지방 일대의 공동제로 되는 것도 있다(은산 별신제).

대개는 3년에 한 번 하기 때문에 향토 오락으로서 민중에게 몹시 고대되는 행사였고 그러한 시장제의 사례로 충주, 경주, 김천, 마산의 경우 들이 보고되고 있다. 여기 1910년 20년대의 별신굿의 실황이나 분위기는 대체로 다음과 같다.

흔히 민중의 운집을 '별신굿 같다'고 하듯이 별신굿은 굉장한 인기의 대상이다. 그것은 시장 번영책, 둘도 없는 오락제, 마을을 초월해서 참집하는 향토 축제성 등 1거 3득이 있다는 점은 앞의 경주 신라 문화제에서도 잠깐 언급했던 바와 같다.

여기에는 굿에서 무녀에게 부탁하는 기원, 도박판의 홍분, 색주가나 무녀들의 색향, 포식, 술주정, 싸움들이 혼재하며 그것이 밤의 촛불, 램프불 들이 가물거리면 본능적인 방자한 기분도 휩싸았다. 그러니 별신굿의 성격은 정확히 말하면 오늘날의 향토 문화제에 관광 산업성도 가미되어 있었던 것이라고 할 수가 있었다. 왜냐 하면 거기에는 이미 카지노(도박판)도 나이트 클럽(색주가)까지도 다 갖추어져 있었기 때문이다.

결국 시장굿이나 동제의 대형화가 별신굿이고, 그 현대판이 오늘날의 바람직스러운 향토 문화제가 된 것이다. 향토 문화제가 오늘날 뿌리없이 돌연 발생하고, 잘못 운영되면 폐단만을 초래하게 된다. 물론 그것은 상향식 민간 주도형의 향토 문화제를 말하는 것이고, 기타 형태들의 급증에는 또 그 나름의 현대 사회적 작용들이 더 크리라는 것을 전제한 말이 되겠다. 다만 이때는 일제의 식민 통치의 시대였다. 별신굿의 군중의 운집에는 위 도박판, 색주가에 술주정, 싸움 등 이른바 난장판도 따랐다.

그러나 축제에서의 난장판(orgie)이란 세계적 공통 현상이고, 오히려 있는 것이 보통이라는 것도 상식에 속하는 일일 것이다. 그러나 일제의 식민 통치는 이것을 부정(不淨) 패덕의 횡행이라고 엄중 취체를 시작했고, 그래서 그들은 이 별신굿이 1920년대에는 점차 폐지되고, 오직 새로운 시장 개장의 선전의 경우에만 옛 형태의 잔영을 남기게 되었다고 한다.[7]

4) 현 대

고대 제천 의식 이래의 동제, 별신굿 등 민간 신앙을 현대의 우리 사회는 이것을 미신이라고 억압을 하고 있다. 문화공보부에서는 강릉 단오제, 은산 별신제 들을 문화재로 지정하고 있었지만, 내무부에서는 1972년도 새마을사업 초기에 동제의 폐지, 제당 장승들의 철거를 지시하고, 그 제의 금지 상태는 지금도 지속되고 있다. 그러나 민속 문화의 뿌리는 민간 신앙에 있다.

지금까지 살핀 대로 동제의 대형화와 별신굿의 현대화가 바로 바람직한 향토 문화제였는데, 뿌리는 잘라버리고 무시하며 향토 문화제는 증가시키고 있으니 가다가는 이상한 현상도 생겨난다고 할 것이다. 새마을사업은 검약, 근면, 자립 정신을 3대 지표로 내세우고 있지만, 그

---

7) 조선총독부, 위의 책, pp. 206~207.

것은 바로 우리 농민들의 기본 정신이며, 동제는 바로 그 정신이 구현된 행위 그 자체이다.

　동제를 흔히 낭비라고도 하지만, 그 한 마을 1년의 종교 제물 비용은 중류 도시인의 하루 저녁 술값보다도 적은 경우가 훨씬 더 많다. 그 제물도 다 음복하고, 그 음복의 자리는 자연적인 화합의 자리가 된다. 정확하게는 구두쇠라고 할 수밖에 없는 농민들의 신앙에 낭비란 있을 수가 없는 것이다. 그것은 일하는 농민들이 다 같이 한 마음으로 즐길 수 있는 연 1회의 축제이다.

　오늘날은 도시 대학생들의 춘추의 축제에 농악이 오히려 증가하는 반가운 기현상도 보이고 있다. 기현상이라고 한 것은 농악이 농촌에서는 급격한 감소 현상을 보여왔기 때문이다. 강원도 민속 조사 질문지의 통계에서 해방 무렵에 약 65%의 농촌이 가졌던 농악대가 현재는 5%도 못된다는 숫자를 얻은 일이 있다. 일 안하는 대학생들의 축제와 농악은 젊음의 낭만으로 칭송되고, 1년내 일하는 농민들의 유일한 축제나 농악도 뺏는다는 것은 너무나 독단적인 횡포이다. 사라져가는 민속이야 어찌할 수 없겠지만, 보존 고무는 못할망정 목을 조르지는 말아야 할 것이다.

(5) 맺는 말

　필자는 각지방의 향토 문화제를 모두 실제로 찾아보지는 못했다. 여기에는 관계하는 입장에 따라서 많은 주장도 있고, 문제점들도 많이 있을 것으로 생각된다. 그런대로 지금까지의 논지를 간추리면 다음과 같이 되겠다.

1) 내 력

오늘날의 향토 문화제들은 고대 제천 의식 이래의 전통 위에 현대적인 사회 변동까지가 작용해서 생겨난 현상이다. 그 중에서 강릉 단오제들같이 바람직한 향토 문화제는 1920년대까지도 성행하던 별신굿의 전통을 존중하고 그 방법과 방향을 따른 결과였음이 인식되었다.

2) 분 류

실제를 다 찾아보지 못했기 때문에 다소 막연한 분류이기는 하나 위 77개 지방의 향토 문화제들은 다음과 같이 분류되었다.
  ① 전승 민속 행사들을 주종목으로 한 상향적 민간 주도형(43개 지역)
  ② 역사 기념적인, 또는 문화 복원적인, 학생 동원과 가장 행렬이 많은 하강식 관주도형(22개 지역)
  ③ 관광 취지가 앞서 있는 것(10개 지역)
  ④ 산업 전시성을 앞세운 것(2개 지역)

여기서는 마땅히 ②형보다는 ①형이 지향되어야 할 것으로 강조되었다.

3) 진행 방법

옛 별신굿식을 존중하는 전통적인 전개 방식이 좋을 것으로 생각되었다. 본부석을 없애고, 넓은 동일 장소에서 모든 행사 종목들을 동시 진행시키되 지역의 전승 민속 행사를 주로 하고, 학생 동원을 삼가고 대중의 동시 참여가 가능한 방향을 취하는 것이 좋은 방법이었다. 넓은 그라운드라도 한 종목씩 프로그램대로 질서있게 진행해서 관변적인 품위를 유지하려는 자세는 관중이 많을 경우 더 불편과 혼란을 초래할 수가 있었다.

4) 종 목

가령 경주의 신라 문화제와 같은 경우 하지 않았던 씨름, 그네 같은 민속 행사들을 더 첨가해서 다 동시 진행하는 것이 좋을 것으로 생각되었다. 강릉처럼 시장도 벌여서 민중적 임시 백화점을 벌이고, 쇼핑의 즐거움도 부여하는 것이 좋을 것이다. 그리고 정말 용감하게 하려면 강릉처럼 별신굿의 굿도 시켜야 한다. 이것은 신라 문화제를 국제 관광화시키려면 오히려 더 한국적 향토색이 있어서 좋을 것이다. 굿은 지방마다 방식이 다르며 향토 문화제에는 안성맞춤인 한 종목이다.

찾아보기

가면극(假面劇) 37, 45, 100, 191, 230, 241
가부키〔歌舞伎〕 176
가사(歌辭) 126
가업 수호신(家業守護神) 92, 98
가지 가른 당 71
갑파〔河童〕 94
강릉 단오굿 45, 102, 191
강릉 단오제 229, 230, 232, 234, 236, 239, 242, 244, 246
강신무(降神巫) 131, 170
강일생 216
강창문학(講唱文學) 204
강치옥 214
거리굿 44, 54, 109, 110
건궁삼신 40
건궁업 76
건궁조왕 75
건궁터주 75
걸립(乞粒) 44, 107, 150
경계표(境界標) 50
〈경국대전(經國大典)〉 164, 191
경낙 149
계면굿 109
고광민 219

고대중(高大仲) 120, 216
〈고려사(高麗史)〉 68, 69
고임생(高壬生) 121
고조루리〔古淨瑠璃〕 125
고주몽(高朱蒙) 63, 144
골디족 55
골맥이 31, 33, 36, 76
골맥이서낭대 107
골맥이집 32
골맥이청좌굿 107
골맥이할매거리 109
골맥이할배거리 109
공수〔神託〕 97, 131, 133, 142, 171
과거거리 109, 111
과세문안(過歲問安) 61
관례(冠禮)거리 109
구전 상투 어구론(oral formulaic theory) 198, 221
구좌면(舊左面) 120
국극(國劇) 177
군대놀이 109
군웅산장군(軍雄山將軍) 150
굿거리 106, 107
기주(祈主) 131, 133
기지무나〔キジムナー〕 94, 95

찾아보기 249

김두헌(金斗憲) 69
김수로 63
김알지(金閼智) 33, 34, 39, 63, 70, 77, 144, 189
김영식 217, 218
김옥균(金玉均) 185
김원룡 163
김유신 26
김윤동(金允同) 167
김윤수 213
김응수 51
김태삼 168
나무쇠싸움 101
난장판 101, 244
남이 26
남효온(南孝溫) 100
노가쿠[能樂] 125
노리토[祝詞] 115
놀음굿 106
놀이 115
놋동이굿 109
농신(農神) 114
농악 45
니소노모리(ニソの杜) 38
다뉴세문경(多鈕細文鏡) 128, 139, 143
다이켄 신사[大縣神社] 15
단골[巫女] 89, 165, 167, 170, 171, 173, 175, 177
단군(檀君) 22, 26
달언이 109
당굿 64, 65
당금아기 137

당맞이 107
당맨심방 114, 217
당산(堂山) 16, 26, 42, 190
당신(堂神) 26, 92
당신본풀이 66, 68, 70, 114, 117, 121, 197, 209, 210, 212, 217
당주(堂主) 149
〈당태종입명기(唐太宗入冥記)〉 124
〈당태종전(唐太宗傳)〉 124, 204
대감놀이 115
대동굿 243
대보리(大甫里) 36
대장신[治匠神] 92, 98
대혈신(大穴神) 19
덜미 170
덧보기 170
데메테르(Demeter) 215
덴켄 신사[田縣神社] 15
도깨비 90
도깨비 금방망이 93, 94
도당굿 21, 22, 24
도리이[鳥居] 58
도산면[陶山面] 180
도서낭제[都城隍祭] 149
도채비 92~94, 99
도채비 퇴송선(退送船) 96
〈도쿠가와 종교(德川宗敎)〉 45
독각귀[獨脚鬼] 94
독벅수[獨卜水] 52, 55
독축(讀祝) 101
돌하르방 49
동구(洞口) 장승 55
〈동국여지승람〉 235

〈동국이상국집(東國李相國集)〉 137
동굴당 190
동맹(東盟) 36, 41, 46, 189, 241
동맹 제의(東盟祭儀) 18
동빙고동 도당굿 21
동(洞)서낭 149
동이전(東夷傳) 18
동자신(童子神) 41, 70, 77
동제 23, 27, 35, 41, 44, 100, 105, 189, 194, 241, 244, 245
동제당(洞祭堂) 20, 25, 42, 46, 107
동제신(洞祭神) 31, 38, 50
동탁 143
로드(Albert Lord) 198, 206, 216, 221, 222
루신(魯迅) 124
리우데자네이루 102
마마배송굿 65
마불림제 61, 62
망량(魍魎) 94
〈메밀꽃 필 무렵〉 147
명두 128, 132
명두점 131
명두칼 130
〈명종실록(明宗實錄)〉 52
목각 생식기 봉납(木刻生殖器奉納) 11
목각 신상(木刻神像) 55
목장승 55
목조 신상(木彫神像) 42
몽고족 55
묘제(墓祭) 179, 189, 194
무가(巫歌) 94, 105
무격(巫覡) 98, 99, 163

무당 100, 133
무당굿 45
무라야마 지준〔村山智順〕 191
무복(巫服) 134
무신(巫神) 97
무악기(巫樂器) 134
무애가(無㝵歌) 204
무의(巫儀) 105
무조령(巫祖靈) 131, 133
무조신(巫祖神) 114, 133
무천(舞天) 41, 241
무학대사(無學大師) 30
〈문공가례(文公家禮)〉 188
〈문헌비고(文獻備考)〉 26
미소기〔禊〕 25, 43
미코시〔御輿=神輿〕 15
바리공주 136
바리공주말미 114
박강단 80
박봉춘 207, 218
박생옥 217, 218
박소덕(朴小德) 167, 168
박신운(朴信雲) 171
박지원(朴趾源) 185
박혁거세(朴赫居世) 34, 63, 70, 144
반기 21, 44
방우기전기(訪友記傳奇) 123
방울 42, 128
배내리기 89
배서낭 87, 89, 91
뱃고사 89
뱃굿 90
버나 170

찾아보기 251

범패(梵唄) 204
베버(Max Weber) 45
벨라(R. Bellah) 45, 187
벽사신(僻邪神) 50, 95, 97
별신(別神)굿 37, 45, 100, 102~105, 107, 112, 191, 230, 241, 242, 244, 246, 247
보광동(普光洞) 동제 22, 24
보현산(普賢山) 29
복재 148, 152
본풀이 62, 64, 66, 114, 119
본한한집님 61
본향님 61
본향당 26, 42, 74, 190
본향당굿 191
본향당 당신 98
본향본풀이 74
봉사거리 109, 111
봉사놀이 108
부군당(府君堂) 18, 26, 27
부근당(付根堂) 17
부나가야 95
〈부락제(部落祭)〉 191
부신(富神) 92, 93
부정(不淨)굿 107
불경(佛經) 105
불단(佛壇) 161
비가비[閑良] 165, 176
비념[祈願] 64
빙신 상태(憑神狀態) 172
사금산(四金山) 150
사당패 170
사대봉사(四代奉祀) 181

사제무(司祭巫) 121
산당(山堂) 149, 151
산멕이기 146, 148, 150, 151
산신(産神) 114
산신각 54
산신당 26, 42, 49, 190
산제당 26, 42, 190
산판(算盤) 129, 132
산판점 131, 132
살판 170
〈삼국사기(三國史記)〉 34, 35
〈삼국유사〉 28, 77, 98, 145
3명두 131~133, 143
3무구 131, 133
삼불제석(三佛帝釋) 27, 137
삼성시조신화 211
삼신굿 83
삼신바가치 39, 75, 77
삼신[産神]할망 본풀이 119
삼신할머니 144
3·1 문화제 229, 236
삼종의 신기(三種神器) 128
삼헌(三獻) 101
삽입 가요(theme) 199, 201, 221
상당(上堂) 37
상잔(床盞) 132
상투 어구(formula) 199, 201, 214, 221
새 54, 59
새옹밥 151
샤머니즘(shamanism) 172
서긍(徐兢) 242
서낭 87

서낭당 26, 42, 59, 190
서낭대 42
서낭제 148
서대석(徐大錫) 103, 200
서로서천국 63
서빙고동(西氷庫洞) 부군당 20, 26
서사무가(敍事巫歌) 68, 107, 114, 135, 136
서사시 법칙(epic law) 206, 209, 214, 221
〈석보상절〉 204
석장승 55
석탈해(昔脫解) 98, 99, 144
선거리 148
〈선화봉사고려도경〉 242
설명 설화(說明說話) 10
설피 153
성기 숭배(性器崇拜) 11
성인굿 114
성주 75, 87
성주굿 83, 108
성주맞이 115
성주풀이 108, 114
세경놀이 116, 121
세경본풀이 116, 119
세경(世經)할망 116, 119
세경할망본풀이 116
세민황제본(世民皇帝本)풀이 124
세존굿(중굿) 107
세존(世尊)단지 39, 75, 78
소도(蘇塗) 53, 58
손님굿 109
손당본향당 61

손당본향본풀이 63
손진태(孫晉泰) 51
솟대 47, 51, 54
송당리(松堂里) 61
송신(送神) 64
수살(守煞) 51
수살대 51, 54
시조(時調) 126
시주 109
신극 운동(新劇運動) 176
신기(神器) 138
신단(神檀) 134, 161
신도(神圖) 42
신도법(神道法) 131
신딸 132
신라 문화제 229, 236, 239, 247
신리 146, 147, 149, 151, 153, 158
신만곡대제(新萬穀大祭) 62
신맞이[請神] 64
신목(神木) 26, 32, 58, 190
신선세턴님청배 114
신성 구역 표지 59
신성 기간(神聖期間) 43
신악(神樂) 44, 192
신어머니 133
신장(神將)거리 97
신재효(申在孝) 176
신찬균 223, 224
신칼 128, 130
신칼점 131
신토[神道] 25, 43, 45, 115, 192, 193
심방 64, 114, 116, 120, 122, 134, 143
심청굿 108

〈심청전〉 108, 127, 176
쌍두령(雙頭鈴) 140, 143
아르테미스(Artemis) 92
아마테라스 오미카미〔天照大神〕 144, 215
아키바 다카시〔秋葉隆〕 55, 218
악양국왕자노래 204
〈안락국전(安樂國傳)〉 123, 204
안락국태자경 204
안사인(安仕仁) 207
안인진 12, 14, 16
안포동(安浦洞) 179
앉은굿 173
알손당〔下松堂〕 61
알타미라(Altamira) 18
야요이 문화〔彌生文化〕 57
양동(良洞) 157, 182
양산백보권불전(梁山伯寶卷佛典) 123
〈양산백전〉 204
양성지(梁誠之) 70
어름 170
어부거리 110, 111
엄미리(奄尾里) 49
업 75
에가미 나미오〔江上波夫〕 59
에다(Edda) 209
엘리아데 141
여산신(女山神) 28
여산신각 29
여성 국극단 177
역신(疫神) 92
연등회(燃燈會) 37
영감(令監) 92
영감놀이 65, 95
영고(迎鼓) 41, 241
영등손맞이〔風神祭〕 61, 65
영산(靈山) 줄다리기 12
영일군 대보리 31
영일현 운제산 28
영천 선바위 26, 30
〈오디세이(Odyssey)〉 67, 195, 220, 205
오로치족 55
오방(五方) 처용 96
오보(Obo) 56
오스착족 55
오신(娛神) 64
〈오주연문장전산고(五洲衍文長箋散稿)〉 17
오키나와(沖繩) 90, 94
옥이풀이 115
올릭(Axel Olrik) 206, 209, 210, 221
와카사 만〔若狹灣〕 38
왼새끼 금줄 59
요괴신(妖怪神) 92
요령(搖鈴) 129, 132
용왕굿 109
우물굿 44
웃손당〔上松堂〕 61
웃손당본향본풀이 66
원각사(圓覺社) 68, 176, 177
원효(元曉) 204
〈월인석보(月印釋譜)〉 123, 126, 203
〈월인천강지곡(月印千江之曲)〉 204
〈위지(魏志) 동이전(東夷傳) 23, 41, 53
위패 42
유성룡(柳成龍) 35, 180
육괘점(六卦占) 149

육백산(六百山) 150
윤이상(尹伊桑) 127
은산별신(恩山別神)굿 45, 175
은산 별신제 244
음복(飮福) 192
응봉산(鷹峰山) 150
이곡(李穀) 14
이공본풀이 204
이규경(李圭景) 17
이규보(李奎報) 137
이근필(李根必) 181
이능화(李能和) 18, 19, 101, 125
이동백(李東伯) 175
이매(魑魅) 94
이병도(李丙燾) 144
이상범(李象範) 147
이언적(李彦迪) 182
이인직(李人稙) 176
이재수(李在秀) 35
이정표(里程標) 50
이중춘 213, 219
이형상(李衡祥) 72
이황(李滉) 180
이효석(李孝石) 147
〈일리아드(Iliad)〉 67, 195, 198, 220
일반신본풀이 114, 117, 120, 196, 197, 212, 221
잔대(盞臺) 132
장생고(長栍考) 52
장승 47, 51, 54, 55
〈장화 홍련전〉 230
잽이〔樂士〕 23, 24, 106, 121
정다산(丁茶山) 188

정도전(鄭道傳) 30
정몽주(鄭夢周) 188
제갈공명 26
제관(祭官) 43, 49
제석거리굿 137
제석오가리 39, 75, 78
제석풀이 107, 137
제석(帝釋)할망 116, 118
제우스(Zeus) 82, 144
〈제주도 본풀이사전〉 217
〈제주신당의 내용 및 현황 조사보고서〉 73
제천(祭天) 27
제천 의식 241, 244, 246
제향계(祭享稧) 38
조간(鳥竿) 53, 55
조리희(照里戲) 235
조상굿 107
조상단지 39, 75, 76
조상신 98, 99, 114
조상신본풀이 114
〈조선금석총람(朝鮮金石總覽)〉 54
〈조선무속고(朝鮮巫俗考)〉 18, 101, 125
〈조선불교통사(朝鮮佛敎通史)〉 125
〈조선유학사(朝鮮儒學史)〉 183
〈조선창극사(朝鮮唱劇史)〉 165, 175
조왕거리 83
조왕굿 83
조왕물그릇 83
조왕보세기 83
조왕중발 75, 83, 85, 88
조왕할머니 75, 81, 144
〈종교연감(宗敎年鑑)〉 161
주루막 153

찾아보기 255

주몽　163
주서(周書)　19
〈죽부인전(竹夫人傳)〉　14
줄다리기　101
지모신(地母神)　19, 36
지연 집단원(地緣集團員)　23
지카마쓰 몬자에몬〔近松門左衛門〕　176
진성기　217
참봉(參奉)　92
창극(唱劇)　176, 177
창극 운동　177
채독　155
처용가(處容歌)　95, 97
처용무(處容舞)　96
천마도(天馬圖)　56
천부인(天符印)　128, 142
〈천예록(天倪錄)〉　28
천왕굿　108
청동검(靑銅劍)　128
청신구(請神具)　132
초공맞이　135
초공(初公)본풀이　131, 135, 136, 138
초도(草島)　90
최남선(崔南善)　128, 138
최영　26
최정여(崔正如)　103
〈추강냉화(秋江冷話)〉　100
추물 공연〔祭物供宴〕　64
축영대잡극(祝英臺雜劇)　123, 127
〈춘향전〉　127, 176
출산거리　109, 111
칠성각(七星閣)　54
코클　154, 158

큰굿　135
큰무당　132
터주　75
터주대감　144
통리(桶里)　146
통방아　155
〈파우스트〉　85
판소리　176
팔관회(八關會)　34, 37, 42, 46, 189
팔두령(八頭鈴)　128, 139, 140, 143
〈팔상성도변문(八相成道變文)〉　204
패리(Millman Parry)　199
평창동 산신각　26
푸리(プーリ)　115
풀이　115
풍물　170
풍어신(豊漁神)　92
프레이저(J.G. Frazer)　122
하계파(下溪派)　40
하당(下堂)　37
하위신(下位神)　50
하회 가면　100
하회 가면극　45
하회별신(河回別神)굿　100, 101
〈한국가족제도연구〉　69
한라 문화제　229, 240
한이엽(韓二葉)　171
해녀거리　109
해랑당(海娘堂)　9~13
해리슨(Harrison. J.)　115
향가(鄕歌)　126
향토 문화제　241, 244~247
허백련(許百鍊)　80

헤스티아(Hestia) 82
현상윤(玄相允) 183
현용준 203, 207, 212
현인신(現人神) 141
〈형초세시기(荊楚歲時記)〉 235
호머(Homer) 209
홍대용(洪大容) 185
홍살문(紅殺門) 59

화랭이〔男巫〕 106
화전민 153
화청(和請) 204, 221
화티 153
화해굿 107
훈장거리 109
히모리(Xi-mori) 56

□ 저자 약력

1925년 평북 용천군 출생
서울대학교 사범대학 국문과 졸업
사회학 박사(東京大學)
경기대학교 교수
문화재 위원 등 역임

저서 :
한국의 신화(1961)   한국의 민간신앙(1973, 日文)
한국민속학개설(1974, 공저)   한국의 향토신앙(1975)
한국의 세시풍속(1984)   한국민속론고(1986)
한국신화의 민속학적 연구(1995)   풀어쓴 한국의 신화(1998)

한국의 향토신앙

1998년 9월 20일 초판 1쇄 인쇄
1998년 9월 25일 초판 1쇄 발행

저자　장　주　근
발행인　정　진　숙
발행처　(주)을유문화사

| 저자와의
협의하에
인지생략 |

서울특별시 종로구 수송동 46-1
대체구좌 010041-31-0527069
전화 (733) 8151-3 (734) 3515
FAX. (02) 732-9154
1950년 11월 1일 등록 1-292호

＊파본은 바꾸어 드립니다   값 7,500원

ISBN 89-324-6055-8 03380